»Stuttgart von der Abendseite«. Radierung von Wilhelm Nilson, 1812.

Hermann Bausinger

Die bessere Hälfte

Hermann Bausinger

Die bessere Hälfte

Von Badenern
und Württembergern

Deutsche Verlags-Anstalt
Stuttgart · München

Die Deutsche Bibliothek – CIP-Einheitsaufnahme

Ein Titeldatensatz für diese Publikation ist bei
Der Deutschen Bibliothek erhältlich.

2. Auflage 2002
© 2002 by Deutsche Verlags-Anstalt GmbH, Stuttgart/München
Alle Rechte vorbehalten
Lektorat: Ulrich Volz, Stuttgart
Gestaltung und Satz: Brigitte Müller, Stuttgart
Reproduktionen: Die Repro Medial, Tamm
Druck und Bindung: Freiburger Graphische Betriebe, Freiburg
Printed in Germany

ISBN 3-421-05591-2

Inhalt

Differenzen

9 Sie konnten zusammen nicht kommen ...
15 Badische Schlachtgesänge
23 Zweierlei Menschen?

Metamorphosen des Schwäbischen

39 Schwaben, von außen gesehen
49 Das größere Schwaben
61 Schwäbische Selbststilisierung

Die Vereinigung

71 Ausgangslage
82 Widerstand
95 Geburtsfehler
105 Der Name

Die alten Länder

117 Das liberale Großherzogtum
134 Das konservative Königreich
153 Das preußische Fürstentum

Das Erbe des alten Reichs

167 Im engen Kreis
178 Bunte Vielfalt
194 Identitätsräume

INHALT

Integrationspolitik

211 Balance
223 Die Badenfrage
234 Einheitssymbolik

Gemeinsamkeiten

247 Querverbindungen
265 Die Zugezogenen
276 Bindemittel Konflikt

285 Ausgewählte Literatur
288 Bildnachweis

DIFFERENZEN

Varianten einer Beziehung

Sie konnten zusammen nicht kommen …

25. April 2002: Baden-Württemberg feiert den 50. Jahrestag der Gründung des Landes. Der reguläre Schulunterricht fällt aus. Der Plan, auch die Behörden, wenigstens nachmittags, geschlossen zu halten und den dort Beschäftigen frei zu geben, scheitert an organisatorischen Schwierigkeiten und am Prinzip der Gleichbehandlung aller Arbeitenden. Außerdem hätte der kollektive Sonderurlaub – so wird der entsprechende Beschluß im Land und außerhalb des Landes kommentiert – schlecht zu der deutschen Region gepaßt, in der häufiger und lauter als sonst irgendwo auf die »Schaffigkeit« und Sparsamkeit der Bewohner gepocht werde.

Der Aufwand für das Jubiläum ist trotzdem erheblich. Die offiziellen Feiern sind nicht auf Regierung und Parlament und auch nicht auf die Landeshauptstadt beschränkt. Überall im Land wird an die Gründungszeit erinnert und eine Bilanz aus fünf Jahrzehnten gezogen. An vielen Orten mündet das amtliche Gedenken in ein kleines Volksfest mit bunten Attraktionen: Sonderurlaub hin oder her, der Bär tanzt – falls dieses Bild nicht gegen die Würde des politischen Anlasses verstößt.

Zwei andere Tiere wurden jedenfalls schon im Vorfeld zum Tanzen gebracht. Im Landeswappen von Baden-Württemberg, für das sich der Landtag erst zwei Jahre nach der Gründung des Landes entschied, paradieren der württembergische Hirsch und der badische Greif als Schildhalter. Sie stehen sich verhältnismäßig steif gegenüber, vereint durch die gemeinsame Aufgabe, aber auch klar getrennt durch den von ihnen gehaltenen Wappenschild. Die mit der Planung des

Jubiläums Beauftragten ließen ein Jubiläumslogo entwerfen, das die beiden Schildhalter in Bewegung versetzt: Greif und Hirsch reichen sich die Klauen zu einem Tanz, bei dem der badische Greif unverkennbar etwas ausgelassener wirkt als der württembergische Hirsch, der sich aber immerhin auch der Fröhlichkeit öffnet. Die Botschaft ist klar: Die Einheit des Landes ist inzwischen eine problemlose Realität für alle und längst nicht mehr das problembeladene Projekt politischer Eliten. Aber das Jubiläumslogo ist zunächst einmal eine amtliche Vorgabe, und es muß erlaubt sein zu fragen, ob das Verhältnis zwischen beiden Landesteilen wirklich so unbeschwert und von tänzerischer Leichtigkeit geprägt ist.

Auf die Gefahr hin, daß die Betrachtung allmählich zoologisch unübersichtlich wird, sollen noch zwei weitere Tiere eingeführt werden: der Adler und der Schwan. Der Adler beherrscht das Wappen von Villingen, das der Stadt vor fast einem halben Jahrtausend vom Kaiser verliehen wurde. Der Schwan wurde wegen des sprachlichen Anklangs an den Ortsnamen für das Wappen von Schwenningen gewählt, das erst im Jahr 1907 zur Stadt erhoben wurde. Seit 1972 gibt es die selbständigen Städte Villingen und Schwenningen nicht mehr. Im Zuge der Verwaltungsreform wurde die Doppelstadt Villingen-Schwenningen geschaffen. Ziel der Reform war es vor allem, die Vielzahl kleiner und kleinster Gemeinden aufzulösen und die Zusammenarbeit in größeren Räumen zu ermöglichen – für viele Aufgaben waren die alten Gemeindegrenzen zu eng. Da die neue Einteilung zunächst nach eher abstrakten Prinzipien der Raumordnung geplant wurde, kam es nicht selten zum Zusammenschluß von Ortschaften, die sich verhältnismäßig fremd waren.

Das galt auch für Villingen-Schwenningen, bei dem es sich allerdings um einen Sonderfall handelte: wegen der Größe der beiden zusammengeführten Städte, aber auch wegen deren ganz unterschiedlicher Struktur und Tradition – auf der einen Seite die alte Verwaltungs- und Handelsstadt Villingen mit einer ausgeprägten Bürgerkultur, auf der anderen Schwenningen, in dem sich auf einer bäuerlichen Grundlage im 19. Jahrhundert eine blühende Industrie, vor allem die Fabrikation von Uhren, entwickelte. Schon daraus ergaben sich kulturelle Unterschiede, die noch dadurch verstärkt wurden, daß die Bevölkerung in Schwenningen ursprünglich fast rein evangelisch, die in Villingen ziemlich durchgängig katholisch war. Und schließlich: Villingen war badisch, Schwenningen gehörte zu Württemberg.

Die Idee, ausgerechnet zwei so unterschiedliche Städte zusammenzuschließen, war nicht einfach eine naive Fehlplanung. Sie verband sich mit dem Ziel, im ganzen Bundesland möglichst ausgewogene Verhältnisse zu schaffen. Dazu gehörte, daß neben den schon bestehenden Zentren weitere Orte mit wichtigen Mittelpunktsfunktionen ausgestattet werden sollten. Villingen-Schwenningen sollte die Funktion eines Oberzentrums für den östlichen Schwarzwald und das angrenzende Gebiet bis zur Alb übernehmen; die beiden alten Städte sollten zusammenwachsen, wichtige Behörden als Brücke zwischen den beiden bisherigen Städten entstehen; und außerdem sollten in diesem neuen Zentrum große Landeseinrichtungen gebaut werden. Diese Pläne erschienen nicht nur den Mehrheiten in den Stadträten, sondern auch vielen in der Bevölkerung so verlockend, daß sie der Vereinigung zustimmten.

Aber prinzipielle Zustimmung hindert nicht Kritik. Von Anfang an war der Zusammenschluß von skeptischen und kritischen Äußerungen begleitet; und da die etwas hochtrabenden Pläne für das Oberzentrum drastisch zurückgefahren werden mußten, ist die Kritik inzwischen nicht viel leiser geworden. Villingen-Schwenningen, das zum Beispiel dafür hätte werden sollen, wie die beiden Landesteile zusammenwachsen, gilt heute eher als Beleg für die Schwierigkeiten in diesem Prozeß.

Es wäre eine Verkürzung, wollte man das Problem allein in das Raster badisch contra württembergisch pressen. Als der Zusammenschluß der beiden traditionsreichen Städte Böblingen und Sindelfingen in die Diskussion kam, wehrten sich auf beiden Seiten viele der Einwohner; die Vereinigung der beiden württembergischen Städte kam nicht zustande. Und wenn heute versucht würde, Rastatt und Baden-Baden zusammenzuführen, wären wohl auch hier, in zwei ehemals badischen Städten, in erster Linie Proteste zu hören.

Die realen Unterschiede zwischen Schwenningen und Villingen sind nicht zu unterschätzen. Es gibt Dutzende von Beispielen für die unterschiedliche Mentalität in den beiden alten Städten; außerdem hat die wirtschaftliche Entwicklung mit der Krise der feinmechanischen Industrie und die generelle Verlangsamung im Ausbau zentraler Einrichtungen zu den Schwierigkeiten beigetragen. Aber in der Argumentation tauchen verdächtig oft die Stichworte Baden und Württemberg auf – als Interpretationsfigur, die sich auch dort anbietet, wo tatsächlich andere Gründe maßgebend sind, aber auch als sinnvolle Erklärung. Sinnvoll im Blick auf die Vergangenheit, aber auch mit Bezug auf gegenwärtige Institutionen, bei denen die alten Zugehörigkeiten immer noch eine Rolle spielen. So hat es beispielsweise die Post bisher nicht geschafft, die beiden früheren Städte und jetzigen Teilstädte mit einer gemeinsamen Vorwahlnummer auszurüsten.

Die staatlich deklarierte Vereinigung bedeutete auch nicht, daß sofort alle Verbände auf die gemeinsame Linie eingeschwenkt wären, so daß viele Vereine der beiden Städte in getrennten Dachorganisationen zuhause sind. Dies ist nicht nur ein bürokratischer Tatbestand; es bedeutet zum Beispiel, daß manche Sportgruppen aus Schwenningen ihre offiziellen Wettkämpfe zwar mit den fast zweihundert Kilometer entfernten Vereinen in Bad Mergentheim austragen können, nicht aber mit denen im nahen Villingen. Die Stadtverwaltung sucht hier gegenzusteuern. Dazu gehört nicht nur, daß wirtschaftliche und kulturelle Angebote koordiniert und mit Rücksicht auf beide Teilstädte ausgewiesen werden; dazu gehören auch gesamtstädtische Veranstaltungen und Versuche, die Gemeinsamkeit symbolisch zu unterstreichen.

Damit kehren wir zu Adler und Schwan zurück: Die Bemühung um ein gemeinsames Wappen der Stadt setzte praktisch schon mit der Vereinigung ein, zog sich aber dann dreißig Jahre hin. In dieser ganzen Zeit wurden Urkunden mit dem baden-württembergischen Landeswappen versehen, weil es kein Stadtwappen gab – man könnte auch sagen, weil es zwei Stadtwappen gab, auf deren symbolische Aussage, auf Schwan und Adler, keine der beiden Seiten verzichten wollte. Nun ist es sicher, auch und gerade in Anbetracht gentechnischer Fortschritte, nicht erstrebenswert, aus Schwan und Adler einen Schwadler zu erzeugen, und sowohl künstlerische Bedenken wie heraldische Grundsätze sprechen gegen ein solches Mischwesen. Aber man hätte sich ja vorstellen können, daß beide Teilstädte auf ihren Vogel verzichten. Schon seit dem Jahr der Vereinigung lag ein Entwurf vor, der die Tiersymbole beiseite ließ und statt dessen mit kräftigen Wellenlinien einen sprechenden Bezug zu beiden Teilstädten erstellte: In Schwenningen entspringt der Neckar, Villingen liegt an einem der Quellflüsse der Donau, und zwischen den beiden Orten verläuft die europäische Wasserscheide.

Aber Versuche zur Neutralisierung des Gegensatzes hatten keine Chance. In Villingen wollte man den Habsburger Adler nicht aufgeben, und in der Fastnacht wurden karikierte Wappenentwürfe präsentiert, in denen der Schwan vom Adler am langen Hals gewürgt oder unter die Wasseroberfläche gedrückt wird – scherzhafte Übertreibung realer Machtverhältnisse und vor allem Machtwünsche: Für einen Teil der Villinger Bürger waren die Schwenninger neuerdings von Verarmung bedrohte Neureiche, die sich mit ihren Vorstellungen besser nicht an die Oberfläche wagen sollten.

Das (vorläufige?) Ende der Geschichte ist schnell erzählt.

Nach wiederholten vergeblichen Anläufen einigte man sich im Rat auf ein zusammengesetztes Wappen; sowohl der Schwenninger Schwan wie der Villinger Adler bleiben am Leben, und auch die Wellen werden zur Geltung kommen. Natürlich ist die tatsächliche Kooperation wichtiger als die Gemeinsamkeit im symbolischen Überbau; aber bedeutungslos ist es nicht, daß es – nach einer langen Durststrecke – möglich war, die beiden Wappentiere zusammenzuführen. Es

mag ein Hinweis auf die Überwindung von Differenzen sein. Freilich – es ist ein zusammengesetztes Wappen mit gespaltenem Schild. Nach den Grundsätzen der Heraldik besagt dies nicht, daß es sich um eine strikte Trennung handelt; man spricht im Gegenteil von einem Allianzwappen. Aber die beiden Tiere sehen jedenfalls nicht so aus, als würden sie sich gleich zu einem fröhlichen Jubiläumstanz zusammenfinden. Die mannigfachen Spannungen, die trotz der gemeinsamen Anstrengungen während der letzten drei Jahrzehnte lebendig blieben, sind nicht leicht zu überwinden. Und manchmal wird, was an den Wappentieren sichtbar wurde, skeptisch auf ganz Baden und ganz Württemberg bezogen: Sie konnten zusammen nicht kommen ...

Badische Schlachtgesänge

Heute werden Millionen in große Werbeagenturen inve-
stiert, damit diese mit Fernsehspots und Presseanzeigen das
Image eines Landes verbessern. Im 19. Jahrhundert gab es
noch kein »Image« und nur wenig professionelle Werbung.
Und doch gab es Menschen, die bestrebt waren, das Land –
ihr Land – in ein möglichst günstiges Licht zu rücken. Dazu
gehörten vor allem die Dichter und Komponisten, die mehr
oder weniger eingängige Heimatlieder produzierten, und
dazu gehörten auch die Mitglieder der Gesangvereine, die in
gehobener Stimmung diese Lieder anstimmten oder sich mit
Hilfe dieser Lieder in gehobene Stimmung versetzten.

> *Das schönste Land in Deutschlands Gaun,*
> *Das ist mein Badner Land.*
> *Es ist so herrlich anzuschaun*
> *Und liegt in Gottes Hand –*

So tönte es in Baden landauf, landab, vom Hochrhein bis
zum Taubergrund. Gedruckt wurde der Text zum ersten Mal
1906 im Liederbuch eines Freiburger Infanterieregiments.
Aber es war damals schon weit verbreitet, und wer es sich aus-
gedacht hat, ist bis heute nicht bekannt.

Der Betreffende (da das öffentliche Leben ganz überwiegend männlich geprägt war, ist es so gut wie sicher, daß es
ein Mann war) mußte allerdings nicht allzu viel denken. Die
Verse und Reime zeichnen sich nicht gerade durch verblüf-
fende Originalität aus, und in diesem Fall gab es sogar eine
direkte Vorlage:

Das schönste Land auf Deutschlands Aun
Ist wohl mein Sachsenland –

So stand es schon 1883 in einer Volksliedsammlung aus dem Erzgebirge. Auf den ersten Blick sieht das wie eine peinliche Entlarvung aus: Was das ganz Eigene und Spezifische eines Landes feiert, erweist sich als Plagiat. Aber in Wirklichkeit liegt hier der Schlüssel zu allen Heimatliedern, egal auf welche Region sie sich beziehen und aus welcher Zeit sie stammen. Sie bauen eine freundliche Kulisse auf, wobei zwar zwischen Meeresstrand und Alpenrand unterschieden wird, die meisten Sprachbilder aber austauschbar bleiben, eine Kulisse, vor der strahlend der Name des eigenen Landes oder der eigenen Gegend erscheint. Das Wesentliche an diesen Liedern ist nicht die objektive Beschreibung, sondern die Vermittlung und Betonung des subjektiven Gefühls der Zugehörigkeit.

Für das Badnerlied reicht diese Charkaterisierung allerdings nicht ganz aus. Es feiert nicht nur das Land im allgemeinen, sondern zählt in den weiteren Strophen regionale und lokale Eigenheiten auf:

Zu Haslach gräbt man Silbererz,
Bei Freiburg wächst der Wein,
Im Schwarzwald schöne Mädchen:
Ein Badner möcht' ich sein!

Die Typik hält sich in Grenzen – Wein gibt es glücklicherweise auch anderswo, und schöne Mädchen gewiß auch. Aber die Aufzählung geht weiter: Die Residenz in Karlsruhe, »die Fabrik« in Mannheim und die Festung in Rastatt werden erwähnt, und eine weitere Strophe bedient sich unmittelbar bei Scheffels Preislied auf Heidelberg:

Alt-Heidelberg, du feine,
Du Stadt an Ehren reich,
Am Neckar und am Rheine,
Keine andre kommt dir gleich!

Damit endet die gleichsam offizielle Fassung des Liedes, wie es früher bei Vereinsdarbietungen gesungen und wohl auch in den Schulen gelernt wurde. Aber im weniger offiziellen Rahmen wurden und werden weitere Strophen hinzugefügt, die zunächst im herkömmlichen Schema bleiben und an zusätzliche lokale Besonderheiten erinnern:

In Sipplingen ist das Seepumpwerk,
Da kommt das Wasser raus.

Wanderungen durch Schwaben: Freiburg im Breisgau
(Stahlstich von Le Keux nach einem Aquarell von Louis Mayer).

Dann aber verläßt der Text die harmonisierende Stimmung und überschreitet nicht nur eine Geschmacksgrenze, sondern auch die Grenzen Badens:

Mir Badner seiche' fröhlich nei',
Und Schwabe' saufet's aus.

Das ist nicht die einzige Strophe dieser Art. In einer anderen wird zum Beispiel gesagt, daß in Konstanz – und je nach Bedarf in Karlsruhe – der Rhein noch blau ist; bei Mannheim dagegen wird er grau, was sich mit der wachsenden Dichte der Industrie leicht begründen ließe. Aber man kann es auch anders erklären:

Da fließt hinein der Neckar,
Die alte Schwabensau.

Literarisch versierte Badener sehen in diesen Versen möglicherweise eine »Retourkutsche«: Der schwäbische Poet und Publizist Josef Eberle, der unter dem Namen Sebastian Blau Dialektgedichte veröffentlichte, schrieb ein solches auf den Neckar, den er von seinem Ursprung verfolgt bis zu dem Punkt, an dem er in die »Fremde« gehen muß, ins Badische, wo er sich vor lauter Schmerz im Rhein ersäuft:

'r lauft schnurstracks ens Badisch nei'
ond selt – vor lauter Jomer –
versäuft 'r se em Rhei'.

Also das Gleiche mit umgekehrten Vorzeichen? Das läßt sich wohl nur behaupten, wenn man die Stillage völlig ignoriert. Sebastian Blau operierte mit spielerischer Ironie, während in den Auswüchsen des Badnerlieds ganz ungehemmt auf die Schwaben eingeprügelt wird.

Dies soll nun freilich nicht zu dem Schluß verführen, die Württemberger (denn sie sind gemeint, wenn in Baden von den Schwaben gesprochen wird) seien alle zartbesaitete Naturen, die Konflikte grundsätzlich mit souveräner Zurückhaltung austragen. Auch bei ihnen wird geschimpft und gepoltert, attackiert und beleidigt, und in bestimmten Konstellationen sind sie unbelehrbar stolz auf ihre Grobheit. Aber Spottverse auf die und gegen die Badener gibt es kaum; jedenfalls sind sie sehr viel weniger bekannt und meistens auch etwas mühsamer formuliert. »Über Baden lacht die Sonne, über Schwaben die ganze Welt« – das ist boshaft und charmant zugleich. »Badischer Wein, von der Sonne verhöhnt« reimt sich zwar auf einen Werbeslogan, ist aber trotzdem eine ungereimte Antwort darauf.

Josef Eberle

Es gibt ja auch Schwabenwitze, aber keine Baden- oder Badnerwitze, zumindest nicht als geläufige Gattungsbezeichnung. Dies könnte ein mehr oder weniger zufälliger Befund sein; der Witz hängt sich an bestimmte Bevölkerungsgruppen, ohne daß dafür immer ein überzeugender Grund anzuführen wäre. Es gibt Witze über Blondinen, aber nicht über Schwarzhaarige, und einige Zeit blieben alle Wanderwitze an den Ostfriesen hängen, während die Nordfriesen kaum zur Zielscheibe des Spotts wurden. Mit den Schwabenwitzen verhält es sich aber anders. Während den Ostfriesen naive Äußerungen und komische Verhaltensweisen angedichtet wurden, über die auch Leute lachen können, für die Ostfriesland kein Begriff ist, liegt bei den Witzen über Schwaben stets in der Abwertung dieser Population das eigentliche und meist ohne Umweg angesteuerte Ziel – und sie werden fast ausschließlich von den badischen Nachbarn erzählt.

Das heißt nicht unbedingt, daß sich badische Humoristen besonders originelle Geschichten ausdenken mußten; es gab Vorlagen. Wenn in einem Witz eine eindeutige Frontstellung zum Ausdruck kam, war er in vielen Fällen auch auf die Schwaben anwendbar. Vor einigen Jahrzehnten sammelte Karl

Kurrus im Südbadischen lustige Geschichten. In einer wird erzählt, daß zwei benachbarte Dörfer eine Holzbrücke über den trennenden Fluß bauten, um die Gesangsstunden gemeinsam abhalten zu können, daß das Bauamt nach Abschluß der Arbeiten aber erst einmal eine Belastungsprobe forderte. Dazu kam der Vorschlag: Die Chöre sollten sich auf beiden Seiten der Brücke zum Singen aufstellen und die Schwiegermütter veranlassen, von der Brücke aus zuzuhören – halte die Brücke, sei das Werk gut, halte sie nicht, sei es ein gutes Werk. Für die Schwiegermütter lassen sich bequem Schwaben einsetzen: Man lädt die benachbarten Schwaben zur Einweihung auf die Brücke, hält sie, ist es gut, hält sie nicht, ist's noch besser.

Die Vermutung, es handle sich bei diesem Schwabenwitz um einen besonders grobschlächtigen Ausreißer, kann nicht bestätigt werden. Es gibt noch gröbere, zum Beispiel die Steigerung des Brückenwitzes zum Tunnelwitz: Zur Eröffnung eines neuen Straßentunnels wird zu einem »Tag der Schwaben« geladen; sie kommen in großer Zahl, weil sie Freibier erhoffen – und dann wird der Tunnel geflutet. Warum, so wird gefragt, tragen so viele Schwaben einen Mittelscheitel? Das ist zwar empirisch kaum zu bestätigen, aber nicht darauf, sondern auf die Antwort kommt es an: Damit man das Beil besser ansetzen kann ... Der Witz besteht kaum einmal in einer raffinierten Pointe, sondern fast immer in der unverblümten Deklassierung der Schwaben. Allerdings kann sie auch etwas weniger brutal vorgenommen werden: Was ist der Unterschied zwischen dem Osterhasen und einem sympathischen Schwaben? Antwort: Es gibt keinen, denn beide gibt es nicht.

Die Badener pochen darauf, daß sie in ihrem ganzen Wesen gefälliger sind als die Schwaben; sie betonen das sogar, indem sie die Rechtschreibreform noch ein Stück weiter treiben und sich auf Postern und Aufklebern als »sym-badisch« bezeichnen. Die Schwaben können aus dieser Perspektive in

ihrer engherzigen Art nur unsympathisch erscheinen –
schließlich weiß man, daß sie den Kupferdraht erfunden
haben, weil sie den Pfennig so lange drehten, bis er länglich
wurde.

Allerdings ist es keineswegs so, daß Badener pausenlos auf
den Schwaben herumhacken; für Spott und Witze der zitierten Art muß ein Publikum und eine geeignete Gelegenheit
vorhanden sein. Für die Witze sind abendliche Wirtshaus-
runden ein günstiges Ambiente, vor allem dann, wenn an
einem oder mehreren der Tische Schwaben sitzen. Für das
Badnerlied in erweiterter Form bieten sich vor allem sport-
liche Wettkämpfe zwischen badischen und württembergischen Vereinen an. Für die Anhänger des SC Freiburg hat ein
einheimischer Verlag sogar ein Heft mit »Fan-Gesängen«
zusammengestellt, und da bleiben die Schwaben natürlich
nicht verschont. Die Gegner sind zwar Vereine einzelner
Städte; aber wenn eine Stuttgarter Mannschaft in Freiburg,
Karlsruhe oder Mannheim spielt, liegt es nahe, die größere
Projektionsfläche zu wählen. Der Melodie des Beatle-Songs
vom »yellow submarine« wird ein nicht gerade hasenreiner
Text gegen die Schwaben unterlegt, bei denen die Spätzle an
unappetitlicher Stelle plaziert sind; und manchmal erlebt
man im Stadion das Ritual, daß die badischen Zuschauer
und Zuschauerinnen aufstehen und dazu die Aufforderung
singen: »Bleibt sitzen, wenn Ihr Schwaben seid!«

Was die Lieder und Sprüche jenseits ihres bescheidenen
witzigen Gehalts transportieren, ist die Trennung, die Abgrenzung und Ausgrenzung. Das ist nichts Neues und nichts
Besonderes – die gleiche Funktion bestimmt die zwischen
benachbarten Orten hin- und hergehenden Schimpfreden
und Neckereien, und auch der sogenannte Stammesspott hat
eine alte Tradition. Das Besondere liegt in der Intensität dieser Spottbezeugungen, vor allem aber darin, daß der Spott
hier eigentlich nicht hin- und hergeht, sondern daß er sich
ziemlich einseitig gegen die Schwaben richtet. Zwar bleiben

auch die Fans der württembergischen Fußballclubs nicht stumm; aber wenn die gegnerischen Mannschaften aus Baden kommen, werden sie kaum als badisch attackiert, sondern es werden andere Formen und Formeln der Deklassierung verwendet.

Hermann Fischer, der bedeutendste Dialektforscher des deutschen Südwestens, teilte in seinem großen Schwäbischen Wörterbuch Beobachtungen zum sprachlichen Umgang mit dem und den Badischen mit. Danach sprach man das Wort badisch in ganz Baden in der Regel mit langem Vokal, also so, wie es in der Residenz Karlsruhe gesprochen wurde. In Württemberg dagegen war es um die Wende zum 20. Jahrhundert üblich, die alemannische Vokalkürzung zu übernehmen; man sagte »baddisch«. Die Bewohner des Nachbarlandes waren dagegen, in normaler Aussprache, die Badischen, während diese sich selbst nach Fischer als Badenser bezeichneten. Diese Benennung, die auf die lateinische Klassifizierung *badensis* zurückgeht, war damals also offenbar weniger problematisch. Es gibt allerdings Hinweise darauf, daß sie nicht immer und überall akzeptiert wurde. Heute ist jedenfalls Badener die übliche Selbstbezeichnung; Badenser wird nicht mehr gerne gehört. Manche Schwaben wissen das und verwenden das Wort gerade deshalb; aber für viele ist es auch einfach eine neutrale Bezeichnung für die Nachbarn. Jedenfalls ist die durch die Vokabel transportierte Distanzierung nicht besonders laut und energisch, während die Wörter Schwabe und schwäbisch aus badischem Mund fast immer im Verdacht stehen, daß sie eine abwertende Einschätzung ausdrücken sollen.

Zweierlei Menschen?

Die Attacken gegen die Schwaben und das Schwäbische funktionieren gerade deshalb so gut, weil sie sich meistens auf den bloßen Ausdruck der Aversion beschränken, diese aber nicht begründen. Eine Parallele aus dem individuellen Verkehr macht das deutlich: Es ist leichter und im allgemeinen auch wirkungsvoller, einen anderen als Rindvieh zu bezeichnen, als zu erklären, warum er eines ist. Manchmal ist aber immerhin die Richtung der Kritik erkennbar. Die kurze Schilderung, daß und wie die Schwaben den Kupferdraht erfunden haben, weist sie als extrem sparsam, ja geizig aus. Und es ist nicht die einzige Geschichte, die auf diese Eigenschaft zielt. Am badischen Ufer des Bodensees rutscht der kleine Sohn eines Stuttgarter Feriengastes ins tiefe Wasser, ein Einheimischer rettet ihn. Der Junge rennt weg. Nach einiger Zeit erscheint der Vater, und es ergibt sich folgender Dialog: »Habet Sie mein Junge' aus 'em Wasser gholt?« – »Ja.« – »Und wo isch sei' Mütz'?«

Beliebt ist auch die Anekdote von den beiden Schwaben, die bei einer Bergtour in eine Gletscherspalte stürzten. Nach einigen Stunden meldeten sich oben die Retter: »Hier ist das Schweizer Rote Kreuz.« Darauf eine Stimme von unten: »Mir gebet nix« – wir geben nichts. Oder die Geschichte von dem Schwaben, der durchdreht, weil es ihm nicht gelingt zu kontrollieren, ob nach dem Schließen des Kühlschranks wirklich das Licht ausgeht. Oder die Rätselfrage: Wann steht der Schwabe mit einer brennenden Kerze vor dem Spiegel? Antwort: Am zweiten Advent.

Schwäbische Sparsamkeit zählt zu den Eigenschaften, die

zwar nur selten aufgelistet werden, die aber doch präsent sind, wenn ein Vergleich zwischen Badenern und Schwaben gezogen wird. Es ist ein habhaftes Kontrastprogramm, von dem je nach Bedarf immer nur Teile aktiviert werden, das aber zumindest im Badischen zu den populären Wissensbeständen gehört und das auch in den zu Jubiläumszeiten und bei ähnlichen Gelegenheiten fälligen volkskundlichen Essays ausgebreitet wird. Dabei ist es nicht immer nötig, daß die Eigenschaften benannt und definiert werden; oft genügt es, auf reale Unterschiede hinzuweisen, die Schlüsse auf Charakterunterschiede nahelegen. Zum Beispiel taucht immer wieder der Hinweis auf, daß die gastronomischen Führer nicht nur die meisten Auszeichnungen an Betriebe in Baden-Württemberg vergeben, sondern daß innerhalb des Landes deutlich mehr Sterne in Baden als im Schwäbischen plaziert werden.

Von diesem Sachverhalt aus läßt sich ein ganzes Netz von Charakterisierungen spinnen. Das Nächstliegende ist die kulturgeographische Feststellung, daß Baden zwar nicht immer, aber immer wieder lebhafte Beziehungen zum linksrheinischen Gegenüber hatte und daß so gewähltere, vornehmere Formen Eingang fanden. In der Eßkultur tritt dies deutlich hervor, aber es beschränkt sich nicht darauf. Schon im 19. Jahrhundert wurde Baden als urbaner, weltoffener eingeschätzt. Im Jahr 1844 publizierte ein schwäbischer Autor ein kleines Theaterstück mit dem Titel »Das Schlachtfest zu Strümpfelbach«. Im Vorwort merkte er an, der »einfältige Schwabe« sei »dumm genug, alles herauszusagen, wie er es denkt; der Badenser aber kennt schon französische Finesse«. Der Verfasser, der angetreten ist, »das gemütliche, hohe, gesangvolle, unharmonische, zurückstoßende und dabei doch anziehende und erquickende Leben Schwabens« darzustellen (eine schwierige Aufgabe, der das kleine Lustspiel nicht gerecht wird), steht nicht unbedingt auf der Seite badischen Raffinements; aber er läßt keinen Zweifel an dem unterscheidenden Merkmal. Im Schwäbischen tat man sich etwas darauf zugute, daß man nicht französischer Lebensart nacheiferte. Das Deftige galt mehr als die Verfeinerung – und dies scheint bis heute einen gewissen Unterschied zu machen. Weltoffenheit bezieht sich aber nicht nur auf die Art des Umgangs untereinander; sie bewährt sich vor allem auch im Umgang mit Fremden.

Der Kulturhistoriker und Erzähler Wilhelm Heinrich Riehl schrieb Ende des 19. Jahrhunderts in einem Roman, die Schwaben seien »entsetzlich teilnahmslos gegen alles Ausländische«. Er fügte freilich hinzu, das Ausländische errege sofort »ihr höchstes Interesse«, wenn es »in einer äußerst frappierenden Weise« auftrete – also ein Hang zum Exotismus bei gleichzeitiger Distanz gegenüber dem Fremden, jedenfalls keine aufgeschlossene Annäherung, wie sie für die Badener konstatiert wird. Kurz nach dem Ersten Weltkrieg ließ sich an einem Herbstabend eine junge Frau im Stuttgarter Schloßpark aufgreifen. Sie tobte und redete in unsinnigen Worten: »Strewa ga putajo – ja du te garscheng! Streef i kartortsche!« Die Frau wurde Sprachwissenschaftlern vorgestellt, die teils orientalische, teils ostasiatische Anklänge erkannten; schließlich glaubte man, sie sei eine tibetanische Tempeltänzerin. Sie wurde von einer adligen Familie aufgenommen – der sie an Weihnachten gestand, daß sie aus Luzern kam, wo sie aus der Irrenanstalt entflohen war. Es ist durchaus möglich, daß solche Gaunerstückchen auch anderswo passierten, vielleicht sogar in Karlsruhe; aber nach Stuttgart, ins Schwäbische, paßte die Geschichte, die zeigte, wie wenig man von Fremden verstand, auch wenn sie einen faszinierten.

Zur kontrastiven Verhaltensgrammatik badisch:schwäbisch gehören auch Unterschiede in der Geselligkeit. Die Badener gelten in diesem ganzen Bereich als aufgeschlossener; die Schwaben werden als letztlich ungesellige Einzelgänger definiert. Wenn die Rede darauf kommt, berufen sich die Leute

– Badener wie Württemberger – vielfach auf ihre Erfahrung;
allerdings beschränkt sich der empirische Nachweis oft auf
ein einziges Erlebnis, das verallgemeinert wird. Schwaben, so
heißt es dann, halten eine Gastwirtschaft für überfüllt, wenn
an jedem Tisch eine einzige Person sitzt, während es im
Badischen kein Problem sei, an den Tischen ein gemischtes
Publikum zu plazieren. In schwäbischen Wartezimmern, so
wird gesagt, herrsche lähmendes Schweigen; die Patientin-
nen und Patienten bewegten ihre Leiden ängstlich in ihrem
Innern, während die Wartenden in Baden schnell in einen
Austausch von Symptomen, diagnostischen Vermutungen und
therapeutischen Erfahrungen einträten. Und als die ersten
Regionalzüge mit umklappbaren Lehnen eingeführt wurden, ging bald die Rede, im Schwäbischen würden die Sitze
in eine Linie hintereinander arrangiert, in klarer Trennung
von den Vorder- und Hinterleuten, während in Baden Vie-
rergruppen üblich seien, die zur gemeinsamen Unterhaltung
einladen.

Den Schwaben wird auch an- und vorgerechnet, daß die
Gaststätten manchmal noch vor Einbruch der Dunkelheit
schließen und daß Bestellungen schon lange vorher nicht
mehr angenommen werden. Dies wird nicht nur als Mangel
an Urbanität und Gefälligkeit registriert; hier kommt ein
weiterer Vorwurf, ein weiteres Charakteristikum ins Spiel:
die übertriebene Ordnungsliebe der Schwaben, für die allerdings am häufigsten die bürokratischen Verfahrensweisen der
Ämter und die autoritären Umgangsformen ihrer Vertreter
ins Feld geführt werden. Die Badener: liberal, tolerant, großzügig – ihre Devise: leben und leben lassen. Die Schwaben:
streng und eng, auf Kontrolle bedacht, die Selbstkontrolle
einschließt. Die Schwaben fühlen sich nur wohl, wenn sie
sich nicht wohl fühlen. Zum Ausdruck kommt dieser paradoxe Zustand im »Bruddeln«, einem gleichzeitig mürrischen
und behaglichen Vor-sich-hin-Maulen in oft unverständ-
lichen, jedenfalls aber nicht besonders argumentativen Wor-

ten. Unbeschwerte Lustigkeit »gehört sich nicht« im Schwäbischen, während die Badener lockerer und spontaner sind. Als Beleg wird oft die Fastnacht angeführt, die im Badischen in erster Linie als heitere Abwechslung gefeiert werde, während die schwäbische Tollheit sich in durchorganisiertem Pflichthumor erschöpfe. In Baden, so wird zugespitzt, gehe es bei einer Beerdigung lustiger zu als in der schwäbischen Fastnacht.

Der Blick auf die Fastnacht eröffnet nun freilich eine Möglichkeit, die Trennschärfe zwischen badischer Heiterkeit und schwäbischem Ernst ein wenig in Zweifel zu ziehen und damit auch das ganze charakterologische Oppositionsgebäude ins Wanken zu bringen. Auf der einen Seite ist auch in den badischen Fastnachtshochburgen das Ritual längst geprägt von durchorganisierten Sitzungen und Umzügen, in denen spontane Kreativität oft beschnitten wird; und zum anderen gibt es auch schwäbische Fastnachtshochburgen, die mit den badischen Schritt halten können und in denen ähnlich wie dort fast die ganze Bevölkerung an der Narretei lebhaften Anteil nimmt. In Rottweil, der bekanntesten der schwäbischen Narrenstädte, kann man gelegentlich hören, die Stadt sei »eigentlich badisch« – das bezieht sich nicht primär auf die jetzige Zugehörigkeit zum Regierungsbezirk Freiburg und nicht nur auf die historischen Verbindungen nach Süden während der Reichsstadtzeit, sondern auch auf die Lebensart und das Lebensgefühl.

Dies ist ein Hinweis darauf, daß die Kategorien badisch und schwäbisch oft nur Etikettierungen sind, hinter denen sich andere Akzente verbergen. Nicht nur die Einstellung zur Fastnacht, sondern auch der grundsätzliche Unterschied zwischen fröhlicher Weltzugewandtheit und einer skeptischeren, manchmal verdrossenen Haltung läßt sich wohl eher auf einen konfessionellen Nenner bringen. Dies wird auch so gesehen, nur wird dann schwäbisch mit protestantisch und badisch mit katholisch gleichgesetzt – eine Gleichung, die nur bei einer sehr grobschlächtigen Rechnung aufgeht. Abgesehen davon, daß die Nachkriegszeit in den meisten Gegenden zu konfessionell ausgewogenen Verhältnissen geführt hat – es gab vorher große katholische Gebiete in Württemberg und viele evangelische in Baden. Was so flott als Unterscheidungsmerkmal zwischen badisch und schwäbisch angenommen wird, muß also von Fall zu Fall nach der historischen Feinstruktur einzelner Räume bewertet werden.

Außerdem wäre es naiv zu glauben, daß in einem bestimmten Gebiet bei allen dort lebenden Menschen die gleichen Haltungen und Einstellungen zu finden sind. Sieht man genauer hin, so ergeben sich schon innerhalb kleiner Gebiete erhebliche Unterschiede, die durch die verschiedene berufliche Orientierung der Bewohner bedingt sind – und, die andere Seite dieses Sachverhalts, die gleiche berufliche Orientierung schafft ähnliche Lebensumstände und auch ähnliche Denkweisen unter Bewohnern ganz verschiedener, weit auseinander liegender Gebiete.

Im Jahr 1900 erschien ein Rückblick auf »Badisches Volksleben im neunzehnten Jahrhundert«, den der Bremer Indogermanist Elard Hugo Meyer an seinem Alterssitz Freiburg mit Hilfe einer Frageaktion im ganzen Land zusammenstellte. Er gab gleich zu Anfang eine Einteilung vor: Oberrheinische Tiefebene, das Gebirgsland von Schwarzwald und Odenwald, das südliche und das nördliche Hügelland – und er achtete auf diese geographischen Unterschiede in seiner Darstellung von Bräuchen und Überlieferungen. Aber da er sich im wesentlichen auf die bäuerliche Bevölkerung bezog, konnte er am Ende doch ein Resümee für das ganze Land ziehen.

An erster Stelle nennt er zur Charakterisierung der Bewohner den »Fleiß, der von den Kiesbänken im Rhein bis zu den steilsten Tannenwildnissen des Schwarzwalds unermüdlich sich rührt« und der auch für die Pflege der »Matten und Felder und Rebgärten« dazwischen verantwortlich ist. Als weitere herausragende Eigenschaften führt Meyer Genügsamkeit, Bescheidenheit, Ehrlichkeit, Frömmigkeit und Beharrungsvermögen an. Ersetzt man den Rhein durch den Neckar und den Schwarzwald durch die Alb, so läßt sich diese Aufzählung ohne Mühe auf Württemberg übertragen. Von den Bauern waren, soweit die natürlichen Voraussetzungen und die Besitzverhältnisse vergleichbar waren, überall ähnliche Kräfte und Eigenschaften gefordert, so daß sich tatsächlich ein gemeinsamer Grundstock an Verhaltensformen ergab. Erst darüber und in vielen Fällen zeitlich danach entwickelten sich Differenzierungen, die jedoch stärker als die Ähnlichkeiten hervortreten, weil sie Unterschiede begründen.

Wenn das Thema Baden und Württemberg, badisch und schwäbisch heißt (und das gilt nicht nur für wissenschaftliche Darstellungen, sondern gerade auch für die populäre Auseinandersetzung mit dem Gegenstand), dann treten die Gemeinsamkeiten zurück, obwohl auch dafür Belege anzuführen wären. Amadeus Siebenpunkt erzählt in seinem »Gruppenbild« der Badener von den beiden Schwarzwaldbauern, die, den Ertrag abschätzend, an einem Sonntagmorgen durch die Felder wandern. Der eine sagt: »Guet schtoht hier d'Frucht!« Zwei Stunden später, jenseits des Bergrückens, sagt der andere: »Hier aber au!« Die gleiche Geschichte wird auch von und über Schwaben erzählt, übertrumpft noch von der Wirtshauserzählung über den Neuen am Stammtisch. Er sitzt, wie die anderen, schweigend da; nach einer halben Stunde prostet er dem neben ihm Sitzenden zu. Nachdem er weggegangen ist, erhält derjenige, der ihn eingeführt hat, eine Rüge: Einen solchen Schwätzer brauche er nicht mehr mitzubringen.

Für beide Teile wird auch in Anspruch genommen, daß die Leute »knitz« sind. Die Sprachhistoriker belehren uns, daß das Wort von kein-nützig komme; der Ausdruck wurde früher ganz überwiegend als negative Bewertung verwendet. Im Verlauf der letzten hundert Jahre neigt die Bedeutung mehr dem Positiven zu; man versteht darunter eine besondere Form liebenswerter, aber durchaus erfolgsorientierter List. Knitzes Verhalten in diesem Sinn ist nicht unnütz; es kann durchaus Vorteile bringen. Vom verbissensten Vertreter eines selbständigen Badnerlandes, Leo Wohleb, wird berichtet, daß er eine Begegnung mit seinem württembergischen Gegenspieler Reinhold Maier so resümierte: Es sei gut gegangen, »er hat mich angloga, ich hab ihn angloga, dann bin ich heimgfahra«. Vorsichtshalber merke ich an, daß der Gewährsmann für diese Episode ein südbadischer Politiker ist. In diesem Fall verband sich das »Knitze« mit dem »Biestigen«, das ebenfalls als typisch badisch herausgestellt wurde. Das Wort ist im Schwäbischen ziemlich unbekannt, aber die damit bezeichnete Dickköpfigkeit und Widerspenstigkeit keineswegs. Auch hier ist der Gegensatz kleiner, als es die charakterologische Opposition erwarten läßt – ganz abgesehen davon, daß dieser Charakterzug zu der ebenfalls her-

vorgehobenen badischen Umgänglichkeit und Aufgeschlossenheit nicht recht passen will.

Mit Recht werden auch die »Tüftler« in beiden Bereichen, im Badischen wie im Schwäbischen, lokalisiert. In »gemischten« Gesellschaften können Badener und Württemberger lange darüber streiten, von welcher Seite die wichtigsten Impulse für den technischen Fortschritt ausgingen. Berthold Schwarz, der Freiburger Erfinder des Schießpulvers, hat

Sie schrieben Verkehrsgeschichte: der Karlsruher Karl Friedrich von Drais (links auf seinem Laufrad), der Stuttgarter Gottlieb Daimler (rechts) und der Mannheimer Carl Benz (mit Familie).

in solchen Diskussionen nicht unbedingt gute Karten; und
das von dem Karlsruher Forstmeister Karl Friedrich von
Drais erfundene Fahrrad erweist sich bei näherem Zusehen
als ein recht defizitäres Objekt. Boshaft hat man einmal festgestellt, es sei vom richtigen Fahrrad so weit weg wie eine
Papierschwalbe vom Flugzeug. Was das Fliegen anlangt, so
müssen sich allerdings die Schwaben manche spöttische Bemerkung gefallen lassen: Der Schneider von Ulm wird eher
den Sieben Schwaben zugeordnet als einer Erfindergalerie,
und Graf Zeppelin war zwar württembergischer Offizier und
hatte später seinen Standort im württembergischen Friedrichshafen, aber geboren ist er im badischen Konstanz, so daß
man darüber streiten kann, ob er für die Schwaben verein-
nahmt werden darf. Unmittelbar in Parallele werden dagegen der Stuttgarter Gottlieb Daimler und der Mannheimer
Carl Benz gesetzt, und sie haben im Firmennamen Daimler-
Benz ja schon die Bindestrichversion vorweggenommen, die
auch für das Land gewählt wurde.

Die Erörterung solcher Parallelen und Gemeinsamkeiten
legt den Verdacht nahe, daß es auch mit den angeführten
Gegensätzen möglicherweise nicht so weit her ist, wie es die
populäre Gegenüberstellung will. In der Tat wird man, wenn
man dem Realgehalt der stereotypen Vorstellungen auf die
Spur zu kommen sucht, überall einiges abziehen müssen –
und dabei nähern sich die Eigenheiten stärker einander an.
Was dann noch an Differenzen übrig bleibt, kann allerdings
sehr aussagekräftig sein.

Am Beispiel erläutert: Die Schwaben präsentieren sich
gerne als besinnliche und besonnene Weintrinker – aber dieser Begriff ist schon dubios, denn in Dutzenden von biederen Abhandlungen und in vielen Stammtischrunden wird
die Norm hochgehalten, daß man den Wein nicht trinkt,
sondern schlotzt. Nun ist das – von der sprachlichen Bezeichnung vielleicht abgesehen – gewiß keine exklusiv
schwäbische Erkenntnis: Hans Mosers Heurigenlied mit der

Selbstdiagnose »I tu den Wein net trink'n, sondern beiß'n, i trink den roten grad so gern als wie den weißen« gehörte lange Zeit zu den wichtigsten Kulturimportgütern aus Österreich, und das mit Kennermiene demonstrierte »Beißen« des Weins ist inzwischen überall so verbreitet, daß wirkliche Weinexperten sich darüber lustig machen und vorschlagen, einen vernünftigen Kompromiß zwischen dieser gewählten Attitüde und dem Sturztrinken zu suchen.

Bleibt also im Vergleich mit den Badenern der angeblich moderatere Umgang mit dem Getränk: Die Badener, so heißt es, genehmigten sich ohne alle Skrupel ein paar Viertel am Stück; die Schwaben beschränkten sich – und dies nicht im Blick auf Polizeikontrollen, sondern weil sie tief im Unbewußten mit der Sündhaftigkeit allen Luxus zu kämpfen hätten. Daran mag etwas Richtiges sein; nur, die platte Gegenüberstellung von einem einzigen gegen vier Viertel trifft dieses Richtige nicht. Viel aufschlußreicher ist dafür die Geschichte, die von zwei Zechgenossen berichtet, von denen der eine, der Badener, fröhlich zum Weitertrinken mahnte, während der andere, der Schwabe, sich nach jedem Glas überreden lassen und selbst überreden mußte. Als ihnen am Ende die Rechnung präsentiert wurde, hatte der Badener vier Viertel, der Schwabe dagegen ein Viertel und fünf Achtel. Differenz: ein Achtel. Woraus die Lehre zu ziehen ist, daß mentale Unterschiede nicht immer zu gravierenden Verhaltensunterschieden führen müssen, vermutlich aber auch, daß die Unterschiede insgesamt gar nicht so groß sind, wie sie oft dargestellt werden.

Der Sinn von Stereotypen – darum handelt es sich bei den gängigen Charakterisierungen – besteht nicht in erster Linie darin, daß sie der Realität genau gerecht werden; sie dienen vor allem der eigenen Verhaltenssicherheit, indem sie Vorgaben machen, die von der mühsamen Erkundung der Realität entlasten. Sie verallgemeinern und sie übertreiben; dies schafft einen eigenen, einfacheren Zugang zur tatsächlich meist sehr komplizierten Wirklichkeit. Es wäre aber natürlich durchaus von Interesse, den Realitätsgehalt solcher Vor-Urteile möglichst exakt zu überprüfen.

Dies ist freilich nur sehr bedingt möglich. Es scheitert vor allem an drei Gegebenheiten. Erstens richtet sich die Frage auf komplexe Sachverhalte und Denkstrukturen, die über statistische Erhebungen, Meinungsumfragen u.ä. nur sehr unzulänglich erfaßt werden können. Sie entziehen sich auch der Selbsteinschätzung, über die solche Befragungen vielfach laufen. So könnte beispielsweise die Frage: »Sind sie gesellig?« nur diffuse Antworten provozieren.

Zweitens: Soweit Statistiken aus der jüngsten Vergangenheit vorliegen, erscheint in aller Regel Baden-Württemberg als Einheit; die alten politischen Zugehörigkeiten tauchen darin nicht mehr auf. Das Material wird für den Vergleich mit anderen Bundesländern bereitgestellt; der interne Vergleich tritt fast völlig zurück.

Interessanterweise – und dies ist der dritte Aspekt – erlauben aber auch frühere Beschreibungen kaum den Zugang zu unserer Gegenüberstellung. Die Gründe dafür müssen etwas ausführlicher dargestellt werden. Im Jahr 1937 erschien ein umfangreicher Sammelband: »Der deutsche Volkscharakter. Eine Wesenskunde der deutschen Stämme und Volksschläge«. Zwei Begriffe in diesem Titel sind kennzeichnend: Gefragt wird nach dem Wesen, also nach einer feststehenden Größe, und dieses Wesen wird an den deutschen Stämmen festgemacht, die ihre Ausprägung in der germanischen Frühzeit erfuhren. Die Verfasser der einzelnen Beiträge beziehen trotz dieser grundsätzlichen Kontinuitätsannahme historische Veränderungen ein; aber sie halten sich an die Vorgaben der Stammeseinteilung. Konkret bedeutet das, daß es zwar ein Kapitel über die Schwaben gibt, daß dagegen in zwei Kapiteln über die Alemannen und über die Pfälzer geschrieben wird, daß also das Badische als Kategorie zurücktritt und auch nicht flächendeckend behandelt wird.

Das war nicht ungewöhnlich, vielmehr der Regelfall. Im Jahr 1941 brachte Willy Hellpach seine »Deutsche Physiognomik« heraus, in der er an landschaftlich geprägten Gesichtszügen Dominanten des jeweiligen Volkscharakters abzulesen suchte. In seinem Buch wird das »schwäbische Gesicht« behandelt. Dagegen gibt es kein badisches Gesicht – hier muß das für einen großen Raum repräsentative Kapitel über das »fränkische Gesicht« herangezogen werden, und eben das schwäbische Kapitel, denn Hellpach läßt keinen Zweifel an der »Künstlichkeit« der Scheidung zwischen Alemannen und Schwaben. Für Hellpach war schwäbisch-alemannische Stammesart »schwerblütig und undurchsichtig, aber reich und echt«, fränkische »fröhlich und rege, aber unbeständig und streitlustig«. Diese Charakterisierungen, die Hellpach mit vielen Differenzierungen versieht, sollen hier nicht im einzelnen diskutiert werden – wichtig ist der Befund, daß eine gesamtbadische Charakteristik auch hier fehlt, daß vielmehr der Norden Badens vom Süden deutlich geschieden wird.

Dies war auch in älteren, allein auf Baden bezogenen Darstellungen der Fall. Karl Gustav Fecht trug zu dem Sammelwerk »Das Großherzogtum Baden«, erschienen 1885, die Abhandlung über Charakter und Lebensweise der Badener bei. Er weist zwar ausdrücklich auf die Bedeutung der natürlichen Voraussetzungen hin, die beispielsweise im Schwarzwald völlig anders sind als in der Rheinebene; aber auch für ihn ist die alte Stammesgliederung maßgebend, so daß er den fränkischen Charakter, der bei den Pfälzern in Erscheinung tritt, für den badischen Norden reklamiert, während er für das südliche Baden mit der Charakterisierung alemannisch und sogar schwäbisch operiert.

METAMORPHOSEN DES SCHWÄBISCHEN

Schwaben, von außen gesehen

Badisch kontra schwäbisch – unter dieser Formel wurden die Differenzen behandelt, und vermutlich ist niemand darüber gestolpert, obwohl es doch streng genommen badisch kontra württembergisch heißen müßte. In den Spottliedern, die gegen die Württemberger gerichtet sind, werden diese als Schwaben angesprochen; und nicht Württembergerwitze, sondern Schwabenwitze werden im Badischen erzählt. Das fällt im allgemeinen nicht weiter auf – schließlich läßt sich Schwaben leichter aussprechen und glatter reimen als das umständliche Württemberger, und jedermann weiß, daß mit den Schwaben die Württemberger gemeint sind. Sieht man genauer hin, ist diese Gleichsetzung aber keineswegs selbstverständlich, sondern erklärungsbedürftig. Denn schließlich kann es passieren, daß die Badener selbst als Schwaben bezeichnet werden, nämlich von den benachbarten Schweizern oder Elsässern. »So lang es Pflütte und Knöpfle git, fresse d' Schwowe s Elsaß nit«, sagte man um Straßburg herum – es ist anzunehmen, daß damit nicht in erster Linie die Württemberger, sondern die unmittelbar benachbarten Badener gemeint waren; darauf läßt auch der Ausdruck Pflütte' schließen, mit dem im Badischen Knödel aus Mehl und Kartoffeln bezeichnet wurden.

Der weiträumige und offene, nie genau abgegrenzte Begriff Schwaben geht geschichtlich weit zurück. Von den politischen Voraussetzungen für die vereinheitlichende Perspektive wird noch die Rede sein. Jedenfalls orientierten sich die an den deutschen Südwesten angrenzenden Staaten und ihre Bewohner an dem Gebilde, das für sie einigermaßen gegenwärtig war. Das Deutsche Reich war eine abstrakte Größe, und mit den Deutschen weiter im Norden hatte man kaum etwas zu schaffen – wohl aber mit den Schwaben oder Alemannen. Der französische Name für Deutschland und die Deutschen, Allemagne und Allemands, der sich im Mittelalter herausbildete, macht dies deutlich; pointiert könnte man formulieren, daß für die Franzosen alle Deutschen Schwaben, Alemannen waren, wobei freilich zu bedenken ist, daß sich der appellative Charakter im Namen sehr schnell abschleift; Dinge und auch Menschen heißen eben, wie sie heißen, ohne daß dabei im allgemeinen die Herkunft der Namen reflektiert wird. In Ungarn hielt sich ebenfalls die regionale Bezeichnung für alle Deutschen; dort heißen sie Schwaben. Die von Maria Theresia nach Ungarn gerufenen Neusiedler, von denen ein Teil aus Württemberg, ein größerer Teil aber aus der Pfalz und Lothringen kam, erhielten nach dem wichtigsten Zugangsweg den Namen Donauschwaben. In der Schweiz, vor allem in den nördlichen Teilen, war die Bezeichnung Schwaben ebenfalls nicht nur auf das südwestliche Deutschland und seine Bevölkerung gemünzt, sondern vielfach auf die Deutschen insgesamt; vor allem dann, wenn eine entschiedene Distanzierung gegenüber den Deutschen im Spiel ist, kann man Schweizer noch immer über die Schwaben – manchmal gesteigert zu Sauschwaben – reden und schimpfen hören.

Pars pro toto, ein Teil fürs Ganze – das ist bei der sprachlichen Bewältigung und Ordnung der Wirklichkeit nichts Ungewöhnliches. Eine große, unüberschaubare Gruppe von Menschen wird nach denjenigen beurteilt und manchmal eben auch benannt, die einem aus dieser Gruppe entgegentreten; und eine gewisse Entfernung zu der Gruppe trägt dazu bei, daß ein einheitliches Bild von ihr entsteht. Der schon zitierte Willy Hellpach hat diesen Befund in seiner »Typenschauregel« bechrieben, die – etwas vereinfacht – besagt, daß wir dazu neigen, uns fern stehende Gruppen zu einem einheitlichen Typus zusammenzufassen; der populäre

Erfahrungssatz für diesen Wahrnehmungsprozeß ist, daß für uns alle Chinesen gleich aussehen. Im Blick auf die europäischen Nachbarn sind dabei sicher Abstriche zu machen; aber offensichtlich reichte die Entfernung aus, um auch hier eine vereinheitlichende Blickweise nahezulegen, die verschiedensten Deutschen also als Schwaben zu sehen.

Dieser typisierende Blick kam aber nicht nur von außen, er ist auch innerhalb Deutschlands wirksam. Der Gegensatz von Nord und Süd, der die deutsche Geschichte über weite Strecken begleitet, ist in sich schon Ausdruck einer solchen Typisierung, und mitunter stehen für Nord und Süd einzelne Provinzen. In den 1980er Jahren war viel vom deutschen Süd-Nord-Gefälle die Rede: Wirtschaft und Konjunktur begünstigen seit einiger Zeit den Süden. Wenn das Schlagwort inzwischen seltener zu hören ist, dann wohl deshalb, weil die Wiedervereinigung ein neues Gefälle, das zu den Ländern der ehemaligen DDR, ins Zentrum der Aufmerksamkeit gerückt hat. Am Verhältnis zwischen Nord und Süd hat sich jedoch wenig geändert; die südlichen Bundesländer waren erfolgreicher im Ausbau neuer Zweige der hochtechnisierten Industrie, und die Arbeitslosenzahlen sind hier am niedrigsten. Es handelt sich dabei um eine Richtungsumkehr; jahrzehntelang, ja jahrhundertelang wurde ausdrücklich oder stillschweigend ein Nord-Süd-Gefälle unterstellt.

Dies galt politisch; Preußen war, nachdem es die Führungsrolle von Brandenburg und Sachsen übernommen hatte, schon vor der Reichsgründung die einflußreichste Macht, der Norddeutsche Bund war der unmittelbare Vorläufer des Deutschen Reichs. Wirtschaftlich war die Dominanz des Nordens ebenfalls lange unbestritten; die industrielle Entwicklung war im Norden besonders rasant, und dort waren die Zentren der Leitindustrien, die Stahlhütten, die Werften, die großen Bergwerke. Kurz nach der Wende zum 20. Jahrhundert schrieb Friedrich Naumann einen Essay »Der deutsche Süden«, in dem er den ökonomischen Rückstand des

Südens nachwies und zur wirtschaftlichen Förderung auf-
rief. Und auch im Kulturellen berief man sich im Norden
seit dem späten Mittelalter auf ein Gefälle nach Süden hin.
Die Reformation stärkte Bedeutung und Einfluß des Nordens; die Herausbildung einer einheitlichen deutschen Sprache erfolgte, wenn man von der Zweiteilung ausgeht, im
Norden; die Aufklärung ging großenteils vom Norden aus;
und auch danach hatten wichtige literarische Bewegungen
ihre Hauptzentren im nördlichen Deutschland.

Man blickte vom Norden Deutschlands tatsächlich auf den
Süden herab. Thomas Mann läßt Tony Grünlich geb. Budden-
brook, als sie über das grobe Benehmen des Herrn Perma-
neder räsoniert, sagen: »… sie sind alle so dort unten«. Oben ist
dabei Lübeck, 16 Meter über dem Meeresspiegel, unten ist
München, immerhin 520 Meter über Normalnull. Natürlich
hängt die Redeweise mit der Landkarte zusammen: man fährt
nach Garmisch hinab und nach Flensburg hinauf. Aber niemand käme auf die Idee zu sagen, er fahre nach links, wenn er
Holland besucht, oder nach rechts, wenn er nach Prag reist –
wahrscheinlich kommt die Atlasmarkierung nur deshalb ins
Spiel, weil sie die traditionelle Bewertung von Nord und Süd
einschließt. Thomas Mann lokalisiert das südliche »Unten« in
Bayern; es gibt aber auch genügend Fälle, in denen abwertende Attacken auf den deutschen Südwesten zielen.

Gunter Volz hat in einer ausführlichen Untersuchung gezeigt, daß in der zweiten Hälfte des 18. Jahrhunderts zwar die
meisten deutschen Landsmannschaften »nicht eben liebevoll
miteinander verkehren«, daß aber Schwaben und die Schwaben »die bevorzugte Zielscheibe ›ausländischer‹ Kritik und
Verachtung sind«. Das ›Ausland‹ sind die nördlichen Provinzen Deutschlands; vor allem geht »das vorurteilvolle
Hohngelächter« (wie es in einem schwäbischen Journal jener
Zeit heißt) von Sachsen aus. Sachsen gegen Schwaben – in
dieser Paarung konzentriert sich die Auseinandersetzung
Nord gegen Süd. Volz belegt mit dem Bestand an Bib-

»Die sieben Schwaben im Kampf mit einem Hasen«.
Zizenhausener Terrakotte von Anton Sohn, 1820-1830.

liotheken und mit anderen Beispielen, daß Schwaben tatsächlich im Rückstand war. Aber sein Buch trägt den Titel
»Schwabens streitbare Musen«, und es dokumentiert, wie
sich Poeten und Journalisten um den Nachweis bemühten,
»daß man auch in Schwaben gut schreiben könne«. So formuliert es Schubart in seiner »Deutschen Chronik«, die zur
wichtigsten schwäbischen Plattform in der Auseinandersetzung wird. Das Schwäbische verbindet sich dabei mit dem
Deutschen insofern, als die sächsische »Verfeinerung« als
französisch gebrandmarkt wird – ihr stellen die schwäbischen Autoren das »Unfaconierte« entgegen, also gar nicht
eine Übertrumpfung in Bildungsanstrengungen, sondern den
Wert der Herzensbildung. In seinem Lied auf ein Schwabenmädchen bringt Schubart dies zum Ausdruck:

> *»Ich Mädchen bin aus Schwaben,*
> *Und braun ist mein Gesicht:*
> *Der Sachsenmädgen Gaben*
> *Besitz ich freylich nicht.*
> *Die können Bücher lesen,*
> *Den Wieland und den Gleim;*
> *Und ihr Gezier und Wesen*
> *Ist süß wie Honigseim.«*

Das Mädchen aus Schwaben ist gerade deshalb überlegen, weil es nicht dem »Romanenwitz« nachstrebt.

Wo das Schwabenmädchen zuhause ist, wird nicht gesagt. Schwaben steht in dieser ganzen Auseinandersetzung nicht für einen klar definierten geographischen oder politischen Bereich; der wichtigste Exponent, Schubart, bewegte sich ja, solange er konnte, kreuz und quer im Südwesten, und Augsburg war für die Chronik lange Zeit Redaktions- und Druckort. Auch Gebiete, die bald darauf im Land Baden aufgingen, waren in die Benennung Schwaben einbezogen, spielten in jener literarischen Fehde allerdings so gut wie keine Rolle – einmal deshalb, weil der Hof in Karlsruhe mit seiner aufgeklärten Kultur (und erst recht der pfälzische in Mannheim) wenig Angriffsflächen für die Kritik aus dem Norden bot, zum andern aber auch, weil es streitlustige und zugleich wortmächtige Exponenten wie Schubart in diesem Raum nicht gab. Inwieweit man auch im äußersten Südwesten, also in den späteren badischen Landesteilen, in das seit dem späten Mittelalter verstummt gewesene Bekenntnis »Wir Schwaben« einstimmte, läßt sich schwer rekonstruieren – von außen jedenfalls wurde hinsichtlich der südwestlichen Ländereien nur selten eine Differenzierung vorgenommen.

Eine zweite Epoche, in welcher der Gegensatz Nord-Süd sich als eine Auseinandersetzung mit Schwaben und mit den Schwaben realisierte, war das zweite Viertel des 19. Jahrhunderts. Damals etablierte sich im Norden eine neue literarische Richtung, die unter dem Namen »Das Junge Deutschland« bekannt wurde. Die Vertreter dieser Bewegung prangerten politische Mißstände an; sie stellten in Romanen und Erzählungen die herrschenden gesellschaftlichen Normen in Frage und zeigten, wie brüchig die Fassade bürgerlichen Anstands war. Die »Jungdeutschen« stießen im Literaturbetrieb auf erheblichen Widerstand, der sich vor allem im Süden formierte und der sich in erster Linie in der Kritik an Heinrich Heine äußerte – er lebte zwar seit 1831 in Paris, aber er galt als wichtigster Anreger und Haupt der neuen Richtung. Eine regelrechte Kampagne gegen ihn nahm ihren Ausgang von Schwaben. Der Wortführer war allerdings ein Zugewanderter, der gebürtige Schlesier Wolfgang Menzel, den der einflußreiche Verleger Cotta in Stuttgart beschäftigte. In Menzels Augen hatte Heine, »von jüdischen Antipathien und französischen Beispielen verlockt«, christliche Moral und deutsche Sitte verspottet und sich und anderen das Ziel gesetzt, »das Fleisch zu emanzipieren«. Menzel beschränkte sich nicht auf literarische Kritik; er rief die Regierungsorgane zum Handeln auf, und tatsächlich wurden die »jungdeutschen« Schriften durch einen Beschluß des Deutschen Bundes verboten.

Heine antwortete mit einem aggressiven Pamphlet; schon der Titel »Über den Denunzianten« läßt erkennen, daß er kein Blatt vor den Mund nahm. Der Denunziant war Menzel; ihn griff Heine an. Aber er ließ keinen Zweifel daran, daß Menzel nach Schwaben paßte. Er sieht in ihm einen Heuchler, und er fragt, ob »der unerbittliche Sittenwart aus Stuttgart« denn »wirklich so tugendhaft« sei, um dann fortzufahren, daß er ihm eine gewisse Moralität nicht absprechen wolle, die aber sei leicht zu erklären: »Es ist schwer, in Stuttgart nicht moralisch zu sein. In Paris ist es schon leichter, das weiß Gott. Es ist eine eigene Sache mit dem Laster. Die Tugend kann jeder allein üben, er hat niemand dazu nötig als sich selber; zu dem Laster aber gehören immer zwei. Auch wird Herr Menzel von seinem Äußeren aufs Glänzendste unterstützt, wenn er das Laster fliehen will.«

Die persönliche Abrechnung wird so eingebettet in Sottisen gegen Schwaben. Die weltläufigeren Norddeutschen machten sich lustig über die schwäbische Enge und Engherzigkeit. Auch Heinrich Laube, der spätere Direktor des Wiener Burgtheaters, ließ nicht viel Gutes an den Schwaben: »Der Name Schwaben und der Stamm dieses Volkes wird von den Sueven, den Schweifenden, abgeleitet. Wenn man nicht in besondere Anrechnung bringt, daß heute noch aus diesen Gegenden Viel nach Amerika auswandert, so ist nicht viel Schweifendes von den Ahnherrn übrig geblieben, das Volk hat sich im Gegenteile sehr festgeklammert an alten Boden und alte Sitte. Man rühmt den Sueven aber auch nach, daß sie großen Respekt vor dem weiblichen Geschlechte im Herzen und Betragen gehegt hätten, und die Freunde der Analogie behaupten, der Schwabe sei deshalb heute noch sehr blöde und die Keuschheit würde nicht nur gelehrt, sondern geerbt. Es gibt nichts Keuscheres als die schwäbischen Dichter, sie leben und dichten von der Ahnung eines Kusses, es ist möglich, daß ihr Hauptdichter Uhland niemals geküßt hat und eben darum ein so guter Dichter geworden ist; denn der Genuß ist bekanntlich für den Menschen sehr angenehm, aber der Dichter gedeiht in der Entbehrung, man besingt viel besser was man wünscht, als was man besitzt.«

Die Schwaben, so fährt Laube fort, hätten »eine Bannmeile um sich gezogen, und Gustav Schwab, weil er bloß eine Silbe weniger ist als ganz Schwaben, hat sich zum Schwabenvogt gemacht gegen alles, was im Norden den Frühling besingen will«. Tatsächlich war Gustav Schwab, im Hauptberuf Pfarrer, der einflußreichste Berater Cottas; er gab die Richtung vor, und als ein Leipziger Verleger einem von ihm mit herausgegebenen Almanach ein Bild Heines voranstellen wollte, veranlaßte er die schwäbischen Dichter, ihre Beiträge zurück zu ziehen. Dies verschärfte die Fehde. Heine veröffentlichte seinen »Schwabenspiegel«, eine längere Abhandlung, in der er die gefeierten Schwabendichter seiner Zeit mit den wirklich Großen, mit Schiller, Schelling, Hegel verglich, was der Einschätzung der »Kleindichter« aus Schwaben nicht zugute kam: »Der bedeutendste von ihnen ist der evangelische Pastor Gustav Schwab. Er ist ein Hering in Vergleichung mit den anderen, die nur Sardellen sind, versteht sich Sardellen ohne Salz«.

Gustav Schwab

Wenige Jahre später baute Heine den Schwabenspott in sein phantastisches Versepos »Atta Troll« ein. Er erzählt darin von einem Schwabendichter, der in den Pyrenäen in die Fänge einer Hexe gerät, die ihn verführen will:

> *»Doch ich flehte: ach, entschuldgen*
> *Sie, Madam! bin kein frivoler*
> *Goetheaner, ich gehöre*
> *zu der Dichterschule Schwabens.*
>
> *Sittlichkeit ist unsre Muse*
> *und sie trägt vom dicksten Leder*
> *Unterhosen! – ach! vergreifen*
> *Sie sich nicht an meiner Tugend!*
>
> *Andre Dichter haben Geist,*
> *andre Phantasie, und andre*
> *Leidenschaft, jedoch die Tugend*
> *haben wir, die Schwabendichter.«*

Die Alte verwandelt den Schwaben in einen Mops, der nur durch eine reine Jungfrau erlöst werden kann, wenn sie in der Silvesternacht die Gedichte eines jener Schwabendichter liest, ohne einzuschlafen. Dies hält Heine – er braucht das nicht direkt auszusprechen – für unmöglich.

Es gibt kaum Zweifel daran, daß Heines Schwabenkritik an dem Zuschnitt des Landes orientiert ist, das sich im frühen 19. Jahrhundert herausbildete, am württembergischen Schwaben also. Aber auch in dieser Auseinandersetzung – die von den Beteiligten und von ihren Zeitgenossen immer wieder in das Koordinatensystem Nord gegen Süd eingebaut wird – repräsentiert Schwaben mehr als nur Württemberg. Vermutlich hat Heine den Namen »Schwabenspiegel« für seine Streitschrift sehr bewußt gewählt. Der in der zweiten Hälfte des 13. Jahrhunderts in Augsburg niedergeschriebene Schwabenspiegel war nach dem Sachsenspiegel die zweite Sammlung deutschen Gewohnheitsrechts, und dieser Schwabenspiegel beeinflußte das Rechtswesen und die Rechtsprechung in ganz Süddeutschland. In Erinnerung an diese weit gespannte Wirkung hält auch Heine dem ganzen Süden oder doch Südwesten den Spiegel vor – all denen da unten, wie Tony Grünlich gesagt hätte.

Das größere Schwaben

Wenn der Blick von außen auf den deutschen Südwesten fällt und wenn es nicht um amtliche Dinge geht, bei denen staatliche Grenzen eine Rolle spielen, dann bietet sich offenbar Schwaben als Bezeichnung an – gerade deshalb, weil mit diesem Begriff kein genau abgegrenztes Gebiet umschrieben wird. Allerdings hätte sich der Begriff nicht so gut und so lange halten können, wenn er nicht durch viele Jahrhunderte einen realhistorischen Rückhalt gehabt hätte.

In der ironischen Notiz Laubes sind die Sueben erwähnt. Das ist eine von ihm spielerisch verwendete gelehrte Erinnerung; aber der germanische Stamm der Sueben ist tatsächlich von Belang für Schwaben und die Schwaben. Von den Sueben stammt der Name; und lange Zeit wurde auch ein sehr direkter Zusammenhang hinsichtlich der Abstammung der späteren Schwaben unterstellt. Inzwischen räumt man nicht nur keltischen und römischen Elementen einen starken Einfluß ein; man sieht auch die späteren Bevölkerungsverschiebungen und -überlagerungen nüchterner; zum Beispiel waren nach dem Dreißigjährigen Krieg viele Dörfer so gut wie ganz ausgestorben und fanden nur durch fremden Zuzug, in erster Linie aus den Alpengebieten, zur Erneuerung. Vor allem aber kann die lange Zeit unbestrittene Vorstellung des »Stammes«, die ja an etwas in sich Geschlossenes und Beständiges denken läßt, nicht mehr aufrecht erhalten werden. Die sogenannten germanischen Stämme waren Wandergemeinschaften und Gefolgschaftsscharen, die durch eine gewisse rechtliche Organisation, durch wechselnde Anführer und durch kriegerische Ziele zusammengehalten wurden;

und sie waren bunt zusammengewürfelt. Die Bezeichnung Alemannen drückt das aus; sie wird heute im allgemeinen ganz schlicht als »alle Mannen« verstanden.

Das Verhältnis von Alemannen und Sueben macht die Vorgeschichte noch komplizierter. Die beiden Völkerschaften waren ursprünglich nicht identisch; Sueben zogen beispielsweise auf die iberische Halbinsel und gründeten dort im Norden ein eigenes Königreich, das allerdings nicht sehr stabil war und schließlich im Reich der Westgoten aufging. Es ist immer wieder versucht worden, kulturelle Gemeinsamkeiten bei den deutschen Schwaben und der iberischen Bevölkerung nachzuweisen. Der Tübinger Philologe Moritz Rapp war überzeugt, daß zwischen dem Portugiesischen und der schwäbischen Mundart ein verwandtschaftlicher Zusammenhang bestehe, der sich vor allem in der häufigen nasalen Aussprache von Vokalen äußere. Rapp suchte seine These nicht nur philologisch zu untermauern, sondern übersetzte auch portugiesische Sonette ins Schwäbische. Die Annahme einer schwäbisch-portugiesischen Urverwandtschaft in der Sprache setzte sich aber nicht durch; größeren Eindruck hinterließ der von anderen geführte Nachweis, daß Dinkel als bevorzugte Getreidesorte nur im Norden Spaniens und im deutschen Südwesten zwischen Rhein und Lech vorkam; manche Kulturhistoriker sehen hier einen suebischen Zusammenhang.

Der größere Teil der Sueben vereinigte sich allerdings in den südwestdeutschen Regionen mit den Alemannen, so daß die beiden Begriffe noch vor der Jahrtausendwende gleichgesetzt wurden. Walahfrid Strabo, Mönch und später Abt auf der Reichenau, sprach schon im 9. Jahrhundert von der »provincia Alemannorum vel Suaborum«, der alemannischen *oder* suebischen Provinz. Von außen her, also etwa aus der Sicht der Franken, war die Bezeichnung »Alemania« häufiger; »Suevia« scheint eher die Selbstbezeichnung gewesen zu sein, setzt sich aber allmählich immer stärker durch.

Wichtig ist, daß sich auch die Bewohner entsprechend bezeichnen und daß sich mit der Bezeichnung bald bestimmte Charakterbilder verbinden. Es gibt einen Brief aus der zweiten Hälfte des 11. Jahrhunderts, in dem ein Schwabe dafür gelobt wird, daß er seine schwäbische Art überwunden habe; der Verfasser operiert dabei mit einem Sprachspiel: er setzt suevitas, ›Schwäbischheit‹, mit saevitia, Wut, gleich. Aus der selben Zeit stammt ein lateinisches Schwankgedicht über einen Schwaben, genauer gesagt ein Schwäblein, suevulus, wie es in der Handschrift heißt. Dieses Schwäblein kommt von einer zweijährigen Seefahrt nach Hause und findet seine Frau mit einem kleinen Jungen vor. Sie habe, erklärt sie dem Mann, ihren Durst mit Schnee gestillt und sei davon schwanger geworden. Der Mann nimmt, als er wieder zur See fährt, den Jungen mit und übergibt ihn gegen einen guten Preis an Kaufleute; zuhause sagt er, das Kind sei an der Sonne geschmolzen. Vermutlich handelt es sich bei dieser Geschichte vom »Schneekind« um eine Wandersage, zumal Seefahrer im Schwäbischen wohl ziemlich rar waren. Wie es zu dieser Lokalisierung kam, wird sich kaum mehr feststellen lassen; jedenfalls aber bezeugt dieses Gedicht, daß Schwaben ein gängiger Name für die Leute im späteren deutschen Südwesten war.

Der räumlich-politische Hintergrund war das Anfang des 10. Jahrhunderts entstandene Herzogtum Schwaben. In historischen Karten – zumindest in den älteren – ist dieses Herzogtum eingezeichnet als großer geschlossener Raum mit festen Grenzen; es reicht in der Nord-Süd-Erstreckung von der alten Stammesgrenze gegen die Franken zwischen Rastatt und Ellwangen bis zum rätischen Chur und Chiavenna, es schließt im Westen das ganze Elsaß ein und hat seine Ostgrenze am Lech, zum Teil sogar etwas jenseits dieses Flusses. Diese Grenzziehung gegen andere deutsche Herzogtümer und im Süden gegen Burgund und das Königreich Italien existierte tatsächlich, und im ganzen Raum galt das alemannische Volksrecht; aber es wäre verkehrt, sich das Herzogtum als einheitliches Gebilde im Stil eines neuzeitlichen Nationalstaats vorzustellen. Das Herzogtum Schwaben, zuerst gegen den deutschen König gegründet, geriet sehr schnell unter dessen Einfluß; die Herzöge hatten ihr Land als königliches Lehen und waren nicht in allen Entscheidungen frei. Und sie mußten ihre Macht teilen mit den »conprovinciales«, den in ihrer Provinz ansässigen Adligen, die darauf bedacht waren, ihre Stellung auszubauen. Die Machtverhältnisse unterlagen ständig Veränderungen; durch Kauf oder Heirat, aber auch in kriegerischen Auseinandersetzungen verschoben sich die Positionen – wer sich die damaligen Gegebenheiten anhand der heutigen Auseinandersetzungen wirtschaftlicher Konkurrenten (mit Fusionen, feindlichen und freundlichen Übernahmen) vergegenwärtigt, kommt der historischen Wirklichkeit möglicherweise näher, als wer von neuzeitlichen politischen Strukturen ausgeht. Dies gilt auch insofern, als es sich bei den Herrschern in gewissem Sinn um global players handelte; bei den staufischen Herzögen, die von 1138 bis zur Mitte des 13. Jahrhunderts meist auch die Königswürde inne hatten, ist der Ausgriff ganz deutlich: sie suchen ihren Machtbereich weit nach Süden auszudehnen, und Friedrich II. war nicht nur deutscher Kaiser, sondern auch König von Sizilien.

In dem uns interessierenden Raum hatte sich der Einflußbereich der schwäbischen Herzöge allerdings mit dem Machtantritt der Staufer entschieden verkleinert. Immer wieder versuchten sich einzelne Herren zu Gegenherzögen aufzuschwingen, und im Jahr 1098 kam es tatsächlich zu einer Aufteilung: Berthold aus dem Haus Zähringen nahm seine Ansprüche auf das Herzogtum Schwaben zurück, erhielt dafür aber ein eigenes Reichsfürstentum. Eine klare Grenze zwischen den beiden Bereichen wurde nicht gezogen; aber die Zähringer übernahmen die Vorherrschaft über Städte, Klöster und adlige Gebiete, die vorher im Zentrum des

Herzogtums Schwaben lagen. Dieses Zentrum war das Gebiet zwischen Rhein und Bodensee und im Süden das Gebiet um Zürich, das als edelste Stadt Schwabens gegolten hatte, nun aber den Zähringern zugesprochen wurde. Der Schwerpunkt der staufischen Herrschaft in Schwaben verlagerte sich nach Rottweil, Esslingen, Ulm, also in Städte östlich der späteren badisch-württembergischen Grenze.

Man kann darüber streiten, inwieweit solche frühen politischen Entscheidungen über die Jahrhunderte nachwirken. Tatsache ist, daß damals die Weichen dafür gestellt wurden, daß große Teile des späteren Südbaden eine eigene Entwicklung nahmen, und eine Linie der Zähringer nannte sich nach der Burg Baden. Allerdings blieb eine enge Bindung an die Staufer erhalten; einer der Markgrafen fand bei einem Kreuzzug, zu dem er Friedrich Barbarossa begleitet hatte, den Tod, und Friedrich von Baden wurde zusammen mit dem jungen Konradin in Neapel hingerichtet. Dies war das Ende der Staufer und auch das Ende des Herzogtums Schwaben. Die Territorialherren, die schon im Herzogtum bestrebt waren, ihre Position auszubauen, hatten nun freiere Hand, ihre Herrschaft zu festigen.

Historische Karten zeichnen ein sehr eindringliches Bild der Zersplitterung, die vom späten Mittelalter bis zur napoleonischen Zeit für Deutschland und im besonderen Ausmaß für Südwestdeutschland bestimmend war; sie zeigen eine bunte Palette mit wenigen ausgedehnteren Farbflächen, großenteils aber fast pointillistisch, mit Hunderten von Territorien. Es besteht kein Zweifel, daß diese Kleinteiligkeit für die politische Entwicklung in Deutschland eine ganz entscheidende Hypothek war. Aber man sollte damit nicht die Vorstellung verbinden, daß alles politische Handeln in jenen Jahrhunderten kleinkariert, nur durch die eng gezogenen Territoriumsgrenzen bestimmt war. Der Name Schwaben behielt im Südwesten und für den Südwesten weiterhin seine Geltung. Dies war nicht nur Ausdruck der Erinnerung an das Herzogtum; vielmehr gab es zahlreiche Felder, auf denen die engeren Begrenzungen so gut wie keine Rolle spielten. An erster Stelle ist der Handel zu nennen, der vor allem von den Reichsstädten ausging und sich durch territoriale Schranken nicht behindern ließ. Die bedeutendste Handelsorganisation war im späten Mittelalter die Große Ravensburger Handelsgesellschaft, die Niederlassungen in Italien, Spanien und den Niederlanden hatte und deren Gesellschafter auch aus Buchhorn, Konstanz und anderen Städten kamen – und die in ihrem lateinischen Namen als Gesellschaft des oberen Alemannien bezeichnet wurde. Aber auch politische Bestimmungen und Aktionen wurden zum Teil im größeren Verbund gemeinsam beschlossen. Man kann durchaus die These vertreten, daß es sich dabei um eine höher einzuschätzende Gemeinsamkeit handelte, als sie sich in einheitlichen Staatsgebilden entwickeln konnte – eine Gemeinsamkeit mit föderativen, kooperativen und bis zu einem gewissen Grad demokratischen Ansätzen.

Zwischen den kleinen Territorien bestanden bei aller Konkurrenz und trotz mancherlei Konflikten Netzwerke, und nach einer längeren Phase starker Desorientierung entstanden um 1500 auch wieder übergreifende politische Institutionen. Dazu gehört der Schwäbische Bund, der sich gegen die Bedrohung durch bayrische Herzöge richtete, der aber auch im Innern den Landfrieden schützen sollte, indem er eine Verbindung zwischen den schwächeren Territorien und damit eine Gegenkraft gegen größere Landesherren herstellte. In Erinnerung gehalten wurde der Schwäbische Bund durch den im 19. Jahrhundert mehrfach besungenen Kampf der Städte gegen den württembergischen Herzog Ulrich. Er existierte aber nicht einmal ein halbes Jahrhundert; die durch die Reformation entstandenen konfessionellen Gegensätze führten zur Auflösung der Vereinigung.

Wichtiger war der Schwäbische Kreis, eine Schöpfung der kaiserlichen Reform durch Maximilian, die über der zersplitterten Territorialstruktur und gegen diese eine Rechts- und Verwaltungsebene einzog. Es war ein Versuch, dem lockeren Reichsverband durch die Einteilung in Provinzen eine räumliche Struktur zu geben. Im Südwesten fielen zwar die vorderösterreichischen Gebiete an den österreichischen Reichskreis, und der Norden des heutigen Landes gehörte zum Fränkischen Kreis; aber der Schwäbische Kreis reichte vom Rhein bis zum Lech und schloß im Norden noch die fränkische Reichsstadt Hall ein, die deshalb bis heute Schwäbisch Hall heißt.

Die Kreistage wurden in der Regel jährlich einmal einberufen vom Bischof von Konstanz und vom württembergischen Herzog, also zwei besonders einflußreichen Herren.

Sitzung des Schwäbischen Kreises im Ulmer Ratssaal
(Stahlstich von 1669).

Der Kreistag kam meist zusammen in Ulm und setzte sich Ende des 18. Jahrhunderts aus 99 »Ständen«, also Vertretern verschiedener sozialer Gruppen zusammen: 13 weltliche und 4 geistliche Fürsten, 23 Prälaten, 28 Grafen und 31 Städte; die Reichsritter waren im Kreistag nicht vertreten. Die Kompetenzen des Kreises reichten weit. Er war zuständig für die Rekrutierung der Reichstruppen und zum Teil für deren Einsatz (beispielsweise gegen die französischen Einfälle Ende des 17. Jahrhunderts, aber auch noch in den Revolutionskriegen Ende des 18. Jahrhunderts), für den Einzug von Steuern, für die Wahlen zum Reichskammergericht und für die Ausführung von dessen Urteilen. Er hatte die Aufsicht über das Münzwesen, den Straßenbau, über Handel und Gewerbe. Der Kreis mit dem Kreistag konnte sicher nicht alle politische Willkür brechen, und auch von seinen Entscheidungen ging Druck auf die Bevölkerung aus – aber bis zu einem gewissen Grad regulierte und humanisierte er doch die Beziehung zwischen dem Staat und seinen Bewohnern.

Angesichts der Reichweite der Entscheidungen und der umfassenden Zusammensetzung des Kreises ist es nicht verwunderlich, daß hier ein Gemeinschaftsbewußtsein entstand, daß also Schwaben kein papierener Verwaltungsbegriff blieb. Auf einer 1572 gezeichneten Karte des Schwäbischen Kreises ist am Rand ein Gedicht aufgezeichnet, das eine Reihe von Städten und Herrschaften aufzählt und das dann die Schätze und Erzeugnisse des Landes aufführt: Korn und Wein, Wild und Wald, Wiesen und Äcker, aber auch Sauerbrunnen und warme Bäder, Glashütten, Salinen, Erz- und Silbergruben. Manches in dieser Auflistung paßt besser ins Badische als ins Württembergische, und tatsächlich reichte der Schwäbische Kreis ja, wie vorher das Herzogtum Schwaben, weit über das spätere Württemberg hinaus. Auf der Karte sind von den im Kreis vertretenen Grafen der Markgraf zu Baden und die Grafen zu Eberstein und zu Fürstenberg vermerkt, von den Städten Überlingen, Konstanz und Offenburg, und bei den Prälaten und Geistlichen saßen Abgesandte von der Reichenau, aus Petershausen und Kreuzlingen, aus St. Peter und St. Blasien, aus Schuttern und Gengenbach. Es waren also von Anfang an im Licht späterer Grenzziehung viele ›Badener‹ unter den Delegierten, und später kamen noch mehr hinzu.

Bedeutsamer als diese Verhältnisrechnung Baden:Württemberg ist aber die Einsicht, daß diese Namen damals nicht als Signale großräumiger Trennung ins Feld geführt werden konnten. Wir wissen nicht, ob die Menschen im Südwesten sich selbst als Schwaben bezeichneten, wie es von außen her üblich war; vermutlich richtete sich die Selbstdefinition eher nach den kleineren Herrschaften, in denen man lebte. Aber der Begriff Schwaben für die größere Landschaft dürfte vertraut und akzeptiert gewesen sein, manchmal wohl über die durch die Institution des Schwäbischen Kreises abgedeckten Räume hinaus.

Die Ideen und Ziele der Französischen Revolution ließen bekanntlich auch die Deutschen nicht unberührt. Einzelne deutsche Revolutionsanhänger gingen nach Frankreich und agitierten von dort aus; andere fanden sich diesseits des Rheins zusammen und erörterten Pläne für einen Umschwung, der in eine Republik münden sollte. Dieser erhoffte Staat wird sowohl als Schwäbische wie als Alemannische Republik bezeichnet. Eine bei Cotta erscheinende Zeitung bringt im April 1798 einen Artikel, in dem von einem Plan der Franzosen die Rede ist, »aus dem Schwäbischen Kreise einen eigenen selbständigen Staat zu bilden, eine Allemanische Republik, die für neutral auf ewig erklärt werden und eine Scheidewand zwischen Österreich und Frankreich sein sollte«. Der anonyme Schreiber versichert seinem Publikum: »Schwaben wird keine gewaltsame Erschütterung, nicht einmal eine wesentliche Umbildung erfahren« – und tatsächlich hatten die südwestdeutschen Revolutionsfreunde inzwischen erkannt, daß das französische Direktorium und die deutschen »Miniaturmonarchen« die gleichen Interessen hatten und so geschickt kooperierten, daß an eine allgemeine Erhebung kaum zu denken war.

Der erwähnte Zeitungsartikel trägt die Überschrift »Das Schicksal Schwabens« – dies war also der allen verständliche Begriff für ein Gebiet, das nicht genau abgegrenzt wurde, das aber jedenfalls bis an den Rhein reichte. Erst die Errichtung des Großherzogtums Baden und des Königreichs Württemberg stellte diese weite Auffassung von Schwaben in Frage. Und auch dies nicht sofort; Spuren des alten Verständnisses finden sich auch noch in den Anfangsjahrzehnten der neuen Staaten. Im Jahr 1838 publizierte Gustav Schwab einen poetischen Reiseführer mit dem Titel »Wanderungen durch Schwaben«. Es war nicht seine erste Veröffentlichung dieser Art; noch vor der erfolgreichen Reihe von Karl Baedeker brachte Schwab seine Reiseführer auf den Weg – einen über

Badenweiler (Stahlstich von J. Axmann
nach einem Aquarell von L. Mayer).

Hohentwiel und das Hegäu
(Stahlstich von W. Kelsall nach einem Aquarell von L. Mayer).

die Schwäbische Alb und einen zweiten über die Gegenden rund um den Bodensee. Und nun also den literarischen Wegweiser durch Schwaben. Von den vier Touren, die Schwab beschreibt, bleibt nur eine – allerdings nach einem Start bei den im Badischen liegenden Quellen der Donau – in den Grenzen Württembergs. Einer der Wandervorschläge führt von Cannstatt neckarabwärts bis Neckarsteinach und Heidelberg. Die Schwarzwaldtour reicht im Süden bis Badenweiler und Freiburg und endet im nördlichen Schwarzwald bei Baden-Baden, das damals noch Baden hieß. Und das – vermutlich mit Rücksicht auf die frühere Publikation – knapp gehaltene Bodenseekapitel hält sich länger am Untersee mit Konstanz auf, bezieht »das Hegäu« ein, und mit einem Blick vom Hohentwiel verabschiedet sich der Autor »von dem schönen Schwabenland«.

Die weiten Wanderwege sind erstaunlich, wenn man bedenkt, daß Gustav Schwab sie größtenteils selbst bewältigte. Den heutigen Leser erstaunen sie aber auch, weil die »schwäbischen« Wanderungen mit großer Selbstverständlichkeit auch ins Badische führen. Manchmal hat man den Eindruck, daß sich der schwäbische Pfarrer und Literat dort besonders wohl fühlte – der Universitätsstadt Freiburg im Breisgau sind fast doppelt so viele Seiten gewidmet wie Tübingen, wo Schwab die eigene Studienzeit verbrachte und in dessen Nähe er damals als Dorfpfarrer tätig war. Schwaben war für ihn offenkundig kein durch die damalige politische Geographie definierter, sondern ein historisch getönter und gewissermaßen poetischer Begriff, und die Leserschaft scheint dies akzeptiert zu haben.

Allerdings ist dabei zu berücksichtigen, daß nicht etwa die Bewohner von Freiburg oder Kirchzarten, von Heidelberg oder Neckarelz als Schwaben bezeichnet werden, daß dieser Name vielmehr reserviert bleibt für die ganze Landschaft. Das ist ein distanzierterer Umgang mit dem Begriff, als wenn die Menschen so etikettiert worden wären. Aber die Selbstverständlichkeit, mit der hier der Landschaftsbegriff verwendet wird, ist doch ein Zeichen dafür, daß der Abgrenzungsbedarf zu jener Zeit eher noch gering war.

Schwäbische Selbststilisierung

Gustav Schwabs Reisebeschreibung, die sich nicht an Landesgrenzen hält und die ein Gebiet, das sich über zwei Länder erstreckt, unter dem Namen Schwaben als Einheit präsentiert, erregte offenbar nirgends Anstoß; aber sie fällt doch etwas aus dem Rahmen. Die Neugründung der größeren Staaten Baden und Württemberg rückte relativ schnell die entsprechenden Benennungen in den Vordergrund. An der Literatur jener ersten Jahrzehnte nach der Inthronisierung des badischen Großherzogs und des württembergischen Königs läßt sich das ablesen – und zwar an der wissenschaftlichen so gut wie an der sogenannten schönen Literatur.

In Württemberg waren die Dichter bemüht, dem neu entstandenen Staatswesen in der einen oder anderen Form Rückhalt zu geben. In Uhlands »Vaterländischen Gedichten«, in denen er das demokratische Recht zur Mitwirkung an einer neuen Verfassung verteidigt, ist eines der Gedichte »Württemberg«, ein anderes »Gebet eines Württembergers« überschrieben, und mit moderatem Pathos fordert der Dichter:

> *Und wo bei altem, gutem Wein*
> *Der Württemberger zecht,*
> *Soll stets der erste Trinkspruch sein:*
> *Das alte, gute Recht!*

Bekanntlich stellte sich Uhland mit seinem Eintreten für »das alte, gute Recht« gegen den württembergischen König; aber zur gleichen Zeit erinnert er in seinen Balladen an die Taten und Schicksale früherer württembergischer Herrscher. Er trug so dazu bei, dem neugeschaffenen Land eine historische Legitimation zu geben – ebenso wie Justinus Kerner, der mit dem Gedicht »Preisend mit viel schönen Reden« ein Identitätsangebot für alle Württemberger machte. Die in seinem Gedicht geschilderte Episode taucht schon in einer lateinischen Aufzeichnung Melanchthons auf und ging – in deutscher Fassung – auch in Luthers Tischreden ein. Auf dem Reichstag zu Worms im Jahr 1495 trafen danach verschiedene deutsche Fürsten zusammen und rühmten ihre Reichtümer; Eberhard, »Württembergs geliebter Herr«, hatte dem keine materiellen Schätze entgegenzusetzen: sein Land »hat nur kleine Städte und nicht Berge silberschwer«, aber auf die Treue seiner Untertanen kann der württembergische Herrscher zählen. »Graf im Bart, Ihr seid der Reichste!« rufen die anderen Herren aus – und natürlich fällt ein Abglanz davon auch auf das neu entstandene Königreich und seinen Regenten. Weder Kerner noch Uhland sparen die Bezeichnung Schwaben völlig aus; einzelne Stoffe wie der in Uhlands berühmter »Schwäbischer Kunde« reichen ja über die württembergische Geschichte hinaus und zurück. Aber die Bemühung, für Württemberg eine poetische Lanze zu brechen, ist unverkennbar.

Daß in der wissenschaftlichen Literatur der Begriff württembergisch dominiert, hängt zum Teil damit zusammen, daß die Forschungsarbeit eng mit staatlichen Institutionen verbunden war. Die Statistik im Sinne einer umfassenden Landeskunde gehörte zu den Disziplinen, die in der Aufklärungszeit allgemein gefördert und nachgefragt wurden; die Gründung eines statistischen Landesamts führte dazu, daß Württembergische Jahrbücher für vaterländische Geschichte, später für Statistik und Landeskunde herausgegeben wurden. Ein »Handbuch der Vaterlandskunde« von 1858 trug den Untertitel: »Württemberg, sein Land, sein Volk und sein Fürstenhaus«, und fünf Jahre später erschien zum ersten Mal ein offizieller Überblicksband »Das Königreich Württemberg«, der in den kommenden Jahrzehnten fortgeschrieben und erweitert wurde. Ein wichtiges Ziel dieser amtlichen Unternehmungen war es, das Land in seiner ganzen Erstreckung zu erschließen, also die neugewonnenen württembergischen Gebiete ausführlich zu berücksichtigen.

In Geschichtsdarstellungen ergab dagegen die Konzentration auf Württemberg oft eine ausgesprochene Engführung – es ging vor allem und manchmal sogar ausschließlich um das alte Herzogtum Württemberg. Der dynastische Akzent war sehr stark; die württembergischen Grafen und Herzöge wurden gewissermaßen als Garanten für die Kontinuität einer glücklichen Staatsführung ins Feld geführt – wie es ja auch in Kerners Loblied zum Ausdruck kam. Aber das von Kerner gedichtete und von Silcher vertonte Lied gilt seit langem als *schwäbische* ›Nationalhymne‹; in der zweiten Hälfte

Tübingen (Stahlstich von J. Axmann nach einem Aquarell von L. Mayer).

des 19. Jahrhunderts rückt mehr und mehr der Begriff des Schwäbischen an die Stelle von württembergisch.

Es gibt mehrere Motive für die Verschiebung. In der Zeit um den Ersten Weltkrieg registriert das große Schwäbische Wörterbuch, »dem heutigen Sprachgebrauch« für Schwaben fehle es »wie an jeder territorialen Grundlage, so an jeder genaueren Bestimmtheit«. Aber diese Unbestimmtheit war nicht immer ein Nachteil, denn nicht alle Lebenserscheinungen halten sich ja an Landesgrenzen. Es fällt auf, daß poetische Beschreibungen der Landschaft, Reisebilder, aber auch Darstellungen der Kunst die bestimmten und nüchternen Begriffe Württemberg und württembergisch vielfach meiden. »Aus dem Schwabenland – Malerische Ansichten in Landschaft und Architektur« (1879), »Schwäbisches Wanderbuch« (1900), »Bilder aus Schwabens Gauen« (1910), »Schwäbische Streifzüge« (1910), »Das Schwabenland in Wort und Bild« (1911) – diese Auswahl von Büchertiteln belegt die Verschiebung. Die Verfasser der Werke halten sich nicht immer ängstlich in den württembergischen Grenzen, überschreiten sie aber keineswegs so unbefangen wie einige Jahrzehnte vorher Gustav Schwab – Schwaben und vor allem schwäbisch bezieht sich jetzt weithin auf Württemberg.

Das gilt auch für die volkskundlichen Sammlungen und Untersuchungen, die im Gefolge der vor allem durch die Brüder Grimm ausgelösten Altertumsbegeisterung entstanden. Der an der Tübinger Universität tätige Orientalist Ernst Meier konzentrierte sich mit seinen Erkundungsfahrten ganz auf Württemberg; aber im Titel seiner bis heute vorbildlichen Sammlungen tauchte diese amtliche Bezeichnung nicht auf: »Deutsche Kinder-Reime und Kinder-Spiele aus Schwaben« (1851), »Deutsche Volksmärchen aus Schwaben« (1852), »Deutsche Sagen, Sitten und Gebräuche aus Schwaben« (1852), »Schwäbische Volkslieder mit ausgewählten Melodien« (1855). Auch spätere Sammler bevorzugten Schwaben und schwäbisch, was sich in diesem Bereich wohl vor

allem aus der grundsätzlichen Hypothese erklärt, die münd-
lichen Volkstraditionen hätten sich über viele Jahrhunderte
erhalten und gingen zurück auf die mittelalterliche Zeit der
Schwabenherzöge, ja letztlich auf die alten Germanen – und
dabei dachte man in diesem Raum an die Sueben, die im
Namen Schwaben fortlebten.

Weil man an einen Zusammenhang über die Jahrhunderte
hinweg glaubte, war auch die ursprüngliche Bedeutung des
Namens nicht gleichgültig, und da die sprachliche Form ver-
schiedene Intepretationen erlaubte, gingen in die Deutung
immer auch Wünsche und Vorurteile ein. Jacob Grimm
brachte den Namen mit einem alten Wort für schlafen in
Verbindung; er folgerte daraus, daß die Schwaben als die
»Friedsamen« betrachtet wurden, während sie ein Schweizer
Germanist direkt als die »Schläfrigen« benannte. Ludwig
Uhland hielt dagegen; er leitete den Stammesnamen von der
Bezeichnung einer geschwungenen Waffe ab, die im Alt-
nordischen Svaf oder Svafr hieß. Übrigens gab auch Jacob
Grimm später eine andere Interpretation; in seiner Sprach-
geschichte brachte er den Namen in Verbindung mit dem
slawischen Wort für die Freien, das unter anderem im Per-
sonennamen Svoboda fortlebt. Dies ist nicht sehr weit weg
von der bei Laube zitierten Gleichsetzung der Schwaben mit
Schweifenden. Heute wird der Name meist erklärt als die
Leute von uns, vom eigenen Volk; das wäre eine ähnlich neutrale Bezeichnung wie »alle Mannen« – im 19. Jahrhundert
jedoch und weit ins 20. hinein suchte man schon im Namen
der Schwaben etwas Besonderes.

Daß schwäbisch zur gängigen Bezeichnung für Württembergisches wurde, war aber ein Vorgang, der sich nicht nur
und wohl nicht einmal in erster Linie auf dem Papier
abspielte. Es ist sehr wahrscheinlich, daß die einfachen Leute
in dem neu entstandenen Königreich Württemberg sich
nicht gleich als Württemberger verstanden und vorstellten,
sondern daß sie neben den geläufigen kleinräumigeren regio-

nalen Benennungen nach wie vor beim alten Sammelnamen Schwaben blieben. Der Akzent auf Württemberg war eher eine Sache der Oberschicht und des amtlichen Umgangs, der ja für den kleinen Mann – und die »kleine Frau« – nicht immer erfreulich war. Dies heißt aber noch nicht, daß die Orientierung am neu entstandenen Land der Mehrzahl der Menschen fremd geblieben wäre; es hat den Anschein, daß allmählich gerade der Begriff des Schwäbischen die Orientierung an Württemberg ausdrückte.

Im Jahr 1914 veröffentlichte Adolf Rapp eine längere Abhandlung über »Die Ausbildung der württembergischen Eigenart«. Er bleibt im wesentlichen beim Begriff württembergisch; aber er bezweifelt nicht das Recht des Württembergers, »seine Art auch als schwäbisch in Anspruch zu nehmen«. Zur Begründung greift er vorsichtig auf das mittelalterliche Schwaben zurück, gibt aber auch Hinweise zur Situation im neuen Land. »Für das Gedicht und für die Festrede war Schwaben besser als Württemberg zu gebrauchen«, schreibt er – und nicht nur deshalb, weil es »bequemer auszusprechen ist«, sondern auch, weil es über die rein politisch-administrative Vorstellung des neuen Landes hinausführt. Vor allem: »Württemberger war man durch die Dynastie, als Schwabe war man etwas Selbständigeres«; nach Rapps Beobachtungen benützten vor allem Demokraten den Stammesnamen.

Tatsächlich spielt er eine zentrale Rolle in den liberaldemokratischen Bewegungen, die sich in der ersten Hälfte des 19. Jahrhunderts herausbildeten und um die Mitte des Jahrhunderts verfestigten: Im November 1849 wurde, nachdem vorher schon verschiedene Schwäbische Sängerfeste gefeiert worden waren, der Schwäbische Sängerbund gegründet; im Jahr 1850 folgte der Schwäbische Turnerbund. »Die Turngemeinden Schwabens vereinigten sich zu einem Bunde«, heißt es in der ersten Satzung. Auch der 1889 gegründete Schwäbische Albverein kann angeführt werden. Der Blick auf die dynastischen Zusammenhänge wurde überlagert von einem Gefühl und Bewusstsein der Zusammengehörigkeit des ganzen schwäbischen Volks – gemeint war das Volk des Königreichs Württemberg. In den erst Anfang des 19. Jahrhunderts an Württemberg gelangten Gebieten, vor allem in Oberschwaben, war die Bezeichnung Schwaben gerade deshalb akzeptiert, weil sie nicht zwingend die Erinnerung an die Angliederung an Württemberg einschloß; und ähnlich war es im fränkischen Nordosten, der Württemberg ebenfalls erst mit der Bildung des Königreichs zugefallen war.

Auch in der Charakterisierung von außen wurde Schwaben, Schwabe, schwäbisch geläufiger als Württemberg, Württemberger, württembergisch – wahrscheinlich gerade deshalb, weil so nicht der Staat mit seinen festen Grenzen in den Blick kam, sondern ohne ängstliche Abgrenzung über Land und Leute gesprochen werden konnte. Im Jahr 1905 erschien in einem amerikanischen Verlag in New Jersey das Buch einer Laura Maxwell »In Suabialand« mit dem Klammerzusatz »Würtemberg«. Der Untertitel verwies auf den Charakter des Buchs: »An appreciation«; die Autorin gab einen freundlichen Überblick über das Land.

Natürlich war nicht jede Äußerung über das Schwabenland eine Würdigung und Empfehlung; aber es war auch nicht so, daß der Begriff Schwabe oder Schwaben das Gesagte oder Geschriebene automatisch in die Perspektive der Verspottung rückte. Auch in Baden wurde schwäbisch neben württembergisch zu einer üblichen Bezeichnung – beides konnte Distanz ausdrücken, war aber oft auch eine neutrale Definition, die nicht zwangsläufig negative Assoziationen auslöste. Jedenfalls machte man in Baden den Württembergern den Namen Schwaben nicht streitig; der schwäbische Anteil an der eigenen badischen Geschichte war wohl zu klein, als daß er für die spätere Prägung in Anspruch genommen werden konnte – jedenfalls wurde er als zu klein betrachtet.

Ein Sonderfall liegt vor in Bayern. Dort bürgerte sich der Schwabenname für das benachbarte Land und seine Bevölkerung sehr viel weniger ein, und das hatte einen guten Grund: Schwaben ist seit langem der amtliche Name eines bayrischen Regierungsbezirks, und auch für die Bewohner dieses Bezirks zwischen Iller und Lech (grob gesagt zwischen Ulm und Augsburg) gilt dieser Name. Er rührt von der mittelalterlichen politischen Landkarte her: dieses Gebiet gehörte zum Herzogtum Schwaben, und die Mundart der dort Lebenden ist bis heute zwar ein wenig bayrisch überformt, aber im wesentlichen schwäbisch. Daraus erklärt sich, daß in diesem Gebiet häufiger von Württemberg und den Württembergern gesprochen wurde und wird; nur so können Verwechslungen mit dem eigenen Land und der eigenen Bevölkerung ausgeschlossen werden.

Sonst aber unterliegt die Verwendung des Begriffs keiner Beschränkung. Allerdings – so weit und locker gefaßt der Begriff des Schwäbischen seiner Herkunft und Reichweite nach ist, seit etlichen Jahrzehnten gibt es die Tendenz zu einer empfindlichen Verengung. In den meisten Äußerungen zur sogenannten Stammescharakteristik, und zwar in wissenschaftlichen so gut wie in populären, ist der Schwabe evangelisch, streng und ziemlich lustlos in seiner Lebensführung – dies soll noch ausführlicher dargestellt und diskutiert werden. Das ist eine paradoxe Stilisierung: In das Schwäbische, an sich der weitere Begriff, wird so viel Württembergisches, und zwar Altwürttembergisches, hineingenommen, daß sich nur noch ein Teil der Bevölkerung damit identifizieren kann, daß sich aber auch von außen leichter eine kritische und spöttische Perspektive ergibt.

DIE VEREINIGUNG

Ausgangslage

Wenn ein württembergischer Verband ein Jubiläum begeht, sind selbstverständlich auch Vertreter des badischen Partnerverbands geladen; und wenn ein badischer Verband feiert, sind auch die Württemberger dabei. Es gibt viele Verbände, und es gibt viele Jubiläen – aber das Begegnungsritual ist fast immer das gleiche: Die Funktionäre beider Seiten versichern sich gegenseitig ihres Respekts und betonen die gemeinsame Zielsetzung, und die Repräsentanten einer übergeordneten Institution mahnen vorsichtig und meistens mit leicht resignativem Unterton den längst fälligen Zusammenschluß an. Bei den Festlichkeiten eines württembergischen Sportverbands fand der Bundesvertreter dafür eine ansprechende Formulierung. Badener und Württemberger, sagte er, seien sich jahrhundertelang so egal gewesen, daß sie nicht einmal einen Krieg gegeneinander geführt hätten – da sei es eigentlich nicht einzusehen, daß die politisch erreichte Einheit jetzt nicht auch im Sport energischer vorangetrieben werde.

Die Anmerkung zum Krieg ist nicht hundertprozentig hieb- und stichfest; durch die Jahrhunderte hin bewirkten die Machtspiele der Herrscher, daß Soldaten aus badischen Gebieten keineswegs immer auf der gleichen Seite standen wie die aus dem Württembergischen. Richtig ist aber jedenfalls, daß erst die Phase der Vereinigung alte Gegensätze nach oben spülte und neue entstehen ließ. Deshalb soll zunächst von dieser Phase die Rede sein - abweichend von der üblichen chronologischen Darstellung, und abweichend auch von dem verbreiteten Geschichtsglauben, der von frühgeschichtlichen Reihengräbern mehr Aufschluß über die eigene

Befindlichkeit erhofft als von Zeugnissen aus der Zeit der Eltern und Großeltern.

Um die Ausgangslage für die Vereinigung in Baden, Württemberg und – was oft vergessen wird – Hohenzollern zu charakterisieren, ist ein kurzer Blick auf militärische Bewegungen, Pläne und Strategien am Ende des Zweiten Weltkriegs notwendig. Da Frankreich lange von deutschen Truppen besetzt gehalten wurde, war es zunächst in die militärischen und politischen Pläne der Kriegsgegner Deutschlands nicht einbezogen; im Europakomitee erhielt es erst Ende 1944 ein Mitspracherecht, zu einem Zeitpunkt, als sich USA, England und die Sowjetunion bereits auf Modalitäten der Besetzung Deutschlands geeinigt hatten. Mit Hilfe Churchills erreichte de Gaulle im Februar 1945 die Zusage für eine französische Besatzungszone, für die das Saarland, die Pfalz und Teile der Rheinprovinz vorgesehen wurden. Dies war de Gaulle zu wenig. Da am Verhandlungstisch mehr zunächst nicht zu erreichen war, drängte er darauf, daß durch militärische Operationen bessere Voraussetzungen geschaffen würden. Die französische Armee stand zwar unter amerikanischem Oberkommando; aber die militärischen Aktionen konnten verständlicherweise nicht vollständig in Übereinstimmung mit dem Zonenkonzept gebracht werden. So blieb den französischen Einheiten die Eroberung großer Teile von Baden und Württemberg überlassen; nicht nur der ganze Südteil, sondern auch Karlsruhe, Pforzheim und Stuttgart fielen in ihre Hände. In Stuttgart wurde trotz des amerikanischen Einspruchs eine französische Militärregierung eingesetzt, und einige Wochen schien dies maßgebend zu sein für die weitere Entwicklung. Als der französische Staatschef seine Forderungen aber immer noch ausdehnte und zur selben Zeit auch in Italien und Syrien Ansprüche mit Waffengewalt durchsetzen wollte, nahmen Washington und London eine kompromißlose Haltung ein. Den Amerikanern war vor allem daran gelegen, die von Karlsruhe nach Ulm führende Autobahn als wichtige Nachschubstrecke in den Besitz zu bringen. Anfang Juli 1945 mußten die Franzosen Karlsruhe, Stuttgart und alle an die Autobahn angrenzenden Kreise räumen. Die Grenze zwischen der amerikanisch und der französisch besetzten Zone durchschnitt jedoch weiterhin, nur jetzt etwas weiter südlich, die beiden Länder Baden und Württemberg; Hohenzollern gehörte ganz zur französischen Besatzungszone.

In knapp gefaßten Darstellungen wird die Trennung und Aufteilung durch die Zonengrenze manchmal nur als unangenehmes Zwischenspiel behandelt, bald überwunden von den deutschen Männern der ersten Stunde, deren Weitblick hervorgehoben wird. Mit vollem Recht – aber unterschlagen wird dabei, wie viele Fäden bei den Militärregierungen zusammenliefen. Die Politiker im Südwesten waren keine bloßen Marionetten, aber ihr Handlungsspielraum und ihre Entscheidungsfreiheit waren begrenzt, die Grundrichtung war oft schon vorgegeben.

Mit einem gewissen Recht kann man sagen, daß gerade die Zonenteilung den Motor für die Vereinigung der alten Länder in Gang setzte und am Laufen hielt. Zwar lag diese Vereinigung auch im Interesse der entstehenden Bundesrepublik Deutschland, deren föderative Struktur durch die Bildung starker Teilstaaten gesichert werden sollte; ein entsprechender Auftrag wurde in die Verfassung eingebaut. Aber die weitere Entwicklung zeigte, daß die Beharrungskraft auch kleiner Länder größeren Änderungen im Weg stand – zuletzt noch bei der Neugliederung der ehemaligen DDR, die praktisch eine Rückkehr zur ganz alten Gliederung war und bei der auch besonders bevölkerungsarme und strukturschwache Länder erhalten blieben. Eine solche Rückkehr stand nach dem Krieg auch im Südwesten zur Diskussion. Niemand wollte die Zoneneinteilung als politische Gliederung auf Dauer übernehmen; alle wollten eine Änderung. Der Verlauf der Zonengrenze bot aber eine wichtige Voraussetzung dafür, daß schließlich die Vereinigung von Baden, Hohenzollern und Württemberg erreicht wurde.

Die Zoneneinteilung bewirkte, daß im Süd- wie im Nordteil jeweils eine intensive Verbindung zwischen dem ehemaligen Baden und dem ehemaligen Württemberg zustande kam. Da die Militärbehörden die notwendigen Verwaltungsakte nur mit Hilfe eines großen Teils der bisherigen Staatsbeamten und -angestellten sicherstellen konnten, waren sie auf die nach Ländern getrennten Verwaltungsbehörden angewiesen; in Stuttgart und Karlsruhe wurden weiterhin Entscheidungen getroffen und kontrolliert, und in der französischen Zone wurden Freiburg und Tübingen zu Zentralen. Während aber das südliche Baden und Südwürttemberg-Hohenzollern je eigene Regierungen hatten, proklamierten die Amerikaner schon im September 1945 das Land Württemberg-Baden, das alle zur amerikanischen Besatzungszone gehörenden Gebiete Württembergs und Badens, also den ganzen Nordteil der beiden alten Länder, umfaßte. Der zunächst für den badischen Teil eingesetzte Oberpräsident, ein Heidelberger Literaturwissenschaftler, wurde abberufen und der neue Landesbezirkspräsident, Heinrich Köhler, als stellvertretender Ministerpräsident der Stuttgarter Regierung zugeordnet. Köhler, der in der Zeit der Weimarer Republik badischer Staatspräsident und Reichsfinanzminister gewesen war, folgte der Anordnung nur widerstrebend; das Essen, mit dem die Entscheidung garniert wurde, bezeichnete er als Henkersmahlzeit. Er war auch in der Folge bestrebt, die Verbindung zum südlichen Baden aufrecht zu erhalten mit dem Fernziel der Wiederherstellung des Landes Baden.

Als Ministerpräsident war der Stuttgarter Anwalt Reinhold Maier eingesetzt, der seinerseits bemüht war, die Verbindungen ins südliche Württemberg nicht abreißen zu lassen. Die Wahrung der Verwaltungseinheit durch Entsendung Stuttgarter Delegierter verhinderten die Franzosen; aber sie akzeptierten, daß nominell in Tübingen keine Regierung

Unterfranken

Bad Kissingen

Schweinfurt

Groß-Gerau

Aschaffenburg

Darmstadt

Obernburg

Würzburg

Kreuznach

Rheinhessen

Hessen

Miltenberg

Erbach

Tauberbischofsheim

Bergstraße

Worms

Buchen

Ludwigshafen

Mannheim

Bad Mergentheim

**Mittel-
franken**

Kaiserslautern

Heidelberg

**LANDESBEZIRK
BADEN**

Mosbach

Künzelsau

Pfalz

Speyer

Sinsheim

Öhringen

Feuchtwangen

Bruchsal

Heilbronn

Crailsheim

Dinkelsbü

Land Württemberg-Baden

Schwäbisch Hall

Karlsruhe

LANDESBEZIRK WÜRTTEMBERG

Vaihingen

Backnang

Aalen

**ANK-
EICH**

Rastatt

Pforzheim

Ludwigsburg

Waiblingen

Schwäbisch Gmünd

Baden-Baden

Leonberg

Stuttgart

Esslingen

Göppingen

Heidenheim

Bühl

Calw

Böblingen

Kehl

Nürtingen

Freudenstadt

Tübingen

Reutlingen

Münsingen

Ulm

Offenburg

Horb

Schwaben

Hechingen

Ehingen

Lahr

Wolfach

Balingen

Land Württemberg-Hohenzollern

Land Baden

Rottweil

Emmendingen

Sigmaringen

Biberach

Villingen

Saulgau

Memmingen

Freiburg

Tuttlingen

Müllheim

Donaueschingen

Neustadt

Stockach

Überlingen

Ravensburg

Kempten

Wangen

Tettnang

Lindau

Waldshut

Konstanz

Bodensee

Lindau

rach

Bregenz

Säckingen

SCHWEIZ

Vorarlberg

Zürich

**LICHTEN-
STEIN**

ÖSTERREICH

0 10 20 30 km

e Länder Württemberg-Baden, (Süd-)Baden
d (Süd-)Württemberg-Hohenzollern 1945–1952.

gebildet wurde, sondern ein Staatssekretariat unter Carlo Schmid, der als beratendes Mitglied an den Stuttgarter Sitzungen des Ministerrats teilnahm. Wenn irgendwo politische Entwicklungen von einer einzelnen Person abhingen, dann gilt dies für Carlo Schmid, der – hoch gebildet und dank seiner französischen Mutter frankophon – in enger Kooperation mit der Militärregierung Spielräume für Entscheidungen gewann, die nicht auf der ursprünglichen französischen Linie lagen. Allerdings stellten sich die Franzosen einer gewissen Verbindung zwischen Tübingen und Stuttgart auch deshalb nicht in den Weg, weil in ihren Überlegungen die Ausweitung der Zone auf das nördliche Baden eine wichtige Rolle spielte; sie hätte den Gedanken eines rechtsrheinischen Schutzgürtels der Verwirklichung näher gebracht, der auch de Gaulles militärische Strategie bestimmt hatte. Dafür hätte man die Abtretung des Landes Württemberg-Hohenzollern an die amerikanische Zone und damit mehr oder weniger automatisch seine Vereinigung mit dem nördlichen Württemberg in Kauf genommen.

Die Amerikaner ließen aber eine solche Konsolidierung in der französischen Zone nicht zu, und in Stuttgart brachte die großenteils unproblematische Zusammenarbeit mit Karlsruhe allmählich eine Annäherung an den Plan, die drei neuen und damit auch die drei alten Länder zu vereinigen. In der im Sommer 1946 gewählten Verfassunggebenden Versammlung für Württemberg-Baden wurde der Antrag eingebracht, für eine etwaige künftige Vereinigung Südwürttembergs und Südbadens mit den nördlichen Landeshälften eine einfache Mehrheit gelten zu lassen. Ein entsprechender Artikel der Verfassung wurde einstimmig akzeptiert; gleichzeitig blieb aber für alle anderen territorialen Veränderungen die Forderung einer Zweidrittelmehrheit stehen – was die bestehende Verbindung von Nordbaden und Nordwürttemberg absicherte. Theodor Eschenburg, der in Tübingen als Flüchtlingskommissar wirkte, aber auch darüber hinaus an vielen

Besuch des Generals de Gaulle in Baden, 1945.

Beratungen und Entscheidungen beteiligt war, bezweifelte
später, ob die Abgeordneten die Tragweite dieser Entscheidung erkannt hätten; für einen Teil von ihnen aber war zu
diesem Zeitpunkt die große Vereinigung bereits eine reale
Möglichkeit am Horizont.

Im Sommer 1948 wurden, vor allem auf Drängen der
USA, die Weichen für eine westdeutsche Staatsbildung gestellt; der einzuberufenden Verfassunggebenden Versammlung für die künftige Bundesrepublik Deutschland sollten
auch Vorschläge zur Neugliederung der Länder im Sinne
einer ausgewogenen Einteilung vorgelegt werden. Der Ministerpräsident von Württemberg-Baden, Reinhold Maier,
berief eine Versammlung der Regierungen und der Frak-
tionsvorsitzenden aller drei südwestdeutschen Länder ein;
dabei sprach sich erstmals auch Heinrich Köhler aufgrund
der guten Erfahrungen mit der Zusammenarbeit in Württemberg-Baden und im Blick auf die künftige Stellung im
Bund nachdrücklich für die Vereinigung aus. Das war eine
Überraschung; die Stuttgarter Zeitung veröffentlichte ein
Extrablatt mit dem Titel »Dr. Köhler sagt ja«. Tatsächlich war
dies nicht nur Symptom für einen Stimmungsumschwung

im nördlichen Baden, sondern auch ein wichtiger Anstoß für weitere Überzeugungsarbeit. Bei einem weiteren Treffen, zu dem der südwürttembergische Staatspräsident Gebhard Müller die Vertreter der drei Länder geladen hatte, kam es zu einem Einvernehmen darüber, eine Entscheidung über deren künftige Ordnung und Zugehörigkeit anzustreben, wobei allerdings die Verfahrensfragen offen blieben. In Verbindung mit Theodor Eschenburg gelang es Gebhard Müller auch, einen Grundgesetzartikel zu formulieren und durchzubringen, der für den deutschen Südwesten vorsah, daß eine Neugliederung hier nicht bis zum Abschluß eines Friedensvertrags zurückgestellt werden mußte. Damit waren für eine Entscheidung über den Südweststaat – dieser ›Arbeitstitel‹ tauchte nun häufiger auf – die Voraussetzungen geschaffen.

Erst jetzt wurde das Problem der künftigen staatlichen Gliederung auch in der Bevölkerung eifriger diskutiert. Unterrichtet war man über die Probleme und Verhandlungen; die Presse war von den Alliierten sehr rasch neu installiert worden, und auch der Rundfunk war längst wieder auf Sendung, seit dem Frühjahr 1946 in Stuttgart wie in Baden-Baden mit vollem Tagesprogramm und seit 1947 weitgehend in deutscher Verantwortung. Das Interesse an der politischen Neugestaltung war aber, soweit sich das aus einzelnen Aussagen und Berichten ableiten läßt, zunächst nicht sehr groß.

Zu den gehätschelten Überlieferungen über die politische Nachkriegsentwicklung im Südwesten gehört noch immer, daß der demokratische Neubeginn so energisch und problemlos war, daß dies die Vertreter der Militärregierung, vor allem die amerikanischen, überraschte. Daß ein amerikanischer Offizier bei einer deutschen politischen Versammlung bewundernd feststellte, es gehe hier »gerade so demokratisch zu wie bei uns im Staate Connecticut«, ist ein Bestandteil der Gründungslegenden, die sich um die Vorgeschichte des Südweststaats gebildet haben. Der Ausspruch scheint tatsächlich gefallen zu sein, und zwar bei einem Treffen der Landräte im September 1945 in Bad Boll. Dabei handelte es sich aber um eine Dienstbesprechung über erforderliche behördliche Maßnahmen, bei der grundsätzlichere politische Entscheidungen keine Rolle spielten. Kritisch wurde später angemerkt, daß »die Legende vom demokratischen Neubeginn durch Landrätetagungen« dazu beigetragen habe, daß obrigkeitsstaatliche Vorstellungen fortlebten. In der Tat läßt sich die Tendenz zu Entscheidungen von oben her in manchen Bereichen nachweisen; im Blick auf die Organisation des Rundfunks in Stuttgart traten die deutschen Repräsentanten beispielsweise für ein Staatsmodell ein, das die Überparteilichkeit sichern sollte: Nur der Einfluß der Besatzungsvertreter führte zur unabhängigen Organisationsform einer Körperschaft des öffentlichen Rechts.

Die Beteiligung an den ersten Wahlen – für die Gemeinderäte und Kreistage zunächst und dann zu den Verfassunggebenden Versammlungen – war nicht besonders hoch; jedenfalls enttäuschte sie die teilweise zu hoch gesteckten Erwartungen. Viele Beobachter erkannten aber auch schon damals, was sich vor allem im Rückblick als Erklärung aufdrängt: Der weitaus größte Teil der Bevölkerung war blockiert durch den täglichen Kampf ums Überleben. Theodor Heuss schrieb in einem Rückblick auf das erste Nachkriegsjahr: »Nicht alle hatten bemerkt, daß oder doch wie sehr dieser Krieg verloren war«; aber diese Feststellung zielte gegen aufgeblasene Projektemacher, die als Retter des Vaterlands auftraten. In der alltäglichen Lebensführung, hinsichtlich der ganz elementaren Bedürfnisse merkten fast alle, wie sehr der Krieg verloren war. Aus vielen Berichten und Erinnerungen wird deutlich, wie groß die Not war. Dies galt für das ganze Gebiet, aber doch mit beträchtlichen Unterschieden.

In der französischen Zone war die Lage sehr viel bedenklicher als in der amerikanischen. Die Demontagen in der Industrie und im Verkehrsnetz waren umfangreicher; außerdem nutzten Angehörige der Besatzungstruppen in kolonialistischer Haltung den Zuständigkeitswirrwarr und die Unübersichtlichkeit der Verhältnisse zu sogenannten wilden Reparationen. Im Gegensatz zur amerikanischen Praxis war hier auch die agrarische Produktion durch Reparationsleistungen betroffen. Da zudem das Fehlen von Saatgut und Düngemitteln den landwirtschaftlichen Ertrag verringerte, herrschte in den ersten Nachkriegsjahren eine spürbare Unterversorgung mit Lebensmitteln. Die Fleisch- und Fettrationen waren minimal; Hauptnahrungsmittel waren Kartoffeln und Rüben, zeitweise auch Importwaren wie die »syrischen Käferlinsen«, die so genannt wurden, weil beim Einweichen manche davonflogen. Auch die Währungsreform bedeutete in der französischen Zone keine schnelle Besserung, da dem »guten Geld« hier kein ausreichendes Warenangebot gegenüberstand.

Sicherlich waren bei der französischen Haltung auch Vergeltungsmotive im Spiel; Frankreich hatte ja doch jahrelang unter der deutschen Besetzung gelitten. Entscheidender war aber, daß deshalb in Frankreich selbst große Not herrschte und die Wirtschaft erst langsam wieder in die Gänge kam. Frankreich war auf einen gewissen Ausgleich aus den besetzten Gebieten angewiesen. In jenen Jahren gab es jedenfalls keinen Zweifel, welches die bessere Hälfte war – aber der Schnitt verlief nicht entlang den alten Ländergrenzen, sondern quer zwischen Nord und Süd, zwischen amerikanischer und französischer Zone.

Es ist nicht auszuschließen, daß die Ungleichbehandlung in den südlichen Landesteilen nicht nur Ressentiments gegen die Franzosen auslöste, sondern auch gegen die Landsleute im Norden jenseits der Zonengrenze. Studierende, die aus der amerikanischen Zone nach Freiburg oder Tübingen fuhren, hatten in ihren Koffern oft einfache Nahrungsmittel, Seife und andere Gebrauchsgüter, die sie – falls sie nicht bei der Kontrolle an der Zonengrenze beschlagnahmt wurden – ihren Quartiergebern brachten. Das waren willkommene Gaben; aber sie verstärkten eher noch das Gefühl der Ungerechtigkeit. Besonders ausgeprägt scheint dieses Gefühl in Südbaden gewesen zu sein. Tatsächlich war dieses Gebiet schon in der Vorkriegszeit wirtschaftlich vernachlässigt worden. Im Vertrag von Versailles wurde dem Rhein entlang eine Zone ausgewiesen, in der kein Militär stationiert und keine Industrie angesiedelt werden durfte. Später verbot die Nähe zum Westwall den industriellen Ausbau, und große Teile waren ohnehin Agrarland. Wenn später die Südweststaatsanhänger aus dem Norden Südbaden als Armenhaus etikettierten, dann ging in die emotionalen Gegenreaktionen die bittere Erfahrung ein, die man in der Nachkriegszeit gemacht hatte.

Daß sehr viel Kraft durch die Mühe für die tägliche Versorgung gebunden wurde, gilt freilich für ganz Südwestdeutschland. Es wäre aber wohl falsch, den oft beklagten Mangel an politischen Engagement ausschließlich darauf zurückzuführen. Viele Menschen, ob sie nun – in den Kategorien der amtlichen Entnazifizierung gesprochen – Mitläufer oder Minderbelastete waren, fühlten sich in ihrem politischen Glauben betrogen und waren zunächst zu politischen Schritten und Bekenntnissen nicht mehr bereit. Die Frage persönlicher Schuld trat zurück hinter den Versuch, das Geschehene in große geschichtliche und weltanschauliche Zusammenhänge einzuordnen. Die Abkehr der deutschen Gesellschaft von Gott war alles in allem eine bequemere Erklärung als eine Auseinandersetzung mit politischen Fehlern und mit dem eigenen Versagen; und während die Nachfrage bei politisch orientierten Diskussionen über den Nationalsozialismus und auch über die künftige Entwicklung gering blieb, waren die zahlreichen Vortragsveranstaltungen, in denen eine religiös verbrämte Sinnsuche angeboten wurde, überfüllt. Erst allmählich wendeten sich mehr Menschen den konkreten gesellschaftlichen Problemen aktiv zu, insbesondere dann, wenn weitreichende Entscheidungen anstanden. Im Blick auf die Politisierung der Bevölkerung war das Südweststaatsproblem ein Glücksfall.

Widerstand

Am stärksten war die Politisierung im südlichen, französisch besetzten Teil Badens – sofern unter Politisierung nicht nur die Etablierung einer sachlichen Diskussion öffentlicher Angelegenheiten verstanden wird, sondern auch der anspruchslosere Befund, daß politische Angelegenheiten überhaupt in das Interesse der Bevölkerung einbezogen werden und die Menschen zu Stellungnahmen veranlassen. Die Entwicklung lief damals bereits auf die Vereinigung, auf den Südweststaat zu: Frankreich strebte zwar die Wiederherstellung Badens an mit dem Ziel, das ganze Gebiet vom Hochrhein bis zum Industriegebiet um Mannheim in die eigene Zone einzubeziehen; aber die Position der Amerikaner, die sich gegen diese Ausweitung stellten, war stärker. Sie verweigerten der französischen Militärregierung jeden Einfluß auf die in Karlsruhe geführten Geschäfte. Dem bald nach dem Einmarsch und noch vor der deutschen Kapitulation durch einen französischen Brigadegeneral eingesetzten deutschen Verantwortlichen für die badische Verwaltung erteilte die amerikanische Militärregierung knapp drei Monate später wörtlich die Weisung, zu vergessen, daß es Franzosen gibt. Vor allem machte die Zusammenfassung Nordbadens mit Nordwürttemberg, also die Herstellung des Staates Württemberg-Baden, und die enge Zusammenarbeit dieses Staates mit der Regierung in Württemberg-Hohenzollern deutlich, daß es eine starke Tendenz zur größeren Vereinigung gab.

Vielleicht ist dies zu sehr aus der Kenntnis der späteren Entwicklung heraus formuliert – tatsächlich eingetretene historische Ereignisse werden gern als zwingende Ergebnisse

schon vorher absehbarer Konstellationen und Entwicklungslinien interpretiert. Immerhin gibt es aus jener Zeit sowohl
von Carlo Schmid wie von Reinhold Maier und Gebhard
Müller leidenschaftliche Bekenntnisse zu »Altwürttemberg«,
wie es Maier nannte und worunter er das Gebiet des alten
Königreichs Württemberg verstand. Aber für sie rückte, aus
rationalen Überlegungen, ein gemeinsamer Staat im Südwesten immer mehr in den Horizont des Wünschenswerten
und auch Möglichen. Der Widerstand dagegen formierte
sich vor allem im südlichen Teil Badens – und man kann es
als ein generelles Gesetz betrachten, daß Widerstand in der
Regel ein stärkeres und ernsthafteres Engagement bewirkt
als die bloße Zustimmung.

Selbstverständlich war dieser Widerstand nicht. Man hätte
damit rechnen können, daß die besonders extreme Notsituation in Südbaden die Menschen dazu bringe, einen größeren
Verband anzustreben, in dem die Lasten besser verteilt wären;
wahrscheinlich aber wurde diese Überlegung von der durchaus realistischen Erkenntnis überlagert, daß ein solcher Verband an der Zonenzugehörigkeit wohl nichts ändere. Entscheidender war aber wohl, daß man – pointiert gesagt –
Stuttgart fast noch weniger traute als den französischen Mili-
tärs, daß also Ressentiments eine ebenso große Rolle spielten wie rationale Überlegungen. Das Engagement für die
Wiederherstellung des alten Landes Baden war in hohem
Grad emotional; man pochte auf die traditionelle Lösung,
weil sie traditionell war.

Die Nachkriegszeit brachte in ganz Deutschland eine Be-
sinnung auf die kleinräumigen Zugehörigkeiten und Überlieferungen mit sich. Es war die Reaktion auf die großräu-
mige Politik der NS-Zeit, in der die regionale Kultur immer
nur als organischer Bestandteil und als Stütze der nationalen
Kultur akzeptiert war. Jetzt setzte man auf das Eigenrecht der
Provinz und orientierte sich an deren älteren Traditionen –
oft ohne Bereitschaft, das Bewährte an der veränderten gesell-

schaftlichen Situation und den neu entstandenen Anforderungen zu messen. Der Publizist Horst Krüger faßte die Erfahrungen eines Aufenthalts in Südbaden zusammen in der Formel »introvertierter Provinzialismus«, und er konkretisierte, in Baden habe es »irgendwie katholisch aus allen Ritzen« gerochen. Tatsächlich war die konfessionelle, überwiegend katholische Orientierung ein wichtiges Moment des südbadischen Selbstverständnisses, aber in Verbindung mit anderen Traditionsbeständen und all den sentimentalen Gefühlen, die in dem viel gebrauchten Wort Heimat lagen.

Dies war nichts Ungewöhnliches; ungewöhnlich war die Energie und Durchschlagskraft, mit welcher der Begriff Heimat auf ganz Baden ausgedehnt wurde. Schon von den ersten deutschen Repräsentanten der von den Franzosen eingesetzten Verwaltung wurde der Vorschlag gemacht, in Freiburg nicht etwa eine südbadische, sondern eine badische Regierung einzusetzen und dem südlichen, im Norden Baden-Baden gerade noch einschließenden Land den Namen Baden zu geben. Möglicherweise spielte der Gedanke einer Verlagerung der Regierung nach Baden-Baden mit, was der Namengebung eine etwas stärkere Fundierung gegeben hätte; und jedenfalls sollte mit der zu beschließenden Verfassung eine Grundlage für ganz Baden geschaffen werden – man sah dafür keine Basis mehr in Karlsruhe, da Nordbaden ja zur Zusammenarbeit mit dem nördlichen Württemberg teils gezwungen und teils auch gewillt war. Es blieb aber nicht bei diesen im engeren Sinn politischen Überlegungen; vielmehr wurde von Anfang an der Versuch gemacht, die Repräsentanz Südbadens für das ganze Land auch auf eine historische Grundlage zu stellen und sie damit jenseits praktischer realpolitischer Argumente zu legitimieren. Schon Anfang 1946 wird ein Statut für das zu gründende Land entworfen; der badischen Landesverwaltung in Karlsruhe wird das Recht, für ganz Baden zu reden und zu handeln, abgesprochen; dagegen betrachtet sich das Badische Staatsministerium in

Freiburg als »Treuhänderin des gesamten badischen Volkes«, und ausdrücklich heißt es: »Die Bevölkerung der französischen Zone Badens fühlt sich als Hüter der badischen Tradition, sie bewohnt die badischen Kernlande, die dem Großherzogtum den Namen gaben«. In einer kritischen Analyse dieser Entwürfe für eine badische Verfassung spricht Uwe Uffelmann von der »Erfindung der badischen Kernlande« – mit guten Gründen, denn es gab kein zentrales Kernland, von dem aus das Großherzogtum Baden durchorganisiert wurde. Die Markgrafschaft Baden war dynastisch und auch geographisch getrennt, ebenso gut oder ebenso schlecht hätte deshalb auch das nördlich gelegene Baden-Durlach als Kernland bezeichnet werden können.

Klaus-Jürgen Matz hat aus den Akten ein Zeugnis publiziert, das zeigt, wie engere Heimatorientierung in den größeren politischen Anspruch transformiert wurde. Im frühesten Entwurf für ein Statut des Landes Baden vom Januar 1946 lautet der Artikel 10: »Die badischen Landesfarben – französisches Besatzungsgebiet – bleiben rot-weiß-rot«. Dies waren aber die Farben der einstigen vorderösterreichischen Besitzungen, zu denen Freiburg gehörte. Es könnte sich um eine – immerhin verräterische – Fehlleistung, um ein Versehen handeln; und tatsächlich findet sich am Rand des Entwurfpapiers eine Bleistiftkorrektur: »gelb-rot-gelb« – das sind die badischen Farben. Der ausdrückliche Zusatz »französisches Besatzungsgebiet«, der in der zweiten Fassung des Statuts wegfiel, läßt aber eher darauf schließen, daß man in manchem noch südbadisch dachte und den Absprung zum Gesamtbadischen erst im zweiten Anlauf erwischte.

Der entschiedenste Kämpfer für eine von Südbaden aus vorbereitete badische Lösung war Leo Wohleb, der als Vorsitzender der Badischen Christlich-Sozialen Volkspartei (Vorläuferpartei der CDU) Ende 1946 an die Spitze des Staatssekretariats in Freiburg berufen wurde. Er wurde zum gefeierten Wortführer der »Altbadener« und zum Buhmann

Der Rütlischwur von Freudenstadt:
»Wir wollen sein ein einig Volk von Brüdern ...«
Wie die Karikatur der Stuttgarter Zeitung vom 19. April 1950 (oben)
säumten auch zahlreiche Plakate den Weg zum Südweststaat.

aller Anhänger eines künftigen Südweststaats. Für die Karikaturisten war »Leo, der badische Löwe«, der nur 1,56 m
groß war, ein willkommenes Objekt. Seine Gegenspieler be-
tonten die politische Ahnungslosigkeit des Mannes, der vorher als Altphilologe am Gymnasium gewirkt hatte. Und auch
in der späteren Bilanzierung der Zeit kommt er meist nicht
besonders gut weg. Theodor Eschenburg kritisiert seine
»skrupellose Verschlagenheit« und nennt ihn einen »vorderösterreichischen Hinterwäldler«, doch fügt er hinzu: »aber
von Format«. Tatsächlich taktierte Wohleb geschickt, indem
er gegenüber den französischen Vorgaben eigene Wege suchte, sich aber auch hinter französischen Dekreten versteckte;
und er trieb ein zermürbendes Spiel mit den Vertretern der
Regierungen von Stuttgart und Tübingen, indem er für
deren Vorschläge immer wieder einmal grünes Licht gab, um
im letzten Moment die Ampel doch wieder auf Rot zu
schalten. In einer Karikatur der Stuttgarter Zeitung vom
April 1950, die später oft nachgedruckt wurde, ist Wohleb
eingerahmt von den Kollegen aus Württemberg-Baden und

Südwürttemberg-Hohenzollern, Reinhold Maier und Gebhard Müller. Wie diese hebt er feierlich die Rechte zum Schwur (»Wir wollen sein ein einig Volk von Brüdern«), aber mit der Linken leitet er bauernschlau den Schwur zur Erde ab und macht ihn ungültig.

Es gelang Wohleb, die Mehrheit der südbadischen Bevölkerung für seine Ziele zu aktivieren. Der südbadische Aufstand gegen einen Südweststaat wird manchmal als spontane Volksbewegung dargestellt; das war er sicher nicht: Die Mittel für die Aktionen der 1949 gegründeten »Arbeitsgemeinschaft der Badener« kamen großenteils aus der mageren Staatskasse, und Wohleb nutzte alle seine Kontakte, um den Kreis der Arbeitsgemeinschaft zu erweitern und um deren Ziele zu propagieren. Aber es ist sicher richtig, daß die Anhänger der badischen Lösung nicht mühsam überredet

werden mußten; bei ihnen wurden Hoffnungen und auch Ressentiments geweckt, die zumindest latent schon vorhanden waren. Das bezeugen Rundbriefe und Flugblätter, die in einzelnen Regionen Südbadens in Umlauf gesetzt wurden. In einem Flugblatt der CDU-Kreisgruppe Stockach-Meßkirch heißt es: »Die Heimat ist heiliges Land« – die Heimat wird dabei umschrieben als Land um den Bodensee, Hegau und Heuberg, aber es geht um die Entscheidung gegen die Vereinigung von Baden und Württemberg. Wohleb hatte im übrigen auch wortgewaltige Parteigänger wie den ehemaligen Zentrumspolitiker und Reichskanzler a.D. Joseph Wirth, der in der größeren Vereinigung auch die größeren Gefahren sah: »Im sogenannten Südweststaat, im Lande Baden-Schwaben, in Baschwa, müßten die badischen Beamten erleben, daß fast für jede Stelle in Baden ein schwäbisches Knäblein schon geboren ist«.

Man wird Wohleb zubilligen müssen, daß er in vielen Belangen das richtige Augenmaß hatte und daß er es mit seinem Bekenntnis zur Tradition ernst meinte. Ein Beweis dafür ist seine Haltung in der Schulfrage. Die Geistlichen und unter ihrem Einfluß auch beachtliche Teile der Bevölkerung neigten der Einrichtung von Konfessionsschulen zu, und mit einer entsprechenden Befürwortung hätte Wohleb auch Punkte sammeln können in Württemberg-Hohenzollern, wo die CDU konfessionell getrennte Schulen anstrebte. Wohleb setzte sich aber für die Simultanschule ein, die seit 1876 in Baden eingeführt war, wandte sich also gegen eine Rekonfessionalisierung im Schulbereich. Das trug ihm Kritik ein; aber es ist anzunehmen, daß Wohleb gerade mit seiner konsequenten und in vielem eigensinnigen Haltung auch Eindruck auf die Bevölkerung machte.

An Tricks, mit denen er seine Position zu stärken glaubte, hinderte ihn diese Haltung aber nicht. Er organisierte nicht nur im eigenen Land eine sehr wirksame Propaganda, in die er auch kirchliche Kreise einspannte, sondern war auch stän-

Gründungsväter: Viktor Renner, Leo Wohleb,
Heinrich Köhler und Reinhold Maier (von links).
Die Stuttgarter Zeitung sah Maier und Gebhard Müller
auf »Südwestdeutscher Brautwerbung« beim
(süd)badischen Staatspräsidenten Wohleb (oben).

dig auf der Suche nach Bundesgenossen in den beiden anderen südwestdeutschen Ländern. Er hatte dabei nicht immer Glück; genüsslich kolportiert wurde von seinen Gegnern eine peinliche Verwechslung: Zu einem geheimen Treffen hatte Wohleb auch einen früheren Bürgermeister von Sigmaringen namens Müller eingeladen, der Brief landete aber bei Gebhard Müller, dem späteren Ministerpräsidenten Baden-Württembergs, der sich ironisch-höflich bei Wohleb bedankte. In erster Linie zielte Wohlebs Propaganda aber aufs nördliche Baden, wo vor allem in und um Karlsruhe große Sympathien für die Wiederherstellung des alten Baden vorhanden waren. Köhler, der für ein vereinigtes Baden die Gefahr sah, daß es sich in die Abhängigkeit von Frankreich begebe, mußte sich für seinen »Umfall« (wie er selbst es nannte) rechtfertigen: »Ist das Verrat? Nein, Rettung des Volkes«. In Karlsruhe glaubten nicht alle an diese Rettung. Schon jetzt war ja ein empfindlicher Bedeutungsverlust für die Stadt eingetreten. Nachdem im ersten Kabinett von Württemberg-Baden fast nur schwäbische Minister saßen, verfügten die Amerikaner, daß künftig frei werdende Positionen mit Badenern besetzt werden müßten – aber daß diese Weisung nötig war, zeigte ja doch das Ungleichgewicht.

Im Oktober 1949, also fast ein Jahr vor der ersten offiziellen Volksbefragung im ganzen Südwesten, wandten sich die Badischen Neuesten Nachrichten mit einer Umfrage an ihre Leserschaft. Das Ergebnis war zumindest in seiner Eindeutigkeit überraschend: Nicht nur in Südbaden, sondern auch im Raum Karlsruhe und Bruchsal sprach sich eine Mehrheit von über 80 Prozent für die gesamtbadische Lösung aus; lediglich in Pforzheim und Umgebung war es genau umgekehrt: 81 Prozent für den Südweststaat. Das sehr viel ausgeglichenere Stimmverhältnis in den späteren offiziellen Abstimmungen ist sicher nicht nur auf einen Stimmungsumschwung zurück zu führen; es muß vielmehr in Rechnung gestellt werden, daß die Zeitung ein konservatives Publikum ansprach und auch selbst kontinuierlich für die badische Lösung eingetreten war. Eine Anzahl von Leserbriefen, die ergänzend zu dem Zahlenergebnis abgedruckt wurden, deckt wichtige Motive für die Ablehnung der großen Vereinigung auf. An erster Stelle steht das Mißtrauen gegen Stuttgart und die »Direktorenallüren« der Schwaben: »Wir wollen kein Kolonialvolk sein und werden«. Zur Begründung wird auch die »Verschiedenheit des Volkscharakters« angeführt, und es wird an konkrete Erfahrungen aus der jüngeren und jüngsten Vergangenheit erinnert: Der »Kosename Westwallzigeuner«, den Württemberger auf badische Evakuierte münzten, sei noch nicht vergessen; und Stuttgart sei in der Versorgung während der Notjahre der Nachkriegszeit gegenüber Karlsruhe stets begünstigt worden.

Auch Stellungnahmen für den Südweststaat wurden abgedruckt. Sehr direkte wirtschaftliche Überlegungen (»Wir in Nordbaden haben wirklich keine Lust, allein die Finanzen Südbadens zu sanieren«) spielen dabei ebenso eine Rolle wie politische Argumentationen, die auf das Gewicht des vereinigten Landes im deutschen Staatenverband zielen oder deutlich machen, daß das »Ländle-Prinzip« überholt ist »in einer Zeit paneuropäischer Bemühungen«. Insgesamt spiegeln die Leserbriefe die engagierte Auseinandersetzung, die damals überall im Südwesten in Gang gekommen war, in Baden allerdings mehr als in Württemberg.

Auch im südlichen Landesteil von Baden gab es Anhänger des Südweststaats. Die liberalen und linken Parteien setzten sich für den größeren Zusammenschluß ein; und auch in den Gewerkschaften gab es – abgesehen von der ÖTV-Gewerkschaft, in der die Staatsbediensteten eine wichtige Rolle spielten – kaum Anhänger der badischen Lösung. Und auch in der CDU gab es Mitglieder, die mit dem Südweststaat nicht nur sympathisierten, sondern sich offen für ihn einsetzten. Die »Vereinigung Südwest« in Freiburg wurde von einem Vorstandsmitglied der Jungen Union geleitet, das dann auch als Generalsekretär der 1950 gegründeten Dachorganisation »Arbeitsgemeinschaft für die Vereinigung Baden-Württemberg« arbeitete. Die Entscheidung pro oder contra Südweststaat war nicht nur regional bestimmt. Es war unter anderem auch eine Generationenfrage – die jungen Leute waren durch die Berufung auf die Tradition weniger leicht einzufangen und waren eher aufgeschlossen für die größere Lösung. Und auch die konfessionelle Zugehörigkeit war von Bedeutung, wie sich an den Ergebnissen der Volksbefragung zeigte: In überwiegend evangelischen Gegenden war der Anteil der »Gesamtbadischen« kleiner; nur in Dörfern des Markgräflerlands schlug auch bei der evangelischen Bevölkerung das badische Argument durch. Eine wichtige Rolle spielten auch die Heimatvertriebenen und Flüchtlinge. Wohleb war sich im klaren darüber, daß seine badischen Traditionsargumente bei diesem Bevölkerungsteil nicht unbedingt auf fruchtbaren Boden fielen; er versuchte deshalb, in die Wahlbestimmungen einen Passus hineinzubringen, der nur denjenigen die Beteiligung erlaubte, die schon mindestens ein Jahr ihren Wohnsitz im Land hatten. Da in der französischen Zone erst von 1949 an Vertriebene in größerem Umfang aufgenommen wurden, hätte diese Bestimmung in Südbaden die meisten von ihnen von der Wahl ausgeschlossen. Die Bestimmung wurde aber vom Bund, der letztlich die Modalitäten der Wahl festlegte, zurückgewiesen. Da der Bevölkerungsanteil von Flüchtlingen und Heimatvertriebenen in den meisten Kreisen Nordbadens um die 20 Prozent betrug, dürfte ihre Entscheidung das Ergebnis und damit die Gründung des Südweststaats maßgeblich beeinflußt haben.

Für die Heimatvertriebenen war die Warnung vor dem drohenden Heimatverlust, die in der altbadischen Propaganda eine so große Rolle spielte, ein unverständliches, ja nahezu obszönes Argument; bestenfalls werteten sie die Streitigkeiten als »schon humoristisch anmutendes Gezänk«. So heißt es in einem Leserbrief aus dem Jahre 1951, der in einen

Appell mündet: »Altbadener! Trotz allem Geschrei seid ihr mit den Württembergern eines Stammes. Dankt dem Herrgott, dem evangelischen wie dem katholischen, es ist ja doch der gleiche, der Euch vor unserem Los bewahrt und Euch Boden, Heimat, Freunde und größtenteils Euren ganzen Besitz gelassen hat! Haftet nicht verbohrt und engstirnig an heute Überholtem«.

Diese kritische Haltung gegenüber den Vorstellungen der Altbadener war den meisten der aus dem Osten und Südosten zugewanderten Heimatvertriebenen gemeinsam. Wenige Tage vor der entscheidenden Abstimmung nahm Staatssekretär Karl Mocker »als einer von den Millionen, die wirklich ihre Heimat verloren haben«, im Stuttgarter Landtag dazu Stellung: »Wenn durch die Schaffung des Südweststaates wirklich jemand seine Heimat verlieren würde, dann wären wir Vertriebene die erbittertsten Gegner des Südweststaates und die getreuesten Bundesgenossen jener, welche die Wiederherstellung der alten Länder wollen. Aber Heimat ist nicht gleichbedeutend mit der Form oder dem Namen eines Staates oder Landes. Heimat ist jenes Fleckchen Erde, mit dem sich ein Mensch durch Geburt, durch das Erleben seiner Kindheit, durch das eigene Schaffen und jenes der Vorfahren, durch die Gräber der früheren Generationen und durch die sonstige Summe menschlicher Beziehungen innerlich verbunden fühlt. So lange der Mensch dieses Fleckchen Erde hat und sich dort frei bewegen kann, hat er seine Heimat. Dabei spielt es wahrlich keine Rolle, ob dieses Fleckchen Erde in Baden, in Württemberg oder im Südweststaat liegt.«

Für die Altbadener war dies nicht gleichgültig. In der aktuellen Kampfsituation wurde ihre Heimatverbundenheit als beschränkte Folklore abgetan. Heinrich Köhler sagte in einer Rede, in Südbaden würden »bereits Mundartdichter, Versedrechsler und Reimeschmiede bemüht, um die Lehre vom badischen Menschen zu paragraphieren, und wenn es ein paar Wochen noch so weiter geht, dann scheint es nicht mehr ausgeschlossen, daß in Freiburg, wo nur der Sage nach das Pulver einst erfunden wurde, dann auch noch das Dogma vom badischen Gott verkündet wird«. Aus größerer Distanz wird man den Altbadenern zugestehen müssen, daß ihr Eintreten für das Eigenrecht kleiner Räume und ihr Mißtrauen gegen die Massierung von Macht manches vorwegnahm, das in den regionalistischen Bewegungen der siebziger Jahre aufgegriffen wurde. Der Vorwurf, daß die Heimatbindungen funktionalisiert wurden für ganz andere Zwecke und daß unausweichliche politische und ökonomische Rahmenbedingungen ignoriert wurden, trifft die altbadische Propaganda zu Recht; es ist ein Vorwurf, mit dem sich unter etwas anderen Vorzeichen auch die Regionalisten auseinandersetzen mußten.

Geburtsfehler

Ende 1951 waren die Voraussetzungen für die Gründung des neuen Bundeslands im Südwesten geschaffen. Der aus Vertretern der bisherigen drei Regierungen gebildete Ministerrat trat zusammen und bereitete die Wahl der Verfassunggebenden Landesversammlung vor, aus der die CDU als stärkste Partei hervorging. Ende März 1952 fand die konstituierende Sitzung der Landesversammlung statt; Ende April stimmte sie in geheimer Wahl über den Ministerpräsidenten ab. Gewählt wurde der bisherige Ministerpräsident der nördlichen Landesteile und Vorsitzende der FDP, Reinhold Maier. Er hatte bereits eine Kabinettsliste in der Tasche, stellte seine Minister vor, und mit einem Blick auf seine Präzisionsuhr (die später als Ausstellungsstück ins Haus der Geschichte wanderte) verkündete er, daß damit »am Freitag, 25. April, 12.30 Uhr« die vorläufige Regierung gebildet und die bisherigen drei Länder zu einem Bundesland vereinigt seien. Maier würdigte die Wichtigkeit dieses Schritts für den deutschen Südwesten, aber auch für »unser wiederzuvereinigendes großes deutsches Vaterland«.

Der feierliche Akt geriet jedoch zum Tumult. Die CDU, die ja die größte Fraktion stellte, fühlte sich überrumpelt, und da nur je ein Vertreter aus Südbaden und Südwürttemberg-Hohenzollern als Minister – zudem in weniger wichtigen Ressorts – vorgesehen war, stimmten auch die Proportionen zwischen den Landesteilen nicht. So ganz aus heiterem Himmel kam die Entscheidung freilich nicht: Gebhard Müller hatte im Vorfeld vergeblich versucht, die SPD oder die FDP für eine Koalition zu gewinnen; in diesen

Parteien fürchtete man, die in der Vereinigungsfrage gespaltene CDU könnte die notwendige Konsolidierung des neuen Landes gefährden oder doch bremsen. Deshalb kam es zu einer Regierung aus diesen Parteien und dem BHE, der Partei der Heimatvertriebenen, ohne die CDU. Der Fraktionsvorsitzende der CDU bezeichnete die Vorgehensweise Maiers in einer erregten Rede als widerrechtlich; doch ein Einspruch hatte keine Chance – formaljuristisch war der Schritt Maiers nicht zu beanstanden.

Seine Wirkung war aber höchst bedenklich. Vor allem in Südbaden nahm der Widerstand gegen den Südweststaat, der ja nun Realität geworden war, noch zu; man sah in der Stuttgarter Regierungsbildung die Bestätigung aller Befürchtungen. Die Basler National-Zeitung sprach von einer Vergewaltigung Badens. Aber auch und gerade die Anhänger des Zusammenschlusses kritisierten den unglücklichen Start; fast die gesamte Presse nahm gegen Maier Stellung. Die erste Regierung des neuen Bundeslandes, so hieß es, besitze »eine fatale Ähnlichkeit mit der letzten Regierung Württemberg-Badens«; ihre Zusammensetzung schüre das Mißtrauen gegen den »Stuttgarter Zentralismus«. Vom »Sieg der Stuttgarter Hausmachtpolitik« war in einzelnen Kommentaren die Rede, von einem »Staatsstreich« und von den »Schleichwegen eines politischen Tauschgeschäfts«. Verschiedentlich wurde die Sorge ausgesprochen, »der mit Mühe zustande gekommene Südweststaat könnte mit einem Geburtsfehler behaftet bleiben«.

Die Stuttgarter Nachrichten bedauerten in einer Stellungnahme, daß der historische Augenblick »mit so viel geschicktem Ungeschick vielen Menschen vergällt wurde«. Tatsächlich war das Vorgehen Reinhold Maiers nicht nur eine naive Ungeschicklichkeit, sondern auch ein listiger Schachzug. Noch ein Jahr vorher hatte Maier dem südwürttembergischen Kollegen Gebhard Müller davon abgeraten, Präsident des Bundesverfassungsgerichts zu werden, weil er für das

Amt des Ministerpräsidenten im Südweststaat vorgesehen sei. Und auch schon in den Jahren davor hatte Maier häufig getrickst. Es war ihm gelungen, im Land Württemberg-Baden kontinuierlich das Amt des Ministerpräsidenten beizubehalten, und immer wieder nutzte er diese Position, um auch Regierungsmitglieder und Abgeordnete der anderen beiden Länder auf seine Richtung einzuschwören. Ein Beispiel dafür war sein Operieren mit dem Konzept Großwürttemberg: Er brachte den Gedanken an eine Vereinigung ohne Südbaden auf; daß trotz der Einbeziehung von Nordbaden von Großwürttemberg die Rede war, wirft ein Licht auf das Stuttgarter Übergewicht, das in manchen Phasen der Drei-Länder-Zeit durchaus vorhanden war. Maier hielt den Plan einige Zeit in der Diskussion; später bekannte er, daß es »ein Schreckschuß« sein sollte, »um die immer intriganter werdende Atmosphäre zu bereinigen«. Man könnte fast mit gleichem Recht sagen, daß es eine Intrige war, die seine Pläne absichern sollte.

Reinhold Maier gehörte zu einem Politikertypus, der stets informelle Kontakte pflegt und der in einer biederen Männerrunde bei einem Glas Wein scheinbar beiläufig seine Ziele verfolgt; vielleicht (vielleicht!) begegnet dieser Typus bei Schwaben etwas häufiger als anderswo. Theodor Eschenburg jedenfalls spricht von der »schwäbisch-schlitzohrig-behäbigen Geschicklichkeit« Maiers. Ersetzt man das schwäbisch durch badisch, so ginge diese Charakterisierung freilich auch für Leo Wohleb nicht ganz daneben. In der erwähnten Karikatur der drei Staatsoberhäupter, von der schon die Rede war, weist übrigens auch Maiers linke Hand nach unten. Er stützt sie allerdings auf sein Knie, und das macht einen Unterschied: Wohleb, der seine Orientierung an der abergläubischen Tradition offen demonstriert, und Maier, der wie versehentlich die Hand der Erde zubewegt und sich so eine Rückzugsmöglichkeit von seinen Schwüren offen hält. Es wird kaum zu eruieren sein, ob der Zeichner das so wollte oder ob er nur eine Variation anstrebte. Bewußt dürfte er jedenfalls Gebhard Müller mit der linken Hand auf dem Herzen porträtiert haben.

Nachdem die südwestdeutsche CDU im Herbst 1953 bei der Bundestagswahl die absolute Mehrheit erreicht hatte, war der Regierungswechsel in Stuttgart nicht zu umgehen. Gebhard Müller schloß eine große Koalition mit den bisher regierenden Parteien, und er sorgte auch für eine landsmannschaftlich und regional ausgeglichene Besetzung der Regierungsämter; so nahm er zwei profilierte Altbadener in sein Kabinett. Müller blieb fünf Jahre Ministerpräsident, bis er dann doch ans Bundesverfassungsgericht wechselte. Das war keine extrem lange Zeit; aber es war die Phase der wichtigsten Weichenstellungen, was die Befriedung zwischen den alten Ländern anlangt. Müllers geradlinige Politik heilte in vieler Hinsicht den Geburtsfehler des neuen Landes.

Es wäre allerdings eine falsche Pointierung, wenn man die Schwierigkeiten des neugegründeten Staats allein an Maiers Weg zur Spitze festmachte. Die alten Spannungen konnten ja nicht von einem Tag auf den andern abgebaut werden, und außerdem gab es noch andere Geburtsfehler. In etwas präziserer Metaphorik: Auch in der pränatalen Phase und auch schon in der Zeit der Zeugung gab es Irritationen, die nicht einfach vom Tisch zu wischen waren. Dazu gehörten insbesondere die Abstimmungen über die künftige politische Struktur im Südwesten. Auf den ersten Blick ist das eine merkwürdige Feststellung, denn Abstimmungen dienen ja gerade dazu, einen mehrheitlichen Willen zu erkunden und danach die Entscheidungen auszurichten. Aber abgesehen davon, daß dies nicht unbedingt die Enttäuschungen der unterlegenen Minderheit abbaut – nicht jedes Abstimmungsergebnis liefert klare Vorgaben für das politische Handeln.

An sich war die Erkundung der Einstellungen in der Bevölkerung und damit die demokratische Willensbildung außerordentlich sorgfältig vorbereitet und in Szene gesetzt.

Es gab nicht nur informelle Umfragen durch die Presse; die Zeitungsverlage riefen auch zu einer offiziellen Befragung auf: »Das Volk soll sprechen!« Tatsächlich bereiteten die Regierungen der drei Länder eine Abstimmung vor, die rein informativen Charakter haben sollte; im September 1950 wurde sie im ganzen Gebiet durchgeführt. Die entscheidende Abstimmung war erst am Ende des folgenden Jahres.

Schon vor der Informationsbefragung und wiederum danach kam es zu Auseinandersetzungen über den Inhalt der Abstimmung und über den Modus der Auswertung. Wer auch nur in kleinen und harmlosen Gremien mit Abstimmungen zu tun hatte, weiß, daß das Ergebnis oft sehr stark von der Formulierung der Alternativen abhängig ist und daß manchmal die nüchternen Zahlen erst einmal interpretiert werden müssen, ehe Folgerungen daraus gezogen werden können. So war es auch hier. Es ging um die Fragestellung, um die eventuelle Reihenfolge verschiedener Fragen, und es ging um die Art der Auszählung und die Gewichtung der Ergebnisse. Gebhard Müller erklärte nach der Gründung des Südweststaats, es sei höchste Zeit dafür gewesen, sonst hätten die Länder – gemeint sind die in den beiden Zonen etablierten drei Länder – nicht mehr mitgemacht. Dies war insofern eine richtige Beobachtung, als die Menschen sich, zumal nach einer gewissen Verbesserung der Lebensumstände, mit der gegebenen Situation abzufinden begannen und außerdem innerhalb der Länder institutionelle Vernetzungen entstanden waren, die zur Zementierung der Verhältnisse beitrugen. Trotzdem war der Verbleib bei den im Gefolge der militärischen Besetzung entstandenen Ländern in der Befragung nicht anvisiert. Die Alternative war klar: entweder die Wiederherstellung der Länder Baden und Württemberg – oder ein gemeinsamer Südweststaat. Viel hing aber davon ab, wonach zuerst gefragt wurde. Leo Wohleb und seine Mitstreiter suchten die Frage nach der Erneuerung der getrennten Länder Baden und Württemberg an die erste Stelle zu

rücken – in der Erwartung, daß diese Erneuerung jedenfalls
vielen als wünschenswert erscheinen würde im Vergleich mit
dem gegebenen Zustand. Zur Abstimmung stand dann aber
der Zusammenschluß aller drei Länder in einem einheitlichen Staat.

Hatte schon die Debatte um den Gegenstand der Abstimmung die Kontroversen verstärkt, so erst recht die Auseinandersetzung um die Interpretation der Ergebnisse. Da
die Zahlen von der Probeabstimmung auf dem Tisch lagen
und da nicht damit zu rechnen war, daß es bei der erneuten

*Staatspräsident Wohleb dankt seinen
südbadischen Wählern für ihre Abstimmung
gegen den Südweststaat.*

Abstimmung große Verschiebungen geben würde, war das
Problem der Auswertung keine Rechnung mit Unbekannten. Die mit großer Sicherheit zu erwartenden Mehrheits-
verhältnisse wurden vielmehr in das Kalkül mit einbezogen.
Es stand fest, daß sowohl in Nordwürttemberg wie in Südwürttemberg und Hohenzollern eine sehr große Mehrheit –
in den meisten Wahlkreisen über 90 Prozent – für die Bildung des Südweststaats war. Ebenso stand fest, daß in Südbaden nur in den der württembergischen Grenze nahen
Bezirken am Bodensee und am Rand des Südschwarzwalds
(im Kreis Villingen) mit einer Mehrheit für den Südweststaat
zu rechnen war, daß aber insgesamt im südlichen Landesteil
mehrheitlich für die Wiederherstellung von Baden votiert
würde. In Nordbaden gab es bei der Probeabstimmung zwar
eine Mehrheit für den Südweststaat; aber diese Mehrheit lag

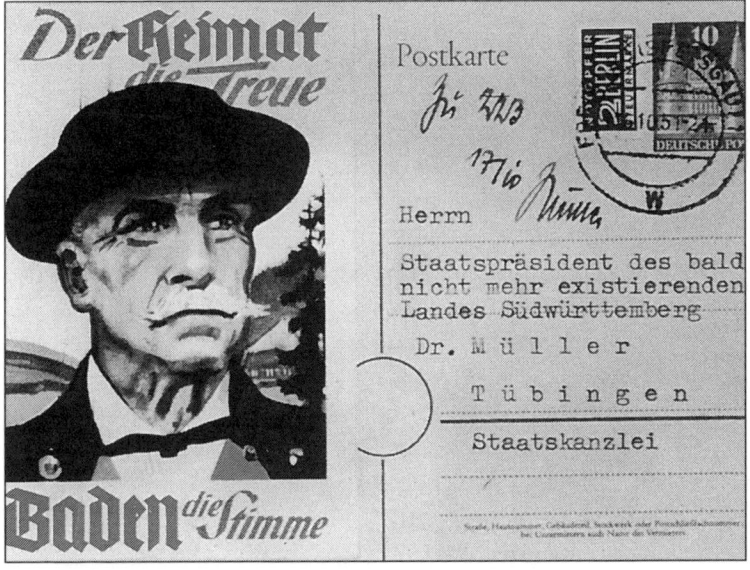

*»Der Heimat die Treue, Baden die Stimme«: Postkarte an
den »Herrn Staatspräsident des bald nicht mehr existierenden
Landes Südwürttemberg«, Gebhard Müller.*

unter 60 Prozent und war damit sehr viel kleiner, als man in Stuttgart und Tübingen erhofft und auch erwartet hatte. Rechnete man die Ergebnisse im Nord- und Südteil Badens auf das ganze Land um, so landete man bei einer zwar denkbar knappen, aber unbestreitbaren Mehrheit für die badische Lösung. Da Einigkeit darüber bestand, daß Baden nicht einfach majorisiert werden dürfe, stand die Gegenlösung Südweststaat auf der Kippe.

Schon in den Vorberatungen war aber geplant worden, vier Stimmbezirke zu bilden, also in Nordbaden, Südbaden, Südwürttemberg und Nordwürttemberg jeweils getrennt zu zählen und die Mehrheit in drei von den vier Stimmbezirken als entscheidend anzusehen. Dieser Verfahrensvorschlag ging auf den Weinheimer Industriellen Richard Freudenberg, also einen Nordbadener, zurück und wurde vor allem von Reinhold Maier von Anfang an favorisiert, ebenso entschieden aber durch die südbadische Regierung bekämpft. Als nach der Informationsabstimmung abzusehen war, daß mit dem Verfahren höchstwahrscheinlich auch schon über das Ergebnis entschieden war, erhob die Regierung Wohleb mit dem Verweis auf die durch die Besetzung nur unterbrochene Existenz des Landes Baden Einspruch gegen eine in Nord und Süd getrennte Wertung der Stimmen. Im Bundestag und Bundesrat hatte der Einspruch aber keinen Erfolg; man war dort mehrheitlich der Auffassung, daß von der aktuellen Staatsgliederung ausgegangen werden könne. Die Regierung Badens – also das südbadische Kabinett – legte Verfassungsbeschwerde ein. Da das Bundesverfassungsgericht zu diesem Zeitpunkt noch gar nicht konstituiert war, bedeutete dies einen Aufschub des geplanten Wahltermins. Das neu gebildete Verfassungsgericht wies die Beschwerde Badens zurück mit genau der Hälfte der Stimmen der zwölf Richter – die Stimme des Vorsitzenden gab den Ausschlag. Damit war praktisch schon vor der Abstimmung klar, daß die Verfechter der großen Lösung ihr Ziel erreicht hatten.

Die Abstimmung fand im Dezember 1951 statt. Da in Südbaden im Vergleich zur Probeabstimmung noch erheblich
mehr Gegner des Südweststaats mobilisiert wurden, ergab
sich bei der Durchzählung der Stimmen in ganz Baden eine
Mehrheit von etwas über zwei Prozent gegen die Bildung
des Südweststaats – aber die Würfel waren gefallen. In Teilen
der südbadischen Bevölkerung war die Empörung groß,
zumal die handstreichartige Regierungsbildung in Stuttgart
die im Wahlkampf vorgebrachten Befürchtungen zu bestätigen schien. Die Altbadener gaben noch nicht auf. Der Inte-
ressenverband »Heimatbund Badener Land« wandte sich
1956 erneut an das Bundesverfassungsgericht, und diesmal
wurde die Revisionschance eingeräumt. In einem Volks-
begehren wurde die erforderliche Stimmenzahl erreicht;
damit schien der Weg frei für eine erneute Abstimmung über
die Staatsgliederung, über die diesmal die Mehrheit in ganz
Baden entscheiden sollte.

Einsprüche von Seiten der Südweststaatsregierung, juristi-
sche Kontroversen und Kompetenzstreitigkeiten verzögerten
die Abstimmung nochmals um mehr als ein Jahrzehnt – eine
erneute Panne. Die Verzögerung stellte allerdings den ein-
deutigen Erfolg der Südweststaatsanhänger sicher: Die Abstimmung fand 1970, diesmal nur in Baden, statt. Sie erbrachte
nur 18 Prozent für die Wiederherstellung des Landes Baden;
über 80 Prozent der badischen Bevölkerung votierten für
den Verbleib im neuen Land Baden-Württemberg. Das war
ein zumindest in dieser Höhe überraschendes Ergebnis.
Offensichtlich hatte die ausgewogene Politik im Land die
Gemüter besänftigt. Von den in der südbadischen Propaganda präsentierten Horrorvisionen – etwa die Schließung
der Freiburger Universität, die Beeinträchtigung katholisch-
kirchlicher Institutionen und der Abzug wichtiger Kultur-
einrichtungen aus Baden – war keine Wirklichkeit geworden. Nach 1966 saßen mehr Badener als Württemberger in
der Stuttgarter Regierung. Wirtschaftliche Fördermaßnah-

men konzentrierten sich sehr stark auf badische Gebiete, und ganz allgemein war eine wirtschaftliche Konsolidierung eingetreten.

Das rationale Ja zu der politischen Entwicklung dürfte freilich emotionale Vorbehalte nicht restlos beseitigt haben. Daß der mehrheitliche Wille des badischen Volkes »durch die Besonderheit der geschichtlich-politischen Entwicklung überspielt worden« war, wie es sogar im Schiedsspruch des Bundesverfassungsgerichts von 1956 hieß, blieb ein Trauma. Aus dem sicheren Stand der vollzogenen Vereinigung räumten auch württembergische Politiker ein, daß es korrekter gewesen wäre, die Mehrheit im Gebiet des früheren Landes Baden zu respektieren. Führende Juristen des Landes räumten einen Rechtsbruch ein, erklärten aber, daß ein solcher »aus elementaren Notwendigkeiten folgender Rechtsbruch zugleich auch durchaus rechtsschöpferisch sein könne«. Das war eine ziemlich abenteuerliche Argumentation – im Klartext besagte sie, daß auch die Vertreter der Rechtsprechung nicht immun sind gegen politische Wünsche und Einflüsse.

Die verwirrenden Ereignisse rund um die Gründung des Südweststaats liegen inzwischen weit zurück. In den siebziger Jahren wurde von einem Mannheimer Lehrer berichtet, daß er seine Schüler dringend aufforderte, Pakete an Verwandte und Bekannte in der DDR nicht mit (schwäbischen) Knorrsuppen, sondern mit den entsprechenden (badischen) Maggitüten auszustatten. Es ist unwahrscheinlich, daß es noch immer so sensible Wirtschaftsgeographen gibt – und vermutlich wird im südbadischen Schulunterricht das Thema Südweststaatsbildung nicht dazu benützt, der Jugend antischwäbische Ressentiments einzupflanzen. Doch es gibt solche Ressentiments, glücklicherweise größtenteils abgesunken in einen Bereich spielerischer Folklore, aus dem sie nur unter besonderen Umständen in ernsthaftere Bereiche verpflanzt werden können.

Der Name

Bei der Entstehung des neuen Landes wurden nicht nur Geburtsfehler registriert; auch den Akt der Taufe hielten viele für mißlungen. »Baden-Württemberg« ging nicht leicht über die Lippen; in politischen Ansprachen konnte man verfolgen, wie die Redner entweder die Hälfte verschluckten oder den Namen so ins behaglich Breite dehnten, als handelte es sich um ein berühmtes Weinanbaugebiet. Und die Feststellung »Ich bin ein Baden-Württemberger« hörte sich an wie der Text einer Strafarbeit, von den Gründungsvätern einhundert Mal säuberlich abzuschreiben, nicht aber wie eine selbstverständliche Identitätsangabe. Allzuviel hat sich daran nicht geändert. Es ist zwar durchaus üblich, daß jemand sagt, er oder sie komme aus Baden-Württemberg; daß sich jemand als Baden-Württemberger oder Baden-Württembergerin vorstellt, ist dagegen selten und wird jedenfalls nicht mit der gleichen Selbstverständlichkeit vorgebracht, wie andere sagen, sie seien Sachsen oder Bayern. Der Bindestrichname sei, so wurde immer wieder kritisiert, eine Verlegenheitslösung.

Das ist er in der Tat. Aber man kann den Akzent auf Verlegenheit oder auf Lösung legen. Als die Verfassunggebende Versammlung des Landes im November 1953 mit einer klaren Mehrheit (70:39 Stimmen) den Namen bestimmte, war jedenfalls der Weg frei für eine von der Namensfrage unbelastete Entscheidung über die Verfassung. Die vorgelegten Alternativen hätten allesamt in Teilen des Landes den Eindruck hinterlassen, man sei übergangen worden; in der Bezeichnung Baden-Württemberg war nur Hohen-

zollern verschwunden, und dort hatte man sich damit abge-
funden, daß das kleine Land keine Chance auf eine herausgehobene Stellung und auf den Fortbestand des Namens
hatte.

Der Namengebung gingen lange Debatten voraus, die in
der Presse, in wissenschaftlichen Gremien, in Arbeitskreisen,
in und zwischen den Parteien, aber auch an Stammtischen
geführt wurden. Einig war man sich weithin darin, daß die
Bezeichnung Südweststaat zwar als unproblematische, gewissermaßen technische Definition während der Vorphase geeig-
net war, daß sie sich aber als Eigenname nicht empfahl. Auch
Südwestdeutschland kam nicht in Frage; es wäre ungenau
gewesen, da zumindest vom Norden her die ganze Kurpfalz
und das daran angrenzende Gebiet südlich des Mains zum
Südwesten gehörte, und dem schematisch die Himmels-
richtung benützenden Namen hätte jegliche historische Tiefe
gefehlt. Die Umkehrung Deutsch-Südwest wiederum lenkte
die Assoziationen in einen anderen Raum und einen anderen historischen Zusammenhang; sie erinnerte an die einstige
afrikanische Kolonie.

Deutsch-Südwest gehörte vermutlich zu den Namens-
vorschlägen, die eher spielerisch in die Diskussion gebracht
wurden. Jedenfalls tauchten eine ganze Reihe von Empfeh-
lungen auf, die von vornherein wenig Chancen hatten und
in den entscheidenden Kontroversen nicht mehr zur Sprache kamen. Dazu gehörten Bruderland und Musterland –
Namen, die aus der gängigen Politgeographie völlig heraus
gefallen wären. Mit Rhein-Neckar-Land und Rhein-Donau-
Land wurde eine genauere Lokalisierung versucht; aber die
beiden Namen hoben sich gewissermaßen gegenseitig auf.
Und Staufen, Zähringen, Zollern hielten zwar die Erinnerung an wichtige Herrschergeschlechter fest; aber deren Herrschaftsgebiete deckten sich nur zu Teilen mit dem neuen
Land.

Der Verfassungsausschuß empfahl vor allem Schwaben und

Rhein-Schwaben. Dies waren Vorschläge, die nicht erst neu für den Südweststaat erfunden wurden, sondern die schon früher in politischen Konzepten eine Rolle gespielt hatten. Der Gedanke der Vereinigung südwestdeutscher Länder tauchte bereits unmittelbar nach dem Ersten Weltkrieg auf. Theodor Heuss, damals politischer Journalist und Dozent für Politik in Berlin, gehörte zu den einflußreichsten Vertretern dieses Plans. Er war der Meinung, auf die alten Länder Baden, Württemberg und Hohenzollern müsse keinerlei Rücksicht genommen werden, da es sich um künstliche Schöpfungen, oktroyiert von Napoleon, handle. Dies war eine problematische und angesichts der Zielsetzung riskante Feststellung – auch das vereinigte Land wäre ja doch eine künstliche Schöpfung gewesen, für die lediglich gewisse historische Gründe angeführt werden konnten. Zu diesen historischen Gründen gehörte vor allem die jahrhundertelange Bedeutung von Schwaben, das deshalb auch in den Namen des künftig vereinten Landes Eingang finden sollte. In Teilen des Gebiets, vor allem im fränkischen Norden von Baden und Württemberg, gab es aber wenig geschichtliche Anknüpfungspunkte an Schwaben; und andererseits wies der Name über die Grenzen von Baden, Württemberg und Hohenzollern hinaus.

Der 1919 eingesetzte Regierungspräsident Hohenzollerns, Emil Belzer, sah, daß der Verbleib Hohenzollerns beim preußischen Mutterland »fortschrittshemmend und finanziell schwer haltbar« war; um eine Aufteilung des kleinen Landes zwischen Baden und Württemberg zu vermeiden, setzte er sich für ein Großschwaben ein, das alle drei Länder umfassen sollte, in das aber auch das bayerische Schwaben und Vorarlberg einbezogen werden sollten. Von dort kamen durchaus Signale der Zustimmung; auch zwischen Ulm und Augsburg kursierte der Gedanke eines großen und selbständigen alemannischen Landes. Neben und wahrscheinlich vor stammesgeschichtlichen Begründungen spielten dabei wirtschaftliche Überlegungen eine Rolle. Der Kemptener Bürgermeister erklärte: »Vorarlberg hat das, was wir brauchen, nämlich Holz zum Bauen und Brennen, auch etwas Kohle, Textil- und Strickereiwaren, Vieh, Milch und Milchwaren, insbesondere Butter und Käse.« Die ganzen großschwäbischen Pläne scheiterten – am Widerstand der bisherigen Länder, vor allem Badens, aber auch an der nationalen und – im Falle Vorarlbergs – internationalen Konstellation.

Eine andere Arrondierung für ein neu zu schaffendes Staatsgebilde im Südwesten visierte der damals in Heidelberg, später in Freiburg lebende Geograph Friedrich Metz an. Ein Jahr nach dem Ende des Ersten Weltkriegs hielt er einen Vortrag zum Thema »Der südwestdeutsche Staat und die Vereinigung von Baden und Württemberg«, der wenig später in der Stuttgarter Zeitschrift »Der Schwäbische Bund« abgedruckt wurde. Metz entwirft darin den Plan für ein Rheinschwaben, das außer den drei Ländern Baden, Württemberg und Hohenzollern auch die ganze Pfalz einschließen sollte. Den Namen Rheinschwaben hatte Metz von Willy Hellpach übernommen, der sich ebenfalls für ein gemeinsames Land im Südwesten aussprach.

Wer damals zuerst mit Südweststaatsplänen hervortrat, ist umstritten. Es ist wohl auch nicht so wichtig, denn die Idee lag in der Luft – oder richtiger: Sie entwickelte sich zwingend aus der damaligen politischen Konstellation, die zur Stärkung der neu entstandenen deutschen Republik auch eine Neuordnung der Länder nahelegte, aber auch aus der Not des Alltags. Die badischen Sozialdemokraten setzten sich beispielsweise für eine Vereinigung mit Württemberg ein, weil sie sich davon eine gerechtere Verteilung der Nachkriegslasten erhofften, die auch damals Baden besonders hart trafen. Außerdem lag in einzelnen wirtschafts- und sozialpolitischen Bereichen die Zusammenarbeit nahe; 1927 wurde ein Landesarbeitsamt Südwestdeutschland eingerichtet. Der Zusammenschluß der Länder war jedenfalls nicht nur ein

akademisches Planspiel, sondern schon in jenen Nachkriegsjahren ein allgemeiner Diskussionsgegenstand. Das folgende,
1921 in der Münchner Wochenschrift »Jugend« abgedruckte
anonyme Gedicht mit dem Titel »Württemberg und Baden«
macht dies deutlich – es schätzte freilich auch die geringe
Chance für eine Realisierung des gemeinsamen Landes korrekt ein:

> *Es waren zwei Nachbarskinder,*
> *Die hatten sich beide lieb,*
> *Bald etwas mehr und bald minder. –*
> *(Ach, wenn es nur immer so blieb!)*
>
> *Da sprach das eine zum andern:*
> *»Ich schlage Dir vor, mein Kind,*
> *Gemeinsam durchs Leben zu wandern,*
> *Weil wir ja Nachbarn sind!«*
>
> *Das Mägdlein schwieg erst bedächtig*
> *Und brachte dann schüchtern hervor:*
> *»Ich fürchte, Du haust mich mächtig*
> *Beim Ehekontrakt übers Ohr!*
>
> *Auch wirst du schalten und walten,*
> *Wie Dir's gerade gefällt!*
> *Ich darf den Schnabel halten*
> *Und werde kaltgestellt!«*
>
> *»Das Leben wird Dir verzuckert«,*
> *Beschwor der Jüngling die Maid. –*
> *»Ich mag einmal nicht nach Schtuckert!«*
> *So hieß des Mädels Bescheid.*
>
> *Noch heute sind beide zu schauen*
> *Als Bräutigam und als Braut:*
> *Man kann sie leider nicht trauen,*
> *Weil kein's dem anderen traut!*

Auch nach dem Ende des Zweiten Weltkriegs beschränkte sich die Diskussion um eine Neuordnung nicht auf die drei Länder, die schließlich zusammenfanden. Der Konstanzer Historiker Otto Feger, der in der NS-Epoche kaltgestellt war, sah die gewaltige Aufgabe vor sich, nach den vorausgegangenen Katastrophen den drohenden Weltuntergang, wie er nicht ganz logisch formulierte, »wenigstens für unsere engere Heimat zu verhindern«. Er agitierte für einen großen alemannischen Staat, der Teile der Schweiz und den Westen Österreichs einschließen sollte und der als selbständiger Bundesstaat gedacht war. Die Programmschrift Fegers trug den Titel »Schwäbisch-Alemannische Demokratie. Aufruf und Programm«; sie pochte auf den alten Stammeszusammenhang, aber auch auf die demokratische Tradition, die sich nach Feger nur in diesem Teil des deutschsprachigen Raums herausbilden konnte. In dieser These lag eine gewisse Anziehungskraft: Die Schwaben und Alemannen, die nicht weniger hitlertreu als andere Deutsche waren, konnten auf dieser Demokratieschiene rasch zu einem besseren Zeugnis kommen. Feger fand Mitstreiter, vor allem im Bodenseegebiet und in Oberschwaben; aber wirkliche Durchschlagskraft hatte sein Programm nicht. Zur negativen Einschätzung mag beigetragen haben, daß er die volle Rückendeckung der französischen Militärregierung hatte, die ja ihrerseits an die Bildung einer von Deutschland getrennten »Union alpine« dachte und die jedenfalls allen Bestrebungen aufgeschlossen gegenüberstand, die das nationale Gewicht Deutschlands minderten. Gerade dies aber widerstrebte der Haltung der meisten Politiker in Württemberg und auch in Baden.

Friedrich Metz griff seine Vorschläge nach dem Zweiten Weltkrieg wieder auf; 1948 publizierte er sein Büchlein »Rheinschwaben«. Dem Versuch, eine alemannisch-schwäbische Einheit zu schaffen, widersprach er vehement. Er wies darauf hin, daß die Hauptstadt Stuttgart in einem solchen Gebilde ganz am nördlichen Rand läge und daß im Westteil nicht nur ganz Nordbaden, sonder auch der Mittelteil mit Baden-Baden ausgegliedert wäre. Metz operierte aber seinerseits mit dem schwäbischen Volkstum, dem er das pfälzische Volkstum an die Seite stellte – badisch und württembergisch sei die Bevölkerung, aber im Volkstum lebten die älteren Bindungen fort. In dieser Unterscheidung von Bevölkerung und Volkstum wirkten Vorstellungen nach, die der Nationalsozialismus in den Vordergrund geschoben hatte; aber das Vereinigungskonzept war nicht unvernünftig, da es dem engen Zusammenhang des Rhein-Neckar-Raums gerecht geworden wäre, durch den sich heute zwischen den dicht benachbarten Städten Mannheim und Ludwigshafen die Landesgrenze zieht. Doch es war kaum daran zu denken, daß die Franzosen einer Teilung des von ihnen begründeten Landes Rheinland-Pfalz zugestimmt hätten; außerdem hätte diese Lösung bedeutet, daß das neue Land sowohl im Süden wie im Nordwesten mit Teilen der französischen Besatzungszone belastet gewesen wäre.

Der Name Rheinschwaben blieb aber auch für die bereinigte Fassung, also ohne die linksrheinische Pfalz, in der Diskussion. Metz überzog ein wenig, was die Bedeutung des Rheins anlangt – er tat dies auf Kosten der Donau, von der er betonte, daß sie versickere, um unterirdisch in den ins »Rheinsystem« einbezogenen Bodensee zu fließen, und daß sie frühestens ab Ulm »als schiffbares Gewässer bezeichnet werden« könne. Das bedeutete eine Herunterstufung des Gebiets um die Donau, für das aber jedenfalls die Bezeichnung Schwaben in Anspruch genommen werden konnte, während die nähere Bestimmung Rhein- den Namen allen Badenern nahe brachte – ausgespart blieb fast nur der fränkische Norden Württembergs. So ist es nicht verwunderlich, daß dieser Namensvorschlag zusammen mit Schwaben bei den Verhandlungen über die Benennung des Südweststaats in die Schlußrunde kam. Aber mit Schwaben konnte man sich in ganz Baden nicht anfreunden – im Süden, weil man

Schwaben eben doch mit Württemberg identifizierte, und im Norden auch deshalb, weil es tatsächlich keine historische Brücke zu der Bezeichnung Schwaben gab. Daß auch Rheinschwaben keine Chance hatte, hing ebenfalls in erster Linie mit dem Grundwort Schwaben zusammen; der Zwischenruf im Parlament, ob die Schreibung mit h vorgesehen sei oder ob es sich um das reine Schwaben handeln solle, machte dies deutlich.

Die Entscheidung lief auf eine Zusammensetzung aus den beiden alten Ländernamen Baden und Württemberg zu. Aber dabei war die Reihenfolge offen. Es waren nicht nur Badener, die den Eindruck vermieden wissen wollten, Baden sei ein von Württemberg vereinnahmtes Anhängsel. Auf der anderen Seite gab es Plädoyers für die Bezeichnung Württemberg-Baden: Das in seiner Fläche und der Bevölkerungszahl größere Land dürfe nicht an die zweite Stelle gerückt werden, und außerdem komme diese Reihung dem Sprachgefühl entgegen. Mit diesem Argument unterstrich vor allem Viktor Renner seine Forderung, der als SPD-Mann kurze Zeit in der Regierung von Württemberg-Hohenzollern gewesen war und der nach der Herstellung der Einheit der Länder das Justizministerium übernahm. Er überraschte die Versammlung mit Weisheiten aus der Verslehre: der Daktylus (wie im dreisilbigen Württemberg) werde dem Trochäus (wie im zweisilbigen Baden) vorangestellt; und ausgerechnet am Beispiel des Anfangs vom Hohenzollernlied – »Nicht weit von Württemberg und Baden« – suchte er zu demonstrieren, wie zwingend diese Reihung sei.

Es ist nachträglich schwer auszumachen, wie ernst es Renner mit seiner Argumentation war. Jedenfalls ist das sogenannte Sprachgefühl in erster Linie ein Produkt der Gewohnheit, und es ist nicht auszuschließen, daß die Befürwortung des Namens Württemberg-Baden auch damit zusammenhing, daß man fast sieben Jahre lang damit umgegangen war – mit der Bezeichnung nämlich für das aus den nördlichen Teilen gebildete Land. Eben dies aber sprach auch gegen die Übernahme der Bezeichnung; Staatsrechtler vertraten die Auffassung, der Name des neuen Landes müsse sich von dem jener Zwischenlösung unterscheiden. Da der Name Baden-Württemberg, zuerst vom Generallandesarchiv in Karlsruhe vorgeschlagen, bereits im Überleitungsgesetz vom Mai 1952 verankert war, und da schließlich auch noch auf die unbestreitbare alphabetische Reihenfolge – Baden vor Württemberg – hingewiesen wurde, stand die Entscheidung schon vor dem abschließenden Wahlgang fest.

Das heißt nicht, daß der Name überall klaglos akzeptiert worden wäre. Daß die Chance vergeben war, ein Land Schwaben zu errichten, wurde unter traditionalistischen Aspekten bedauert. Josef Eberle, Herausgeber der Stuttgarter Zeitung und angesehener Poet, erklärte, nach diesem Verrat an »urschwäbischem Land« frage er sich, ob es wirklich ein Freiburger Schwabe gewesen sein könne, der das Pulver erfunden habe. Aber ein »Freiburger Schwabe« war im Badischen nicht ohne weiteres akzeptabel – und unter der Berufung auf die historische Tradition konnte man eben auch gegen Schwaben votieren. Die Entscheidung für den Namen Baden-Württemberg war nicht nur nüchtern, sondern auch ehrlich: Er spiegelt keine falschen Kontinuitäten vor, sondern beschreibt eine politische Aufgabe.

Die alten Länder

Das liberale Großherzogtum

Theodor Heuss hatte unrecht, wenn er die Meinung vertrat, man müsse auf die alten Ländergrenzen im deutschen Südwesten keinerlei Rücksicht nehmen, weil sie von außen erzwungen wurden. Aber er hatte natürlich recht, wenn er auf die relative Willkür der Staatenbildung verwies. Schon Wilhelm Heinrich Riehl sprach von »Zufallsstaaten« – der Zufall hieß Napoleon. Er hatte Frankreich nach seinen militärischen Erfolgen das ganze linksrheinische Gebiet gesichert und bot dafür den größeren Ländern rechts des Rheins Entschädigungen an. Der strategische Hintergrund war, daß er als Gegengewicht zur Schlagkraft Preußens und Österreichs kräftige Mittelstaaten auf deutschem Gebiet wünschte.

Die »Entschädigung« fiel deshalb reichlich aus: Durch die Übereignung zahlreicher anderer Territorien wuchs das Gebiet des badischen Markgrafen fast auf das Vierfache, die Bevölkerung sogar auf das Fünffache; das Gebiet des württembergischen Herzogs wuchs beinahe auf das Dreifache und die Bevölkerung auf mehr als das Doppelte.

In Baden demonstrierte die äußere Gestalt gewissermaßen die unorganische Entstehung; sie zieht sich in der Länge vom Main bei Wertheim hinüber zum Unterlauf des Neckars und rheinaufwärts bis zum Bodensee, ist aber im ganzen nördlichen Teil sehr schmal. Paul Feuchte formulierte nach der Vereinigung Badens mit Württembergs sehr anschaulich, »die Taille der badischen Braut« umfasse bei Rastatt nur wenige Kilometer, »was für eine Braut zwar viel, für ein Land aber wenig ist«. Der Hohenloher Schriftsteller Karl Julius Weber hatte 1826, weniger freundlich, die Form des Landes

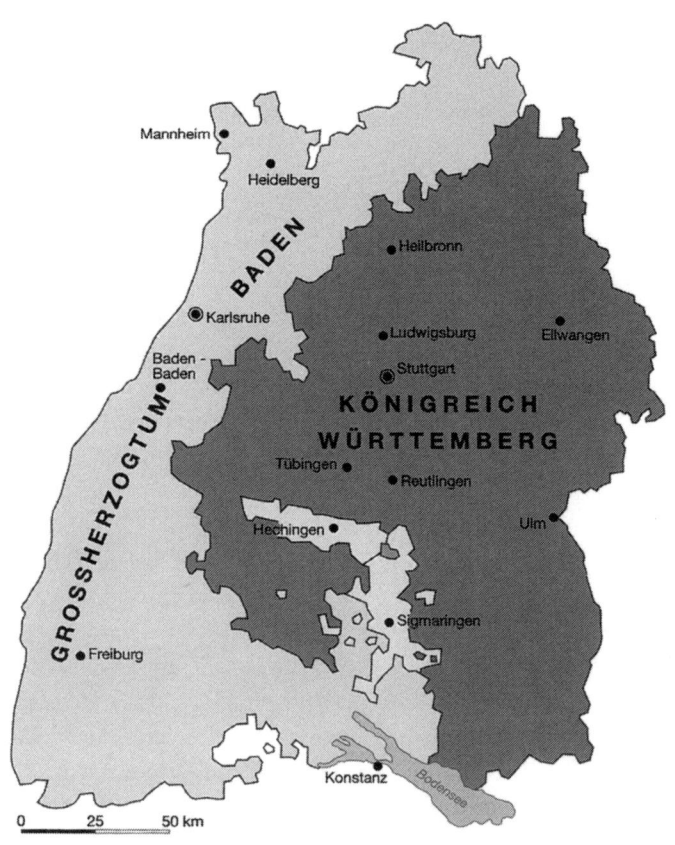

Mannheim

Heidelberg

BADEN

Heilbronn

Karlsruhe

Ludwigsburg

Ellwangen

Baden-
Baden

Stuttgart

KÖNIGREICH

WÜRTTEMBERG

GROSSHERZOGTUM

Tübingen

Reutlingen

Hechingen

Ulm

Sigmaringen

Freiburg

Konstanz

Bodensee

0   25   50 km

☐ Fürstentümer Hohenzollern-Hechingen und Hohenzollern-
Sigmaringen, ab 1850 preußischer Regierungsbezirk
Sigmaringen (Hohenzollerische Lande)

Die alten Länder Württemberg und Baden
sowie die Hohenzollerischen Lande bilden seit 1952
das neue Bundesland Baden-Württemberg.

mit einem gefüllten Quersack oder einer Blutwurst verglichen.

Der Lauf des Rheins gab dem Land allerdings einen besonderen Charakter. »Napoleon hätte dies Land gemacht?« fragte
der badische Kunsthistoriker und Diplomat Wilhelm Hausen-
stein – und er verneinte: »Der Rhein hat es gemacht«, denn
er schließe Ober- und Unterland aneinander. Die Berufung
auf den Strom ist sowohl mit dem Blick auf die alte kulturelle
Zusammengehörigkeit des Oberrheingebiets wie hinsichtlich der industriellen Entwicklung im 19. Jahrhundert richtig – aber »gemacht« wurde Baden in erster Linie von Napoleon. Die schlanke Form verbildlicht die Funktion, die er
Baden zugedacht hatte: eine Abschirmung nach Osten, ein
Pufferstaat.

Allerdings konnte der Puffer für Frankreich auch Puffer
gegen Frankreich sein; im zeitlichen Umkreis der beiden Welt-
kriege hat Baden diese Funktion schmerzlich erfahren. Aber
der Gedanke an die Abwehr Frankreichs spielte auch schon
bei der Errichtung des Landes eine Rolle. Der Freiherr Sigismund von Reitzenstein, der mit großem diplomatischem
Geschick die Verhandlungen mit Frankreich führte, schrieb
1798 an Markgraf Karl Friedrich von Baden, man müsse
Deutschland »pro futuro eine Verfassung geben, die es vor
der Rapazität seiner Nachbarn schützt«; mit der »Rapazität«,
der räuberischen Begehrlichkeit, spielte er nicht nur auf die
aktuellen militärischen Aktionen Frankreichs, sondern auch
auf frühere Eroberungszüge an.

Napoleon war sich des Doppelcharakters einer Stärkung
der südwestdeutschen Staaten bewußt; deshalb suchte er die
Loyalität Badens durch verwandtschaftliche Bande abzusichern: Er vermählte seine Stieftochter Stephanie Beauharnais mit dem zwanzigjährigen badischen Erbprinzen Karl,
der allerdings nur wenige Jahre regierte und seinen Platz vor
allem in der historischen Gerüchteküche als angeblicher
Vater des geheimnisvollen Findelkinds Kaspar Hauser fand.

Als Baden 1805 zum Großherzogtum erhoben wurde, regierte noch sein Großvater Karl Friedrich; bereits 1746 war er, mit 18 Jahren, Markgraf von Baden-Durlach geworden; 1771 war ihm auch die Markgrafschaft Baden-Baden zugefallen. Die Integration dieser beiden Teile, von denen der eine protestantisch, der andere katholisch war, bildete ein Vorspiel zu der nun anstehenden Aufgabe, Dutzende von Herrschaftsgebieten zusammenzuführen. So offensichtlich die Abhängigkeit von Frankreich in militärischen Fragen war (die Truppenkontingente Badens und der anderen deutschen Rheinbundstaaten waren fest eingeplant) – in Fragen des inneren staatlichen Aufbaus hatte Karl Friedrich und hatten auch seine Nachfolger freie Hand; und sie hatten hervorragende, reformfreudige Ratgeber. Daß die Integration gelang, beweist die Tatsache, daß sich im ganzen Land schnell ein kräftiges badisches Bewußtsein entwickelte, das noch in den Auseinandersetzungen um den Südweststaat immer wieder hervortrat und von dem man auch heute nicht behaupten kann, es sei verschwunden.

Wie die Integration gelang, kann hier nicht in allen Einzelheiten nachgezeichnet werden. Ich greife ein Leitmotiv heraus, das in den Geschichtsdarstellungen eine große Rolle spielt und das auch das populäre Bild des ehemaligen Landes und seiner Bewohner prägt: das liberale Baden. Es ist eine schlagwortartige Etikettierung, auf die ich mich damit einlasse – ich frage deshalb nicht nur nach den Ausdrucksformen dieser Liberalität, sondern auch nach ihren Grenzen und danach, was hinter dem freundlichen Bild vom »Leben und leben lassen« leicht verschwindet.

Es braucht allerdings keine Verkrampfungen oder Retuschen, wenn man eine liberale Erfolgsbilanz vorführen will. Sie muß einsetzen in den der Gründung des Großherzogtums vorausgehenden Jahrzehnten. Wenigstens drei Aktivposten sind hier anzuführen. Das erste sind die von Karl Friedrich in seinen Markgrafschaften angestoßenen Reformen, vor allem die Aufhebung der Leibeigenschaft, die für ihn zu einem ganzen Paket landwirtschaftlicher Innovationen und Ertragsverbesserungen gehörte. Die Bevölkerung dankte dem Fürsten begeistert; in einer Gemeinde wurde sogar eine Steinsäule zum Gedenken an die Befreiung errichtet. Die Grundhaltung Karl Friedrichs kommt in seiner Erwiderung zum Ausdruck: Das »Wohl des Regenten« sei »mit dem Wohl des Landes innig vereiniget«, und was ihn der Erfüllung seiner Wünsche näher bringe, »ein freies, opulentes, gesittetes christliches Volk zu regieren« – dafür könne man ihm nicht danken.

Das zweite betrifft den südlichen, vorderösterreichischen Landesteil. Dort veränderte die josephinische Aufklärung die kirchlichen Verhältnisse. Die von Kaiser Joseph II. eingeführte staatliche Aufsicht über die Kirche und das Bestreben, den Einflußbereich der Religion und der Tradition einzuschränken und den Weg freizumachen für rationales Handeln, nahm manche späteren liberalen Maßnahmen in Baden vorweg. Das Verbot mancher kirchlicher Orden und die Aufhebung von einigen Klöstern und Wallfahrten traf zwar bei der Bevölkerung auf Widerstand; aber es wurde auch vermerkt, daß die Reformen neue wirtschaftliche Möglichkeiten mit sich brachten, und vor allem wirkten die aufklärerischen Ideen intensiv bei den Gebildeten, auch in Teilen des katholischen Klerus. Die innerkirchliche Aufklärung hatte im Bistum Konstanz Anfang des 19. Jahrhunderts einen sicheren Rückhalt.

Als drittes ist die Ausstrahlung der Französischen Revolution zu erwähnen. Die unmittelbare Nachbarschaft sorgte dafür, daß das gewaltige Beben, das ganz Frankreich erschütterte, im Badischen zumindest nachzitterte. Straßburger Revolutionäre und Revolutionsverdächtige wurden über den Rhein abgeschoben; aber auch Gegner und potentielle Opfer der Revolution kamen ins Land, als Flüchtlinge, die mit ihren überzogenen Ansprüchen eher Sympathien für die

Revolution provozierten. Jakobinische Ideen fanden Anhänger, und es gab Ansätze zur Gründung eines Freistaats, die allerdings zu keinem faßbaren Ergebnis führten. Vereinzelt kam es zu Unruhen und Aufständen, die sich vor allem gegen die von Bauern geforderten Abgaben richteten, aber auch gegen die Reformschritte, die Joseph II. eingeleitet hatte.

Schon hier wird eine Gemengelage sichtbar, die es mitunter schwer macht festzustellen, wo es sich wirklich um Impulse handelt, die liberal genannt werden können. Dies gilt auch für die folgende Zeit, für die Verhältnisse im Großherzogtum. Die Orientierung an der offiziellen Bezeichnung liberal hilft dabei nur bedingt weiter: Solche Parolen und Etikettierungen sind geduldig, und es mag vorweg gesagt sein, daß die liberale Politik in Baden keineswegs immer der heute gängigen - freilich nirgends kodifizierten - Vorstellung von Liberalität entsprach.

Vor allem fehlt der liberalen Bewegung in Baden über weite Strecken das demokratische Element. Es gab lediglich im Breisgau eine landständische Tradition, aber dieses Mitspracherecht wurde rasch aufgehoben, so daß ein Widerpart für die obrigkeitlichen Entscheidungen zunächst fehlte – ein wesentlicher Unterschied zu Württemberg. In den Anfängen des Landes wirkte sich dies allerdings eher positiv aus: Die Regierung, fest entschlossen zu Reformschritten, die für Stabilität und Wohlstand in dem entstehenden Staat sorgen sollten, mußte sich keinen zeitraubenden Prozeduren der Willensbildung unterziehen, sondern konnte ihr Konzept verhältnismäßig rasch durchsetzen. Sie tat das mit Augenmaß.

Die »Kernlande« – um diesen Begriff der altbadischen Propaganda noch einmal aufzunehmen – bildeten weder in geographischer Hinsicht einen Kern, um den herum das Land wachsen konnte, noch waren sie nach Größe und Bedeutung anderen Gebieten klar überlegen. Auch die Hauptstadt, das erst Anfang des 18. Jahrhunderts gegründete

Karlsruhe, ragte nicht über andere große Städte im Land hinaus – im Gegenteil: Das pfälzische Mannheim hatte mehr Einwohner, blickte auf eine respektable Tradition als Festung, Handelsstadt und Residenz zurück, und Kurfürst Karl Theodor hatte die Stadt auch zu einem künstlerischen Mittelpunkt gemacht, sie allerdings später verlassen, um in München sein Erbe anzutreten.

Aus der Pfalz kam der Vorschlag, die badische Residenz nach Mannheim zu verlegen. Karl Friedrich lehnte ab, erkannte Mannheim aber den Rang einer zweiten Hauptstadt zu; und in gleicher Weise wurde Freiburg feierlich zur dritten Landeshauptstadt erklärt. Noch mehr Landeshauptstädte hätten diesen Titel vollends entwertet, aber auch Heidelberg, Pforzheim, Baden-Baden und Konstanz wurden durch verschiedene Verordnungen privilegiert. Dies war eines von vielen Zeichen dafür, daß altes Herkommen, alte Rechte und Vorrechte nach Möglichkeit respektiert werden sollten. Das zeigte sich auch an Einschränkungen des aus Frankreich

Das Residenzschloß des Großherzogs
von Baden in Karlsruhe von der Gartenseite.
Zeichnung von Peter Burlett.

übernommenen Rechts, des *Code civil;* so wurde die Teilbarkeit des Eigentums für geschlossene Hofgüter ausgeschlossen und damit die alte Agrarverfassung aufrechterhalten.

Auf der anderen Seite wurde schnell deutlich, daß nicht einfach ein Dach über den vorhandenen, sehr verschiedenartigen Strukturen gebaut werden konnte, daß eine effiziente Verwaltung vielmehr einen Ausgleich und eine weitgehende Vereinheitlichung voraussetzte. Freiherr von Reitzenstein orientierte sich dabei am französischen Vorbild und verwirklichte eine Einteilung in zunächst zehn, dann neun Kreise, die nach ihrer Einwohnerzahl und Fläche einigermaßen gleich waren. Man hat oft kritisiert, daß mit dieser Reißbrettkonstruktion verschiedentlich alte territoriale Zusammenhänge durchschnitten wurden; aber es ist nicht auszuschließen, daß mit der schematischen Einteilung alte Rivalitäten zum Teil auch neutralisiert und aus der Vergangenheit abgeleitete Sonderansprüche abgebogen wurden. Jedenfalls handelte es sich um eine moderne Gliederung – und eine moderne Gestaltung des Staatswesens war und blieb ein Leitprinzip. Liberale Tendenzen zielten in aller Regel auf Modernisierung; die später gebildete liberale Partei Badens verstand sich als Fortschrittspartei.

*Sigismund
von Reitzenstein*

Der Wiener Kongreß bestätigte Baden, das nach Napoleons Niederlage bei Leipzig die Fronten gewechselt hatte; die neu entstandenen Staaten sollten nach Auffassung Metternichs das Gleichgewicht in Mitteleuropa sichern. Nun war der Weg frei für die Verfassung, die von einer Regierungskommission ausgearbeitet und vom Großherzog erlassen wurde. Es war eine sehr moderne, sehr liberale Verfassung, die zwar die Souveränität des Herrschers nicht in Frage stellte,

aber individuelle Grundrechte garantierte und dem Großherzog zwei Kammern an die Seite stellte – eine Art Oberhaus, in dem aber neben den Adligen auch Vertreter der
Kirchen, der Universitäten und später der großen Städte
saßen, und ein gewähltes Parlament. Die Staatsform wurde
als konstitutionelle Monarchie bezeichnet, wobei der Landtag in der Praxis durchaus eigene Positionen vertrat und
auch durchsetzte. Der größte Teil der Abgeordneten kam aus
dem öffentlichen Dienst; aber auch sie nickten Regierungs-
vorlagen nicht einfach ab und nahmen oft gegen den Großherzog Stellung – darin bewährte sich die liberale Grundhaltung.

Die »Bewegungspartei«, wie die Liberalen bald bezeichnet
wurden, konnte wichtige Stellen besetzen und
war über die praktische politische Arbeit
hinaus als geistige Kraft wirksam. Karl von
Rotteck und Carl Theodor Welcker,
beide Freiburger Professoren, vertraten
in ihrem »Staatslexikon«, aber auch
in Presseartikeln, liberale Positionen,
beeinträchtigt allerdings durch einzelne antisemitische Äußerungen. Aber im
Ganzen trugen sie doch zu einem Klima
bei, in dem freiheitliche Wendungen
der Politik ebenso möglich wurden wie
Maßnahmen zur Förderung der Industrie, des Handels und des Verkehrs. In
den heftiger werdenden Diskussionen

*Karl
von Rotteck*

um Wege zur nationalen deutschen Einheit vertraten die
badischen Liberalen überwiegend eine »linke« Position, auch
wenn die Vorstellungen nicht immer geradewegs auf eine
Republik zuliefen. Von Rotteck stammt das bis in die
Gegenwart hinein oft zitierte Wort, er wolle »lieber Freiheit
ohne Einheit als Einheit ohne Freiheit«.

Das Bild der Revolution von 1848 und 1849 hat sich in der

*Gustav von Struve (links) und
Friedrich Hecker, Führer der
badischen Aufständischen in der
Revolution von 1848/49.
Seite 127 ein Kästchen mit
dem Bildnis Heckers.*

– lange Zeit reaktionär geprägten – geschichtlichen Überlieferung festgesetzt als mehr oder weniger chaotischer außerparlamentarischer Aufstand und Umsturzversuch. Im Blick auf die Züge der Freischärler, die – was sich freilich erst hinterher so eindeutig sagen läßt – von vornherein zum Scheitern verurteilt waren, ist dieses Bild nicht ganz falsch. Aber die Radikalisierung vollzog sich zuerst im badischen Parlament, dem die beiden Mannheimer Friedrich Hecker und Gustav von Struve angehörten; beide forderten stärkere demokratische Elemente in der Verfassung mit dem Ziel einer Republik. Ihre Gruppe blieb allerdings auch unter den Liberalen in der Minderheit; die »Konstitutionellen«, von den Demokraten auch als »Halbe« beschimpft, wollten keinen Umsturz, und die Mobilisierung der Bevölkerung, von

der ein beachtlicher Teil mit den Revolutionszielen sympa-
thisierte, reichte nicht aus, um die Übermacht der in das
Land einmarschierten preußischen Armee zu brechen.

Doch die »halbliberale«, im Vergleich mit der Reaktion in
anderen Ländern immer noch fortschrittliche Haltung bestimmte auch nach dem Scheitern der Revolution die politische Arbeit. Schon 1852 erließ
der Großherzog eine Amnestie für die Radikalen, von denen sich allerdings manche ins
Ausland abgesetzt hatten. Hecker beispielsweise war an der Volkserhebung
von 1849, die auch vom badischen
Militär unterstützt wurde, schon nicht
mehr beteiligt; er war nach der Zer-
schlagung seiner Freischar in die Schweiz
geflohen und von dort nach Amerika ausgewandert.
Er blieb jedoch *die* Symbolgestalt für freiheitliche Ideen und
Ziele. Eine Ettlinger Wirtin stattete 1849 ihren kleinen Fron-
leichnamsaltar mit Bildern von Hecker und Struve aus.
Hecker-Porträts hingen in vielen Wohnstuben und schmück-
ten Gebrauchsgegenstände; Hecker-Lieder waren auch nach
dem Scheitern der Revolution zu hören; und der breitkrem-
pige Heckerhut demonstrierte lange freiheitliche Gesinnung,
die sich freilich durchaus mit konservativen Positionen verbinden konnte: Der dichtende Pfarrer Heinrich Hansjakob,
dessen Hauptanliegen die Verteidigung religiöser Traditionen
war, trat zeitlebens mit dem Heckerhut auf.

Als die eigentliche liberale Ära in Baden wird die über ein
halbes Jahrhundert andauernde Regierungszeit Friedrichs I.
von 1856 an betrachtet, in der die bisherige Opposition entscheidende Mitwirkungsrechte gewann. Im Zuge einer Auseinandersetzung mit der Regierung verlangte die Mehrheit
des Landtags, daß sie künftig direkt Einfluß auf die Regierungsbildung nehmen könne, und der Großherzog akzeptierte diese Forderung einer parlamentarischen Form der

Monarchie. In Baden sah man darin auch einen Vorgriff auf einen liberal verfaßten deutschen Bundesstaat, der allerdings nicht zustande kam; im Verlauf der 1860er Jahre neigte Baden mehr und mehr der preußischen Lösung einer kleindeutschen Monarchie zu. Die Initiativen und Verwicklungen in der Reichspolitik können hier nicht detailliert behandelt werden.

Was die Kennzeichnung als liberale Ära legitimierte, waren vor allem zahlreiche Reformen im Innern, die gegen Ende des Jahrhunderts meist von den Sozialdemokraten mitgetragen wurden und denen sich auch das Zentrum nur teilweise widersetzte. Eine neue Verwaltungseinteilung wurde geschaffen, welche die Entscheidungsinstanzen näher an die Bürgerschaft heranrückte. Die Bürgerrechte gegenüber den staatlichen Behörden wurden erweitert. Israeliten erhielten 1862 die vollen Bürgerrechte und übten in der Folge auch in politischen Gremien einen großen Einfluß aus. Handel, Gewerbe und Industrie wurden weiter gefördert, die Gründung landwirtschaftlicher Genossenschaften wurde unterstützt. Das Wahlrecht wurde erweitert, blieb freilich nach wie vor den Männern vorbehalten, und sowohl die Wahlen zum Landtag wie die der Bürgermeister erfolgten weiterhin indirekt über Wahlausschüsse.

Solche Einschränkungen verbieten es, das liberale Baden unkritisch und ohne jeden Abstrich als Musterland zu loben, auch wenn das Erreichte grundsätzlich am Maßstab des historisch Erreichbaren gemessen werden muß. Baden hatte viel erreicht, nicht nur unter dem Aspekt wirtschaftlichen Wohlstands, sondern auch unter dem der Humanisierung gesellschaftlicher Verhältnisse. Aber unter diesem Aspekt ist auch nach den Kosten der Liberalisierung zu fragen, ist also die Erfolgsbilanz kritisch zu überprüfen. Dabei fällt nicht so sehr ins Gewicht, daß es immer wieder Einbrüche gab: Die von Metternich eingeleiteten Maßnahmen der Zensur und Überwachung griffen auch in Baden – schließlich war hier,

in Mannheim, der Mord an dem Autor August von Kotze-
bue geschehen, der die restaurativen Schritte auslöste. Auch
in den dreißiger Jahren des 19. Jahrhunderts gab es, großenteils von außen angestoßen, Entlassungen und scharfe Zen-
surmaßnahmen, und auch nach den Revolutionsjahren Mitte
des Jahrhunderts war die Regierung nicht wählerisch in
ihren Mitteln, die Ordnung wiederherzustellen. Aber aufs
Ganze gesehen waren dies doch nur Verzögerungen des
Liberalisierungsprozesses, die meist nicht sehr lange anhiel-
ten.

Wichtiger war, daß in den liberalen Konsens von Regierung und Parlamentsmehrheit eben doch nicht alle eingebunden waren, ja, daß ein großer Teil der Bevölkerung zwar
die wirtschaftlichen Fördermaßnahmen gerne akzeptierte,
andere Eingriffe aber bestenfalls widerspenstig hinnahm.
Dies gilt insbesondere für die Auswirkungen des sogenannten Kulturkampfs. Dieser Begriff stammt aus den preußischen Debatten der siebziger Jahre; als einen »Kampf für die
Kultur« hatte dort der Arzt Rudolf Virchow 1873 die Auseinandersetzung mit den vorherrschenden katholischen Strö-
mungen bezeichnet. Es war eine Wendung gegen den Ultra-
montanismus, also dagegen, daß die katholische Kirche sich
mehr und mehr aus den Bedingungen des Staatsverbands
löste und den Weisungen von »jenseits der Berge«, aus Rom,
folgte. In Baden hatte der Kulturkampf eingesetzt, noch ehe
es dieses Schlagwort gab.

In den sechziger Jahren gehörte zu den wichtigsten liberalen Zielen die Erneuerung der Bildungsarbeit von Grund
auf, also schon in der Volksschule. Im Gegensatz zur bisherigen Praxis sollte sie auf weltliche Aufgaben vorbereiten; der
konfessionelle Einfluß sollte vermindert und die Theologen
sollten selbst ein Stück weit auf die Schiene weltlicher Bildung geschoben werden: Für sie wurde ein »Kulturexamen«
vorgeschrieben, das unter anderem Kenntnisse in Philosophie und Weltgeschichte, deutscher Literatur und Kirchen-

recht forderte und das Voraussetzung für kirchliche Ämter sein sollte.

Dies war der Auslöser für den offenen Konflikt. Der Freiburger Erzbischof untersagte die Teilnahme an dem Examen, und die Theologen hielten sich an seine Weisung. Die staatliche Forderung konnte nicht durchgesetzt werden; aber die Auseinandersetzung ging weiter und endete mindestens in einem Punkt mit einem nachhaltigen Ergebnis: Die Simultanschule, also der gemeinsame Unterricht evangelischer und katholischer Kinder, wurde schon 1868 von einer kleinen Zahl von Gemeinden freiwillig eingeführt und trat 1876 in ganz Baden endgültig an die Stelle der Konfessionsschule.

Diese Schulreform sicherte dem Land einen Modernitätsvorsprung gegenüber den meisten anderen deutschen Staaten. Daß die Simultanschule im Lauf der Zeit in Baden allgemein akzeptiert wurde, wird daraus deutlich, daß die sehr stark katholisch ausgerichtete altbadische Propaganda unter Leo Wohleb ihre Abschaffung nicht in ihr Programm aufnahm.

Aber bei der katholischen Bevölkerung gab es doch erhebliche Reserven gegenüber den liberalen Tendenzen. Es ist zwar richtig, daß das liberale Klima auch die Katholiken nicht unberührt ließ; es gab unter ihnen aktive Liberale, und es gab vor allem, bis in den Klerus hinein, eine gewisse Aufgeschlossenheit für die Ausweitung der politischen Teilnahme des Volks – Hansjakobs Heckerhut mag hier noch einmal erwähnt werden. Aber im ganzen war die liberale Bewegung in Baden eine protestantische Bewegung, und das heißt im Klartext, daß sie eine Art Zweidrittelgesellschaft schuf: Aus dem protestantischen Drittel kamen nicht nur die liberalen Anstöße, es sorgte weithin auch für die Verwirklichung; die Katholiken, die mit zwei Dritteln die Bevölkerungsmehrheit bildeten, hatten trotzdem einen sehr viel geringeren Einfluß.

Die Weichen für diese Machtverteilung waren schon vor

und mit der Entstehung des Großherzogtums gestellt. Die Amtsleute in den Residenzen und auch der größte Teil der Bewohner der großen Städte – von Freiburg und Konstanz abgesehen – waren Protestanten, während die katholische Bevölkerung weithin auf die naturgemäß rückständigeren ländlichen Gebiete konzentriert war.

Als Großherzog Friedrich I. im Herbst 1907 starb, gab es respektvolle Nachrufe auch in sozialdemokratischen Blättern, und auch die Katholiken trauerten. Aber die Verehrung des regierenden Haupts, das gewissermaßen über den Tagesproblemen und -geschäften stand, ließ sich durchaus vereinbaren mit Skepsis gegenüber der Regierung und dem ganzen staatlichen Apparat; und es fragt sich, ob diese Skepsis nicht sehr lange nachwirkte. Wenn in der Wahlentscheidung über den Südweststaat in den katholischen Teilen Badens die Nein-Stimmen deutlich überwogen, dann war dies möglicherweise nicht nur eine Wendung gegen Württemberg, sondern Ausdruck des Mißtrauens gegen jede Form zentraler Steuerung – ein Motiv, das auch die regionalistischen Aktivitäten um 1970 bestimmte.

Jedenfalls lassen sich *die* Badener nicht einfach *dem* Liberalismus zuordnen. Der Rechtshistoriker Karl Siegfried Bader, dem wir einige der klarsten Studien zur Geschichte Südwestdeutschlands verdanken, formulierte im Blick auf die badische Vergangenheit, das Volk sei liberal gewesen, liberaler die Regierung, am liberalsten der Großherzog. Die Betonung des Liberalen war stets auch ein Stück Stilisierung, war Imagepflege, die aber wohl nicht nur auf das Selbstverständnis der Badener, sondern auch auf ihre Haltung zurückwirkte. Die Badener neigen unter anderem auch deshalb zur Liberalität, weil sie sich als liberal definierten und definieren.

Gegenüber der pauschalen Ausschmückung mit dem Liberalitätsetikett ist aber nicht nur die gewissermaßen quantitative Einschränkung zu machen, daß die große Zahl der Katholiken nicht ohne weiteres einbezogen werden kann; es ist auch zu fragen, welche Qualität mit der (Selbst-)Definition liberal verbunden ist. Die einseitige Rekrutierung der Beamtenschaft und deren gesicherte Stellung dürfte mit dazu beigetragen haben, daß sich bei ihr, aber auch allgemein in den gehobenen Rängen der Bürgerschaft eine selbstzufriedene, bequeme Lebenshaltung ausbreitete. Der kraftvoll ausschreitende Liberalismus ist verschwistert mit dem Lebensstil, dem man später die Bezeichnung Biedermeier verpaßte – ein Begriff, der aus Baden stammt.

Anfang des 19. Jahrhunderts lebte in der Nähe von Bretten der Lehrer Samuel Friedrich Sauter, dessen naive Gedichte – zum Teil in Vertonungen – außerordentlich populär wurden. Mitte des Jahrhunderts, nach Sauters Tod, fiel dem Landarzt Adolf Kußmaul ein Exemplar von Sauters Gesammelten Gedichten in die Hand. Er amüsierte sich über den unfreiwilligen Humor in den Gedichten und machte sie zusammen mit seinem Freund, dem jungen Juristen Ludwig Eichrodt, zur Grundlage einer neuen literarischen Unternehmung. In den »Fliegenden Blättern« und später in einem Sammelband veröffentlichten die beiden Gedichte, die angeblich von Gottlieb Biedermaier stammten, den sie übrigens als »Schulmeister in Schwaben« bezeichneten. Tatsächlich lagen die Gedichte Sauters zugrunde, die allerdings meist noch ins Komische gesteigert wurden, und rund die Hälfte ging ganz aufs Konto von Eichrodt und Kußmaul, die den Stil Sauters parodierten. Dazu gehören mit großer Wahrscheinlichkeit auch die oft zitierten Verse:

> *Ein Wetter steht grad über der Erd',*
> *Wenn's nur ins Württembergische fährt!*
> *Denn tut es sich bei uns entladen,*
> *So haben wir den Hagelschaden.*

Der Begriff Biedermeier – jetzt nicht mehr mit a geschrieben – wurde später auf den bürgerlichen Wohnstil bezogen, der sich damals entwickelte; in der Folge wurde er für die

Malerei der Zeit angewandt und schließlich auch für die Literatur, wobei als Vertreter nicht mehr der badische Dorfschulmeister, sondern Dichter wie Mörike, Gotthelf und Stifter figurierten.

Mit dem Stichwort Biedermeier verbinden sich Vorstellungen von Privatheit, Gemütlichkeit und einer Biederkeit, die keine allzu hohen geistigen Ansprüche stellt, für die Wohlbefinden aber ein zentraler Wert ist. Das ist sicher keine ausschließlich badische Besonderheit; aber es paßt nicht schlecht zur Lebensart der »besseren« städtischen Gesellschaft in der liberalen Ära Badens. Willy Hellpach erlebte das Ende dieser Ära; er fand den Liberalismus »angestaubt«. Bei den mittleren Beamten fehle zwar der sonst übliche »kurzschnäuzige Feldwebelton« völlig; aber es herrsche doch eine zugeknöpfte Bürokratie. In den Bildungsschichten ließen sich »biedermeierliche Enge und Spießigkeit« mit viel »Intoleranz im kleinen« beobachten, aber auch »eine freigeistige Atmosphäre« mit einem starken musischen Einschlag. Hellpachs Resümee: »Baden war in vierzig Jahren ein liberal-honoratiores Land geworden«. Das ist vom Zuschnitt der württembergischen Mentalität wahrscheinlich nicht so weit weg, wie die Badener glauben.

Das konservative Königreich

Im Jahr 1987 wurde in Stuttgart eine große Ausstellung »Baden und Württemberg im Zeitalter Napoleons« gezeigt. Das Titelbild für Katalog und Plakat war aus zwei berühmten Ölgemälden komponiert: dem Bild des Pariser Malers Gérard von Kaiser Napoleon und dem Bild des Stuttgarter Hofmalers Johann Baptist Seele vom ersten württembergischen König. In der Bildmontage erhebt sich Napoleon, der in Wirklichkeit eher kleinwüchsig war, überlebensgroß hinter Friedrich I., den er mit seinem Hermelinmantel einrahmt und den er nicht gerade als Marionette, aber doch als kleinere Spielfigur vor sich hat.

Die Aussage war korrekt: Wie das Großherzogtum Baden ist auch das Königreich Württemberg eine Schöpfung von Napoleons Gnaden. Das Herzogtum Württemberg büßte durch die Revolutionskriege die Grafschaft Mömpelgard (Montbéliard) und kleine Besitzungen im Elsaß ein; dafür wurde ihm von Frankreich ein Ausgleich zugesagt, und außerdem honorierte Napoleon mit dem beträchtlichen Gebietszuwachs und mit der Königswürde die Unterstützung durch württembergische Truppen. Als Napoleon 1813 entscheidend geschlagen war, schaute der württembergische König dumm aus der Wäsche (Karikaturisten stellten das respektlos und spöttisch dar); aber ebenso wie der badische Herrscher bekam er mit dem Wechsel der Fronten eben noch die Kurve. Sein Ziel, das Land bis zum Rhein auszudehnen und möglichst ganz Baden zu schlucken, konnte er nicht erreichen; aber der Bestand des neuen Königreichs wurde auf dem Wiener Kongreß garantiert.

Wäre die Bildmontage damals entstanden, so hätte König Friedrich ihren Schöpfer höchstwahrscheinlich auf den Hohenasperg geschickt, der auch Anfang des 19. Jahrhunderts republikanisch gesinnte Württemberger und andere politische Gefangene beherbergte. Friedrichs Machtgefühl war von keinen Zweifeln angekränkelt. Er sonnte sich in der neuen Würde; sein Hofmaler mußte sich am Porträt des französischen Kaisers orientieren: Wie dieser präsentiert sich auch Württembergs König im Krönungsornat, und der weite Mantel bedeckt wenigstens halb den stattlichen Bauch des »dicken Friedrich«, der die majestätische Attitüde etwas beeinträchtigt. Ohne alle Skrupel vereinnahmte der württembergische Herrscher die Gebiete, die ihm nacheinander zufielen: 19 Reichsstädte und ihre – teils winzigen, teils aber auch großen – Territorien, Fürstentümer und Grafschaften, die vorderösterreichischen Landvogteien, geistliche und ritterschaftliche Besitzungen. Im Gegensatz zu den Verhältnissen im neu entstehenden Großherzogtum Baden war das Machtgefälle in Württemberg eindeutig. Das alte Württem-

Die Festung Hohenasperg. Innenansicht um 1830.

berg war nach seiner geographischen Lage, nach der Größe, aber auch nach seiner Kraft und Stabilität tatsächlich das Kernland des neuen Staatsgebildes. Schon lange vor jener Umbruchzeit stand die herausgehobene Stellung des Herzogtums außer Zweifel. Der Herzog von Württemberg hatte den größten Einfluß im Schwäbischen Kreis; und wenn beispielsweise Karl Eugen durch die Lande reiste, so traten ihm die Herren kleinerer Territorien nicht als ebenbürtig gegenüber, sondern huldigten dem Herzog im feierlichen Ritual. Im Herzogtum Württemberg hatte sich aber auch eine selbstbewußte staatliche Führungsschicht und ein ausgeprägter Beamtenapparat herausgebildet; schon in der ersten Hälfte des 18. Jahrhunderts war vom »Reich der Pharisäer und Schreiber« die Rede.

Dies waren zumindest graduell andere Voraussetzungen als in Baden, und dementsprechend vollzog sich auch die Bil-

Die neuwürttembergische Stadt Ellwangen.
Fronleichnamsprozession vor der Stiftskirche.

dung des neuen Landes anders. Der absolute Herrscher verband die ungetrübte Überzeugung, daß er »von Gottes Gnaden« regiere, mit nüchternen Kalkulationen zur Machterweiterung; und die ihm unterstellten Amtspersonen ließen die neugewonnenen Untertanen die Überlegenheit spüren. Die Aneignung »Neuwürttembergs« war – auch in ihrer äußeren Form – weithin eine Eroberung. In die Reichsstadt Rottweil wurden durch herzogliches Dekret »zwanzig Pferde und drei Compagnien« beordert, nach Ellwangen »vierzig Pferde und drei Compagnien«, nach Gmünd und Zwiefalten je »eine Compagnie«, nach Weil der Stadt »vierzig Mann«, und so weiter. Außerdem wurden in den Jahren bis 1810 die Erwerbungen immer wieder hin- und hergestoßen, getauscht, verkauft, gekauft und besetzt. Auch wo kein Militär aufzog, sondern nur beamtete Vertreter der Regierung, traten diese auf wie Stabsoffiziere und verlangten beispielsweise von den Klosterherren die Auslieferung wertvollen Klosterguts und demütigende Unterwerfungsgesten, die allerdings nicht immer geleistet wurden.

Eine ausführliche Darstellung der Umstände und des Ablaufs der Übernahme Neuwürttembergs erarbeitete Matthias Erzberger. Sein Name erinnert in erster Linie an einen niederträchtigen Mord; Erzberger hatte am Ende des Ersten Weltkriegs das Waffenstillstandsabkommen unterzeichnet und war für die Annahme des Friedensvertrags eingetreten – deshalb wurde er von Angehörigen eines rechtsradikalen Verbands, zwei ehemaligen Offizieren, während eines Sonntagsspaziergangs liquidiert. Von Erzbergers vielfältiger Tätigkeit im Reichstag und in der Reichsregierung ist seltener, von seinem Engagement in der württembergischen Politik fast nie die Rede. Zu diesem Engagement gehörte seine 1902 veröffentlichte Dokumentation »Die Säkularisation in Württemberg von 1802 bis 1810. Ihr Verlauf und ihre Nachwirkungen«. Der Hinweis darauf, daß man in der Stuttgarter Residenz von den beschlagnahmten Klosterschätzen reichlich profitiert hatte, war ein indirektes Plädoyer für eine intensivere Unterstützung des oberschwäbischen Gebiets. Erzberger war in Buttenhausen auf der Alb aufgewachsen, einem Dorf, in dem Evangelische und Israeliten ungefähr den gleichen Anteil an der Bevölkerung stellten, während die Katholiken eine verschwindende Minderheit waren – zu ihr gehörte Erzbergers Familie. Dies war einerseits eine Schulung in Toleranz für ihn, lenkte seine Aufmerksamkeit aber auch auf alle Akte der Benachteiligung von Katholiken. Damit mag es zusammenhängen, daß er sich mit einiger Verbissenheit auf die negativen Seiten der Entstehung des Königreichs Württemberg stürzte.

Es war aber auch eine Reaktion darauf, daß diese Seiten in den meisten Geschichtsdarstellungen ausgeblendet blieben. Die vom »Königlich statistisch-topographischen Bureau« in Stuttgart herausgegebene, zwischen 1882 und 1886 erschienene »Beschreibung des Königreichs Württemberg« beläßt es bei der lakonischen Feststellung, daß »das Kirchengut eingezogen« wurde, und konstatiert ganz allgemein: »Bei der Notwendigkeit, die großen Verschiedenheiten zwischen den nunmehr vereinigten Landesteilen zu einer Ausgleichung zu bringen, war vorübergehend eine Diktatur nicht zu vermeiden«. Tatsächlich suchte Friedrich die Einheit des neuen Staats in einem Wurf herzustellen und setzte in wenigen Jahren eine neue Verwaltungseinteilung, aber auch die zentrale Steuerung der Rechtsprechung und des Schulwesens durch. Während der badische Großherzog den größten der früheren Territorialherren wesentliche Kompetenzen der Rechtsprechung beließ, nahm der württembergische Herrscher solche Rücksichten nicht; wo alte Rechte des Adels oder der Stände der Vereinheitlichung des Staatsapparats entgegenstanden, wurden sie ignoriert.

In seinem Bestreben, dem Land nach der ersten Konsolidierungsphase möglichst rasch eine Verfassung zu geben, stand der König allerdings vor einer schwierigeren Aufgabe. Friedrich I. bot dem württembergischen Volk eine Verfassung an, die in ihren Grundzügen ebenso wie die badische als liberal bezeichnet werden konnte. Er scheiterte aber am Anspruch der Stände, an der Ausarbeitung der Verfassung selbst mitzuwirken. Im Gegensatz zur badischen Markgrafschaft gab es im alten Württemberg eine beachtliche ständische – man kann, wenn man den Begriff nicht streng nach heutigen Maßstäben definiert, auch sagen: demokratische – Tradition. Schon zu Zeiten der Grafschaft Württemberg mußten die württembergischen Herren wichtige Entscheidungen mit Vertretern der Städte und Dörfer abstimmen; und in den Anfängen des Herzogtums machten die Aufstände der »gemeinen Mannen« im Land den Regenten geneigt, die Mitwirkung der Landstände auch förmlich festzuschreiben. Im Tübinger Vertrag von 1514 wurde den ständischen Vertretern eine Art Vetorecht eingeräumt in Fragen der äußeren Politik, aber auch in Entscheidungen über Steuern und Schulden; außerdem wurden in dem Vertrag persönliche Freiheiten wie der Anspruch auf Freizügigkeit und ordentliche Gerichtsverfahren verbrieft.

Die Vereinbarung wurde nicht zu allen Zeiten und in allen Punkten respektiert; noch unter den Vorgängern von Friedrich wanderten aufsässige oder auch nur unliebsame Untertanen (wie etwa Schubart) ohne jede gerichtliche Überprüfung für Jahre ins Gefängnis. Aber die demokratischen Rechte standen auch nicht nur auf dem Papier. Vor allem gegen höfischen Luxus wandten sich die Landstände, verhinderten die Aufnahme von Schulden und verweigerten beispielsweise eine Abfindung, die Eberhard Ludwig, der prachtliebende Gründer Ludwigsburgs, seiner Mätresse Wilhelmine von Grävenitz zukommen lassen wollte. Der Herzog hatte mit ihr die Trauung vollzogen, ohne von seiner ersten Frau geschieden zu sein. Nach der Überlieferung habe die Grävenitz verlangt, ins Kirchengebet eingeschlossen zu werden; der Prälat Osiander habe daraufhin gesagt, dies sei schon der Fall, weil man im Vaterunser um Erlösung von dem Übel bitte. Es ist unwahrscheinlich, daß der Kirchenmann tatsächlich so reagierte – aber daß sich diese Anekdote bildete und hielt, bezeugt den sicheren Stand der Beteiligung an staatlichen Entscheidungen und die Opposition gegen Alleingänge des Herrschers.

Das demokratische Element zeigte sich aber nicht nur in den größeren, aufs ganze Land gerichteten Entscheidungen, sondern auch im unmittelbaren Umkreis der Bevölkerung. Württemberg war in eine Vielzahl kleiner Ämter – fünfmal so viele wie in den badischen Markgrafschaften – unterteilt, in denen sich Formen der Selbstverwaltung herausgebildet hatten; die Amtsversammlungen entsandten Vertreter in den Landtag. Und auch in den Gemeinden gab es Mitwirkungsmöglichkeiten; so waren die Gemeinden vielfach an der Bestellung des Schultheißen beteiligt. Der Schultheiß (die Bezeichnung hat sich in dem schwäbischen Ausdruck für den Bürgermeister, Schultes, erhalten) stand der Gemeinde vor; ihn unterstützte – und kontrollierte bis zu einem gewissen Grad – ein Gemeinderat, und bei wichtigen Entscheidungen konnte er eine Gemeindeversammlung einberufen.

Alle derartigen Rechte waren in den Anfangsjahren des neuen Landes weitestgehend außer Kraft gesetzt. Um so dringlicher wurden sie in den Verfassungskämpfen eingefordert. Überwiegend galten diese Kämpfe aber weniger den sachlichen Bestimmungen des Verfassungsentwurfs, obwohl dazu verschiedene Änderungen vorgeschlagen wurden – es ging vor allem um die Art und Weise der Einführung des Verfassungswerks. Das »alte gute Recht«, das Uhland in seinen »Vaterländischen Gedichten« beschwor, sollte nicht nur in den Regelungen selbst bewahrt werden, es sollte auch zum Ausdruck kommen, daß die Verfassung als ein zwischen dem Herrscher und dem Volk ausgehandelter Vertrag verstanden wurde. Der Verfassungsentwurf König Wilhelms I., der 1816 die Regierung übernommen hatte, wurde deshalb abgelehnt; der König beugte sich der Forderung, die Entwürfe wurden von einer Kommission aus Regierung und Ständen überarbeitet und in der neuen Fassung im Herbst 1819 auch von der Ständeversammlung akzeptiert.

Die Haltung der ›Altrechtler‹ war nicht unumstritten. Der in Berlin Philosophie lehrende Hegel griff sie während der Verfassungskämpfe in einem Aufsatz an; und auch manche von Uhlands engsten Freunden vertraten eine andere Auffassung als er. Zwischen Justinus Kerner und Uhland kam es deshalb zu einer längeren Entzweiung. Auch in der späteren Würdigung der Vorgänge gingen die Ansichten auseinander; Einigkeit besteht darin, daß der Entwurf der Regierung moderner war als der ängstlich auf die alten Rechte blickende, der schließlich angenommen wurde. Mit einer gewissen Zuspitzung könnte man sagen, daß auch in Württemberg der Regent am liberalsten war. Um die Einstellung der opponierenden Ständevertreter zu erklären, wurde häufig mit dem »schwäbischen Volkscharakter« operiert. Wenn man dies etwas präziser und vorsichtiger als Denkweise faßt, die

Ludwig Uhland, Gustav Schwab und Justinus Kerner (von rechts) in Weinsberg (Steindruck von Breitschwert).

sich in Altwürttemberg herausgebildet hatte, ist das vermutlich nicht ganz falsch. Schon in der Zeit des Herzogtums legten die »Altgebräuchler« die Bremse ein, wenn Veränderungen anstanden. »Ihro Durchlaucht, nur nichts Neues!« soll ein Prälat zu Herzog Karl Eugen gesagt haben. Jedenfalls galt auch noch im 19. Jahrhundert für viele, daß über lange Zeit Bewahrtes und Bewährtes nicht ohne Not aufgegeben werden dürfe; pragmatisches, an aktuellen Zweckmäßigkeiten orientiertes Denken galt ihnen als verwerflich, Entscheidungen hatten Prinzipien zu folgen.

Diese konservative Grundhaltung wird oft mit dem erklärenden Etikett »pietistisch« versehen. Der Einfluß des Pietismus in und auf Württemberg darf nicht unterschätzt werden. Im 18. Jahrhundert kam diese religiöse Erweckungsbewegung ins Land und gewann viele Anhänger; die naive Ausdeutung aller kleinen und großen Weltprobleme aus dem gefügigen Text der Bibel trug ebenso zur Attraktion bei wie die Forderung und Aufwertung eines strengen Lebenswandels. Mitte des Jahrhunderts erklärte ein herzogliches Generalreskript, daß neben den kirchlichen Gottesdiensten auch Hausandachten erlaubt seien; damit war die außerkirchliche Erbauungsstunde ausdrücklich legitimiert. Nun gab es nicht in jeder Gemeinde praktizierende »Stundenleute«, und insgesamt lag der Anteil der Pietisten an der Bevölkerung wohl unter zehn Prozent. Aber in bezug auf die altwürttembergischen Verhältnisse muß der Blick weiter zurück und über den engeren Horizont des Pietismus hinaus gelenkt werden. Seit der Reformation war die evangelische Landeskirche eng mit dem Staat verbunden; evangelische Theologen waren die wichtigsten Ratgeber der Fürsten, vielfach aber auch die wichtigsten Vertreter der Stände. Noch während des Dreißigjährigen Kriegs war durch Johann Valentin Andreä der Kirchenkonvent eingerichtet worden. In dieser Institution, die sich rasch im Land ausbreitete, wurden von einem kleinen Kreis um Pfarrer und Schultheiß alle Verfehlungen behandelt und abgestraft, die stärker in den Bereich der Moral als des Rechts gehörten. Die allgegenwärtige Kontrolle erzeugte ein Klima des Mißtrauens; die Gemeindeangehörigen waren nicht nur insofern einbezogen, als viele der vom Konvent ausgesprochenen Strafen öffentlich vollzogen wurden, sondern auch dadurch, daß mit ihrer aktiven Unterstützung gerechnet wurde. Berüchtigt ist der sogenannte Übelhauser-Erlaß von 1781, der sich gegen Bauern richtete, die schlecht wirtschafteten, also »übel hausten« – sie sollten enteignet und zum Militärdienst gezwungen werden; diejenigen aber, die sie zur Meldung brachten, sollten mit einem Drittel der Strafgebühr belohnt werden.

In den ersten Jahrzehnten des Königreichs registrierte Friedrich Theodor Vischer eine »wachsende Wut des Pietismus«, die er damit in Zusammenhang brachte, daß auch die »Freiheit des Geistes auf der anderen Seite« gewachsen war. Sein leidenschaftlicher und scharfer Angriff gegen den »geschmacklosen, aberwitzigen« Pietismus zeigt aber, wie sehr dieser immer noch das gesellschaftliche Leben prägte. Die Kinder wurden durch Geschichten von Gottes wunderbaren Wegen, die Erwachsenen durch Traktate an pietistische Frömmigkeit herangeführt, und wo eine ausgeprägt pietistische Wegweisung fehlte, galten jedenfalls die Grundsätze einer sehr strengen christlichen Erziehung. In Württemberg gab es kein »Kulturexamen« für Theologen; eher hätte man von einem »Theologieexamen« für alle kulturell Tätigen sprechen können. Der Unterricht an höheren Lehranstalten wurde bis weit in die zweite Hälfte des 19. Jahrhunderts hinein so gut wie ausschließlich von Theologen bestritten; und selbst die philologischen Professuren an der Tübinger Universität waren größtenteils von Theologen besetzt.

Im distanzierten kulturhistorischen Rückblick werden die Pietisten oft durch extreme und besonders kuriose Äußerungsformen charakterisiert. So wird etwa auf die Auswanderung einer geschlossenen Sondergruppe nach Amerika hingewiesen, wo das wahre Christentum verwirklicht werden sollte, wo aber für den Bestand der Gruppe erhebliche Schwierigkeiten auftauchten, weil der Anführer alle fleischlichen Begierden und damit auch die Fortpflanzung zur Sünde erklärte. Oder es werden die – gut bezeugten – Äußerungen von Pietisten erwähnt, die sich gegen jedes weltliche Vergnügen wandten: Eine Mutter verabschiedet ihren Sohn, der sich auf die Wanderschaft begibt, mit der Bemerkung, sie bitte Gott, daß er beim ersten Tanz, zu dem er sich verleiten lasse, den Fuß breche. Ein pietistischer Unternehmer zählt in einer Dienstordnung für seine Arbeiter auf, was Unglück bringt: Müßiggang und Lotterien, Unkeuschheit, scharfe Gewürze und scharfer Essig, heiß essen und heiß trinken, Anwendung von Giften, Wirtshausbesuche und – nicht zuletzt – »Theaterleben«. In der »Stunde« wurde von den beiden Mädchen erzählt, die sich zu einem Besuch des Opernhauses verleiten ließen; auf dem Weg aber begegnete ihnen ein bekannter Prälat, und er brauchte nur zu fragen: »Kinder, seid ihr auch auf dem rechten Wege?« – schon kehrten sie um und schämten sich über ihre Theaterlust.

Was hier zur Kenntlichkeit entstellt ist, prägte in abgeschwächter Form aber das ganze gesellschaftliche Leben. Das Anwachsen der Bevölkerung bewies zwar, daß sich die Fortpflanzung nicht völlig verbannen ließ; aber alle Beobachter bescheinigten den Württembergern und Württembergerinnen ein Ausmaß an Prüderie und Gehemmtheit, das im Gegensatz stand zur badischen Liberalität auch in diesen Dingen – zumindest was die urbanen Regionen des Landes anlangte. In Württemberg konnte sich Urbanität nur sehr schwer entfalten. Am Beispiel des Theaters ließe sich das nachweisen: Die ersten württembergischen Könige legten Wert darauf, nicht das höfisch-exklusive Theaterwesen fortzuführen, sondern das Stuttgarter Hoftheater nun auch zu öffnen für ein breites Publikum. Aber der Andrang hielt sich in Grenzen; oft wurden die Vorstellungen nur dadurch einigermaßen gefüllt, daß man sehr großzügig Freikarten vergab. In den siebziger Jahren urteilte der Intendant des Theaters, das Stuttgarter Publikum vergesse nie, daß ihm etwas vorgemacht werde, daß also das Theater nur Schein sei. Man könnte hinzufügen: potenzierter Schein, denn zumindest

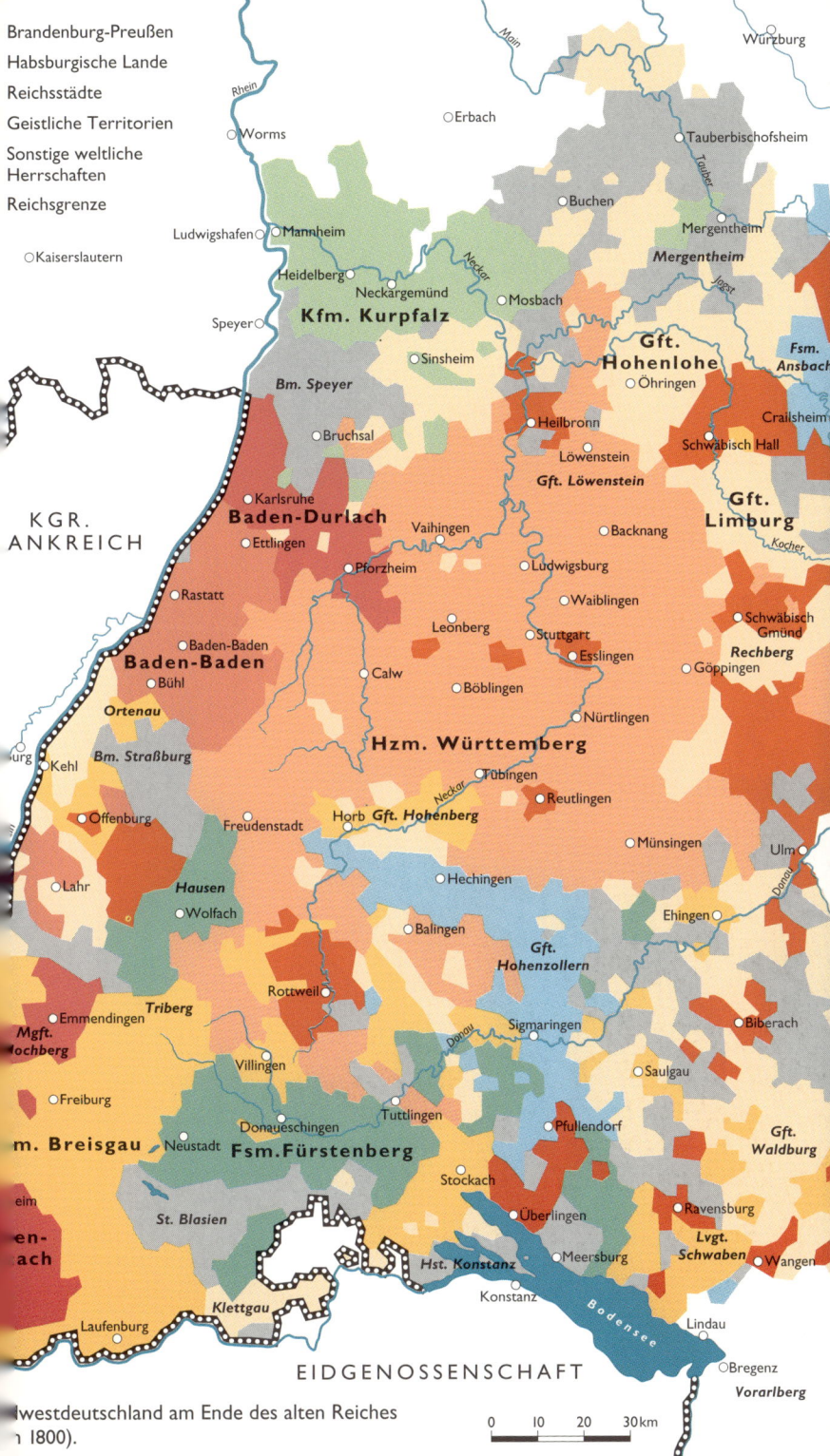

Brandenburg-Preußen

Habsburgische Lande

Reichsstädte

Geistliche Territorien

Sonstige weltliche Herrschaften

Reichsgrenze

Würzburg

Worms

Erbach

Tauberbischofsheim

Ludwigshafen Mannheim

Buchen

Mergentheim

Mergentheim

Heidelberg

Neckargemünd

Kfm. Kurpfalz

Speyer

Mosbach

Sinsheim

**Gft.
Hohenlohe**

*Fsm.
Ansbach*

Bm. Speyer

Öhringen

Crailsheim

Bruchsal

Heilbronn

Schwäbisch Hall

Kaiserslautern

**K G R .
A N K R E I C H**

Karlsruhe

Baden-Durlach

Ettlingen

Löwenstein

Gft. Löwenstein

**Gft.
Limburg**

Vaihingen

Backnang

Kocher

Rastatt

Pforzheim

Ludwigsburg

Waiblingen

Baden-Baden

Leonberg

Stuttgart

Esslingen

Schwäbisch
Gmünd

Baden-Baden

Bühl

Calw

Böblingen

Göppingen

Rechberg

Ortenau

Nürtlingen

Bm. Straßburg

Kehl

Hzm. Württemberg

Nürtlingen

urg

Tübingen

Offenburg

Freudenstadt

Horb **Gft. Hohenberg**

Reutlingen

Neckar

Münsingen

Ulm

Hausen

Lahr

Hechingen

Donau

Wolfach

Balingen

**Gft.
Hohenzollern**

Ehingen

Triberg

Emmendingen

Rottweil

Sigmaringen

Biberach

**Mgft.
ochberg**

Villingen

Donau

Saulgau

Freiburg

Neustadt

Donaueschingen

Tuttlingen

**Gft.
Waldburg**

m. Breisgau

Fsm. Fürstenberg

Pfullendorf

Stockach

St. Blasien

Überlingen

Ravensburg

en-

ach

Klettgau

Hst. Konstanz

Meersburg

*Lvgt.
Schwaben*

Wangen

Laufenburg

Konstanz

Bodensee

Lindau

Bregenz

EIDGENOSSENSCHAFT

Vorarlberg

lwestdeutschland am Ende des alten Reiches
n 1800).

0   10   20   30 km

Blick in das 1739-1765 entstandene Münster von Zwiefalten.

Gekrönte Häupter:
König Wilhelm I.
(1781-1864) und Königin
Katharina (1788-1819)
von Württemberg; oben
Großherzog Friedrich I.
(1826-1907) und
Großherzogin Luise
(1838-1923) von Baden.

Pietismus pur: »Der breite und der schmale Weg«.
Die um 1860 entworfene Darstellung der Stuttgarter Künstlerin
Charlotte Reihlen fand als kolorierte Lithographie weite Verbreitung.

*Stephanie Beauharnais (1789-1860)
wurde 1806 von Napoleon adoptiert
und mit dem badischen Erbprinzen
Karl (1786-1818) verheiratet.*

*Von Napoleons Gnaden: König Friedrich
von Württemberg (1754-1816). Plakat zur Landesausstellung
»Baden und Württemberg im Zeitalter Napoleons«, 1987.*

Der Stuttgarter Schloßplatz.
Lithographie von Zimmermann nach Christian Abele (1863).

Festzug der Württemberger zum
25jährigen Regierungsjubiläum
König Wilhelms I.
am 28. September 1841
(Ausschnitte).

Ministerpräsident Erwin Teufel beim Trachtendefilee
auf den Heimattagen Baden-Württemberg.

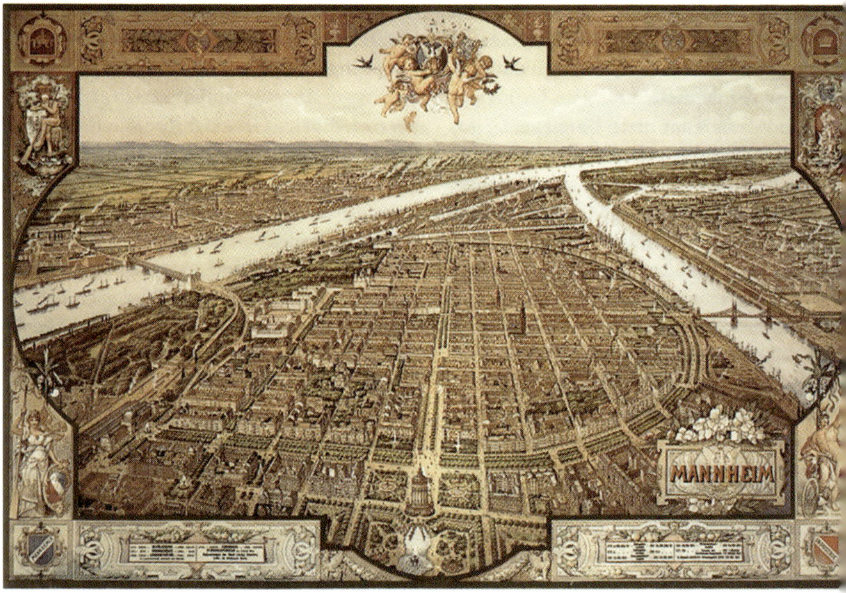

Mannheim Ende des 19. Jahrhunderts aus der Vogelschau.

Das Schloß der Großherzöge von Baden auf der Insel Mainau.

aus pietistischer Sicht war ja auch die ganz untheatralische Wirklichkeit bloßer Schein. Die württembergische Abgeordnetenkammer lehnte regelmäßige Zuschüsse an die Theater, wie sie in Baden üblich waren, ab. Trotzdem hatte das Theater in der Zeit nach der Reichsgründung schon einen besseren Stand, und gegen Ende des Jahrhunderts, als Wilhelm II. die Regierung übernommen hatte, gab es nicht nur eine größere Nachfrage, sondern das Theater öffnete sich auch sehr viel stärker für moderne Stücke – unter der Intendanz des jungen badischen Offiziers Joachim Baron zu Putlitz, dessen Vater über fünfzehn Jahre lang das Karlsruher Hoftheater geleitet hatte. Dies soll nicht überbewertet werden; aber der Lebensstil in Stuttgart war jedenfalls ein anderer als der in Karlsruhe. Die geistige Welt war im Königreich Württemberg stärker als in anderen Regionen geistlich bestimmt; und das Stichwort Pietismus taugt zwar nicht als allgültiges Erklärungsmuster, aber es ist aus dem Bedingungsgefüge für württembergische Eigenart nicht weg zu denken.

Aber was heißt hier württembergisch? Es fragt sich, ob diese Kennzeichnung nicht in vielen Fällen tatsächliche Brüche verkleistert. Abgesehen von der Mobilisierung der alten Sueben oder auch der Kelten für die schwäbische Stammescharakteristik gehört die unbeschwerte Gleichsetzung des kleineren alten und des größeren neuen Württemberg zu den bedenklichen Hypotheken der Schwabentypologie. Im 19. Jahrhundert waren sich die Porträtisten der württembergischen Bevölkerung weitgehend noch der Tatsache bewußt, daß das Königreich gut zur Hälfte Gebiete umfaßte, die keinen Anteil an der altwürttembergischen Tradition hatten. Aber schon damals war ganz überwiegend von Geschichte und Gegenwart dieses Kernbereichs die Rede, wenn die Württemberger beschrieben wurden. Friedrich Theodor Vischer beispielsweise sagt zwar ausdrücklich, daß in Oberschwaben »noch ein heiterer Katholizismus lebt«; aber seine Schilderung des Württembergers konzentriert sich auf die Menschen in der Mitte des Landes. Das zeigt sich an den Charakteristika, die er hervorhebt: »Enge des Horizonts«, »Abgelegenheit vom größeren Verkehre«, »eine große Dosis provinziell philisterhafter Beschränkung«, »Pharisäismus«, »gegenseitige moralische Beaufsichtigung«, »das schielende, hämische Sichbekümmern um das Privatleben des Nebenmenschen«. Und es zeigt sich vollends in seiner Auseinandersetzung mit dem Pietismus, an dem er kein gutes Haar läßt. Vischer ist später milder geworden gegenüber seinen Landsleuten. In seinem großen Alterswerk, dem Roman »Auch Einer«, findet sich eine verständnisvolle Würdigung der Schwaben mit der vielzitierten Pointe: »Nachdenkliches Wesen, viel Talent, aber

Friedrich Theodor Vischer

da stellt sich das T und L um. Talent bleibt latent«. Auch hier dürfte Vischer an die Leute im mittleren Neckarraum gedacht haben, denen er dann doch noch den Mangel an offener Geselligkeit und verhockte Selbstzufriedenheit bescheinigt: »Weltlosigkeit, Versessenheit, Stagnation. Hauptstadt in einem Kessel, können nicht oben hinaus gucken«.

Es hat den Anschein, daß die Gleichsetzung von schwäbisch und württembergisch den Blick nicht etwa auf ganz Württemberg öffnete, sondern oft eher noch weiter einschränkte. Die geistesgeschichtlichen Betrachtungen des »Schwabentums« konzentrieren sich meist auf die Elite der Philosophen und Dichter, die sich ihre Anregungen großenteils im Tübinger Stift holten und auch gegenseitig vermittelten; das »Sowohl – als auch«, die nie stillgestellte Suche nach einem versöhnenden Ganzen, ist dabei verschiedentlich hervorgehoben worden. Auch Theodor Haering geht in seinem »Schwabenspiegel« vom Tübinger Stift und seiner Tradition aus; in konzentrischen Kreisen erweitert er den Horizont, überschreitet aber kaum die Grenzen Altwürttembergs. Und noch Thaddäus Troll gibt in seinen reichhaltigen und amüsanten Schwabenbüchern zwar instruktive Hinweise auf die katholischen Traditionen im Land, aber wenn er die Schwaben generalisierend charakterisiert, kommen fast immer die Altwürttemberger zum Vorschein. Besonders deutlich wird diese Orientierung in einem kleinen Bändchen von 1975, in dem ein ausführliches Interview mit Thaddäus Troll von einem Journalisten dokumentiert wurde. Er hatte die Ergebnisse von Meinungsumfragen zusammengestellt, die einmal auf die gesamte damalige Bundesrepublik und zum andern auf Baden-Württemberg bezogen waren. Thaddäus Troll erklärte die meisten der auffallenden Differenzen in diesem Vergleich mit Eigenschaften und Neigungen, die zwar die württembergischen Protestanten, nicht aber die Neuwürttemberger und auch nicht die Badener vom deutschen Durchschnitt unterscheiden – Prüderie, übertriebene Sparsamkeit und demonstrative Frömmigkeit spielten dabei eine große Rolle.

Vor diesem Hintergrund unzulässiger Verallgemeinerungen ist nun doch ausdrücklich zu fragen, was der Verweis auf altwürttembergische Traditionen und Lebensformen für die Charakteristik der neuwürttembergischen Gebiete hergibt. Die Leute, die den für einige Zeit abgeschafften Wallfahrten nachtrauerten und über die Aufhebung der Klöster klagten, waren schließlich keine Pietisten. Trotzdem ist es nicht falsch, einen starken Akzent auf den Zentralbereich des Landes zu legen, und selbst das Stichwort Pietismus muß nicht völlig verbannt werden, wenn die Perspektive erweitert wird auf die neu an Württemberg gefallenen Gebiete. Das Streben nach Vereinheitlichung im ganzen Land bedeutete automatisch, daß der Kernbereich kräftig nach allen Seiten ausstrahlte. Die Erlasse kamen aus Stuttgart, auch solche, die kirchliche Angelegenheiten betrafen. So wurde die Einrichtung des Kirchenkonvents auch für katholische Gemeinden vorgeschrieben – diese Vorschrift galt bis 1891, wurde allerdings in Neuwürttemberg nur zögernd befolgt und oft auch ignoriert. Auch der ganze staatliche Beamtenapparat kam, vor allem in den Anfängen, aus Altwürttemberg. Friedrich List erlebte in seiner Heimatstadt Reutlingen den Übergang von der zwar keineswegs herrschaftsfreien, aber doch übersichtlicheren Selbstverwaltung in der Freien Reichsstadt zum unseligen württembergischen Schreiberregiment. Der König selbst bezeichnete das »Schreibereiwesen« als »eins der Hauptübel des Landes«, und er beauftragte List, mit einer Kommission Reformvorschläge auszuarbeiten. Sie brachten dem 28jährigen die neu geschaffene staatswissenschaftliche Professur an der Universität Tübingen ein, aber auch das Mißtrauen der einflußreichen Kaste höherer und mittlerer Staatsdiener. List kam in Mißkredit, und der Weg zum Hohenasperg und zur Verbannung nach Amerika war gebahnt, als List Ende 1820 für seine Stadt ein Memorandum formulierte, das an die Stuttgarter Volksvertretung gerichtet werden sollte; darin hieß es: »Wo man hinsieht, nichts als Räte, Beamte, Kanzleien, Amtsgehilfen, Schreiber, Registraturen, Aktenkapseln, Amtsuniformen, Wohlleben und Luxus der Angestellten bis zum Diener herab.« Das rücksichtslose Regiment der »Beamtenwelt« wurde dem Elend der Bevölkerung gegenübergestellt, die in jenen Jahren unter schweren Krisen zu leiden hatte.

Friedrich List

Diese Krisen – Mißernten, Teuerung, Konkurse – trafen die Bevölkerung im dichter besiedelten Altwürttemberg zwar stärker als die im Norden und Süden des neuen Lands, aber auch hier gab es immer wieder Phasen, in denen große Not herrschte. Die kargen Lebensverhältnisse wirkten sich selbstverständlich auch auf die Lebenshaltung und den Charakter der Bevölkerung aus: Wenn immer wieder auf die Genügsamkeit und die an Geiz grenzende Sparsamkeit der Schwaben hingewiesen wird, dann war dies nicht nur und wohl nicht einmal in erster Linie das Ergebnis einer weltfeindlichen Moral; und wenn solche Eigenschaften in den altwürttembergischen Gebieten deutlicher in Erscheinung traten als in den neu gewonnenen, dann drückt sich darin nicht so sehr der Gegensatz von Pietismus und Katholizismus aus als der zwischen verschiedenen agrarwirtschaftlichen Grundlagen. Für diese waren die alten Territorialgrenzen nur teilweise maßgebend; und auch die Grenze zwischen Württemberg und Baden spielte dafür nur eine ganz untergeordnete Rolle, so daß sich in dieser Hinsicht kein Gegensatz zwischen den beiden Ländern, eher zwischen verschiedenen Landschaften ergibt.

Ein deutlicher Unterschied zwischen Baden und Württemberg wird dagegen im allgemeinen gemacht im Blick auf die Revolution von 1848 und 1849. Daß Baden ein Zentrum des revolutionären Geschehens war, ist unbestritten. In Württemberg habe es dagegen, so kann man immer wieder lesen, praktisch keine Revolution gegeben; die in weitesten Teilen der Bevölkerung herrschende konservative Grundhaltung habe von vornherein jeglichen gewaltsamen Umsturz verhindert. Und auch hier wird der Pietismus ins Feld geführt: In der großen »Württembergischen Kirchengeschichte« von 1893 wird von den pietistischen Gemeinschaften gesagt, daß sie »ein beschwichtigendes Öl bildeten auf den Wogen der Revolution« – also nicht etwa Öl ins Feuer der Revolution, sondern ein beruhigendes, ausgleichendes Element. Richtig ist, daß die Auseinandersetzungen in Württemberg fast völlig unblutig verliefen und daß radi-

kalere Forderungen meist schnell durch Reformen entschärft wurden. Unmittelbar nach den ersten Unruhen hob
der König die Zensur auf, gab der Presse die volle Freiheit
und berief das sogenannte Märzministerium mit liberalen
Ministern; man sprach von den »Märzerrungenschaften« –
später von den »Märzversprochenschaften«, als die Regierung zu einem Teil der alten Zwänge zurückkehrte. Richtig
ist auch, daß die konstitutionell-monarchische Richtung in
der Bevölkerung einen beachtlichen Rückhalt hatte und daß
das nationale Revolutionsziel der deutschen Einigung meist
stärker im Vordergrund stand als das einer republikanischen
Verfassung.

*Gefecht der Württemberger gegen die
badischen Aufständischen bei Dossenheim im Juni 1849.*

Aber wenn in diesem Zusammenhang der Unterschied zwischen Baden und Württemberg betont wird, dann hat dies nicht nur mit dem tatsächlichen Verlauf revolutionärer Ereignisse zu tun, sondern vor allem auch mit der späteren geschichtlichen Interpretation. In Wirklichkeit waren die revolutionären Anfänge in Württemberg kaum weniger bedrohlich für das herrschende System als in Baden – nur deshalb reagierte der König so schnell. Und die Beschwichtigung gelang auch nur halb. Denn auch in der Folgezeit gab es Volksversammlungen und kleinere Aufstände, der Name Heckers hatte auch in Württemberg Appellcharakter, Intellektuelle kämpften mit Reden, Traktaten und Gedichten für eine Erneuerung, und eine ganze Reihe junger Männer schloß sich den badischen Freischärlern an. Im historischen Rückblick wurden zwar die parlamentarischen Entwicklungen gewürdigt; immerhin reichte durch die Verlegung der Nationalversammlung von Frankfurt nach Stuttgart und ihre Auflösung auch das große revolutionäre Geschehen nach Württemberg hinein. Die außerparlamentarische Bewegung wurde hingegen weitgehend ignoriert. In der Landesgeschichtsschreibung fanden die revolutionären Aktivitäten nur ganz geringe Aufmerksamkeit, ebenso wie die demokratischen Tendenzen der Arbeiterbewegung. Das reichsweite Sozialistengesetz wurde in Württemberg zwar erstaunlich großzügig gehandhabt, was eine ganze Reihe einflußreicher Sozialdemokraten und Sozialdemokratinnen (darunter Clara Zetkin) ins Land brachte; aber wirklich akzeptiert waren die Verfechter demokratischen Ausgleichs und voller Freiheitsrechte nicht. Das zeigte sich deutlich in den Geschichtsdarstellungen und auch in der öffentlichen Erinnerungskultur.

In Reutlingen trafen sich im September 1848 und dann wieder an Pfingsten 1849 Tausende zu Volksversammlungen, um ein weiteres revolutionäres Vorgehen zu beraten und zu beschließen. Die Oberamtsbeschreibung, die Ende des Jahr-

hunderts erschien, erwähnt – im Kleindruck – nur die eine
der Versammlungen und moniert, daß dort »extreme Beschlüsse« gefaßt wurden; mit Befriedigung vermerkt sie, daß
unter den Rednern und Leitern der Versammlung keine
Reutlinger gewesen seien. Tatsächlich mischten aber etliche
Reutlinger Bürger in der Revolution ganz vorne mit; die
Revolutionäre blieben hier wie in anderen württembergischen Städten strikter aus der Erinnerung ausgegrenzt als im
Badischen.

Das konservative Königreich – auch das ist eine allzu pau-
schale Feststellung. Der konservative Grundzug war nicht
bei allen Württembergern gleich ausgeprägt, so wenig wie
der liberale bei allen Badenern. Diese Charakteristik war
zumindest teilweise auch Ergebnis einer Stilisierung: Die
Regierenden und die einflußreichsten bürgerlichen Schichten erfanden und propagierten die Gleichung württembergisch = konservativ, die auch in die Vergangenheit verlängert
wurde. Erst das Revolutionsjubiläum von 1998 und 1999
setzte, sogar von Amts wegen, eine andere Erinnerungsarbeit
in Gang: In Württemberg konnten wie in Baden in vielen
Orten revolutionäre Ansätze dokumentiert werden; und nun
wurden auch die damals erreichten Liberalisierungsschritte
herausgestellt. Minister, von Leibwächtern beschützt, präsentierten sich mit dem Heckerhut – als Erben der Revolution.
In gewisser Weise sind sie es, denn das Grundgesetz der Bundesrepublik von 1949 basiert, vermittelt über die Verfassung
von Weimar, auf der 1849 beschlossenen Reichsverfassung,
die ohne die revolutionären Bewegungen so nicht zustande
gekommen wäre und die auf Drängen seiner liberalen Minister auch der württembergische König übernahm.

Das preußische Fürstentum

»Das Land Hohenzollern ist eigentlich nichts als Grenze«. So steht es in Friedrich Metz' Programmschrift, in der er nach dem Zweiten Weltkrieg für ein großes Land Rheinschwaben eintrat. Zweifellos bestimmte dieses Ziel die Perspektive auf die alten Länder, denen Metz allesamt die Existenzberechtigung absprach. Aber die pointierte Feststellung über Hohenzollern war nicht nur Propaganda; Metz untermauerte sie mit der Berechnung, daß dort auf zwei Quadratkilometer Fläche ein Kilometer Grenze komme. Die Rechenoperation mit der Grenze war im Grunde nur eine Umschreibung der geringen Größe des Landes – in kleineren Ländern ist fast alles Grenzregion. Für die Zeit vor 1850 muß deshalb die Rechnung noch etwas verschärft werden, denn es gab damals zwei hohenzollerische Fürstentümer: Hohenzollern-Hechingen und Hohenzollern-Sigmaringen. Das um die Stammburg gelegene Hohenzollern-Hechingen war nicht einmal halb so groß wie das Gebiet der Reichsstadt Ulm; Hohenzollern-Sigmaringen erstreckte sich zwar über ein weiteres Gebiet, war aber auch nicht sehr viel größer. Das unterschied die beiden Fürstentümer allerdings nicht von vielen anderen kleinen Territorien, wie sie bis zum Beginn des 19. Jahrhunderts existiert hatten. Das Erstaunliche ist nicht, daß sich solche Länder entwickelten, sondern daß sie sich über die napoleonische ›Flurbereinigung‹ weg retten konnten und in vereinigter Form praktisch bis zur Neuordnung nach dem Zweiten Weltkrieg erhalten blieben.

Ohne Protektion von außen wäre dies nicht möglich gewesen. Die entscheidende Unterstützung kam von Frankreich und von Preußen. Strategische Argumente für die Erhaltung der beiden Fürstentümer gab es kaum, und die Begehrlichkeit der Nachbarn, vor allem Württembergs, hätte wohl ihr Ende bedeutet, wenn nicht familiäre Verbindungen der Herrscherhäuser den Bestand garantiert hätten. Die rein dynastische Ausrichtung der Geschichtsdarstellungen mit ihrer oft ermüdenden Abfolge von Herrschernamen und Ordinalzahlen (Eberhard I., Ulrich III., Eberhard II. usf.) ist glücklicherweise aus der Mode gekommen; aber es darf nicht verkannt werden, daß es Jahrhunderte lang eine enge Verflechtung persönlicher, familiärer und politischer Belange gab. Das Schicksal der beiden hohenzollerischen Fürstentümer ist dafür ein Musterbeispiel.

Die Rettung des Landes der Sigmaringer Linie verdankt sich ganz überwiegend der persönlichen Initiative der Fürstin Amalie Zephyrine. Sie war die Prinzessin eines rheinischen Adelsgeschlechts. Ihr älterer Bruder hatte eine hohenzollerische Gräfin geheiratet; sie selbst wurde 1782 als Zwanzigjährige dem ein Jahr jüngeren Erbprinzen angetraut, der schon drei Jahre später nach dem Tod seines Vaters die Regierung von Hohenzollern-Sigmaringen übernehmen mußte. Zu diesem Zeitpunkt war Amalie schon nicht mehr im Land. Von allem Anfang an war ihr der Aufenthalt in dem antiquierten Sigmaringer Schloss, das Fehlen geselligen Umgangs, aber auch die strenge Aufsicht des alten Fürsten, ihres Schwiegervaters, zuwider gewesen. Sie brachte einen Sohn zur Welt, dessen Betreuung aber in anderen Händen lag – so konnte sie sich zu einer abenteuerlichen Flucht entschließen, für die sie sich Männerkleider besorgt hatte. Ihr Bruder half ihr auf dem Weg nach Frankreich; dort hatte Amalie den größten Teil ihrer Jugend zugebracht. Der Bruder war Anhänger der Revolution; über ihn traf Amalie mit seinen adligen Gesinnungsgenossen zusammen, und mit dem Grafen Beauharnais kam es bald zu einer Liaison. Während des Krieges war dessen getrennt von ihm lebende Frau in Sorge um ihre beiden Kinder; Amalie nahm sie zusammen mit dem kleinen Sohn ihres Bruders auf dessen Landsitz. Sowohl der Bruder wie Beauharnais starben zwei Jahre darauf unter dem Fallbeil; dessen Frau Josephine wurde wenig später die Gemahlin Napoleons. Sie vergaß Amalie die Sorge für ihre Kinder nicht; und außerdem bahnte sie ihr den Weg zu einflußreichen Mitgliedern der Pariser Regierung, so daß Amalie die Möglichkeit eröffnet wurde, in den damals einsetzenden Entschädigungsverhandlungen sowohl für ihr rheinisches Haus wie für das hohenzollerische Fürstentum einzutreten. Sie tat dies erfolgreich mit der Hilfe eines französischen Offiziers, aber auch eines Abgesandten aus Sigmaringen: Der Fürst nahm ihre diplomatische Hilfe gerne an und konnte ihr auch das Zusammentreffen mit dem Sohn nicht lange verweigern. Amalie vermittelte die Heirat des Sohns, die ein zweites festes Band nach Frankreich bedeutete; die Braut war Antoinette Murat, Nichte des Schwagers von Napoleon und späteren Königs von Neapel. Im Jahr 1808, nach mehr als zwei Jahrzehnten, kehrte Amalie nach Sigmaringen zurück. Die Bürger des Städtchens bereiteten ihr einen freundlichen Empfang; der Fürst blieb auf Distanz, konnte aber an ihren Verdiensten um das Land nicht vorbeisehen. Die Fürstin lebte, zuerst zusammen mit ihrem französischen Begleiter und später allein in einem zum Schloß umgebauten Gebäude des Klosters Inzigkofen. Dort ist zur Erinnerung an einer Felswand über der Donau mit eisernen Lettern ihr seltsamer Name angebracht: Amalie Zephyrine.

Auf dem Wiener Kongreß verhandelte der Fürst selbst. Er bewegte sich auf dem glatten diplomatischen Parkett nur ungern und unsicher, hatte »Heimweh nach dem Schwarzwald« und nach schwäbischem Essen – aber jedenfalls kehrte er als voller Souverän über sein durch einige Besitzungen erweitertes Fürstentum zurück. Ermöglicht hatte dies in erster Linie Amalie. Hohenzollern-Hechingen konnte – zur Enttäuschung seines Fürsten – zwar keine zusätzlichen

Erwerbungen verbuchen; aber auch dieses kleine Fürstentum umschiffte alle Klippen der politischen Neuordnung. Mit einer ähnlich romantischen Geschichte wie im Sigmaringer Nachbarland war dieser Erfolg nicht verbunden; aber auch hier spielte eine Heirat eine wichtige Rolle. Der Erbprinz vermählte sich mit einer Prinzessin von Kurland – einer sehr begüterten Person, was insofern nicht belanglos war, als das Land hoch verschuldet war. Doch es kam schon nach wenigen Jahren zur Trennung, und nun wurde auch für Hohenzollern-Hechingen die französische Fürsprache wichtig.

Sie ging teilweise Hand in Hand mit der Begünstigung des anderen hohenzollerischen Fürstentums, zum Teil kam sie aber auch dadurch zustande, daß der Hechinger ebenso wie der Sigmaringer Erbprinz Offizier in der französischen Armee war – auch im Krieg gegen Preußen, was die komplizierte Gesamtsituation deutlich macht. Nicht nur im historischen Rückblick ist es schwierig, die Fäden zu entwirren; die Akteure selbst fanden sich in den rasch wechselnden Frontstellungen und Allianzen nur schwer zurecht. Die hohenzollerischen Fürsten entschuldigten sich für das Engagement im französischen Heer mit dem Hinweis, daß sie vom preußischen König selbst an Frankreich verwiesen wurden, als sie Möglichkeiten zur Bewahrung ihrer Selbständigkeit suchten. Dies war richtig, und auch ein opportunistischer Wechsel der Seiten wurde im hektischen und rücksichtslosen Machtspiel der napoleonischen Epoche nicht unbedingt am moralischen Maßstab der Treue gemessen. Nachdem die hohenzollerischen Fürstentümer dem Rheinbund den Rücken gekehrt hatten und der Allianz der Gegner Frankreichs beigetreten waren, wurden die Hoheitsrechte und der Besitzstand der Fürsten auf dem Wiener Kongreß garantiert.

Mit dem Beitritt zum Deutschen Bund war auch die Nähe zu Preußen wieder hergestellt, die für die hohenzollerischen Staaten eine besondere Tradition darstellte. Die Zollerburg, um 1100 erbaut, galt als Stammburg des in Preußen regierenden Geschlechts. Schon Anfang des 13. Jahrhunderts kam es zur Trennung der Zollergrafen: eine Linie blieb in den Stammgütern, die andere, fränkische Linie war durch Heirat in den Besitz der Burggrafschaft Nürnberg gekommen, griff später auf das Kurfürstentum Brandenburg aus und stellte schließlich den König von Preußen. Die Verbindung zwischen den beiden Linien war nie sehr eng, und die Reformation entfernte den Norden von den katholisch gebliebenen Stammlanden. Trotzdem kam es aber immer wieder zu vorübergehenden Koalitionen. In manchen Auseinandersetzungen erhielten die Grafen von Hohenzollern zwar die nicht ganz uneigennützige Hilfe Württembergs; sie mußten sich aber auch verschiedentlich gegen württembergische Übergriffe zur Wehr setzen, und dann suchten sie preußische Hilfe und konnten im allgemeinen auch damit rechnen. Vor diesem Hintergrund ist es nicht erstaunlich, daß die hohenzollerischen Fürsten Mitte des 19. Jahrhunderts bereit waren, ihre Länder Preußen zu überlassen.

Der tiefere Grund für ihren Entschluß, die Souveränitätsrechte aufzugeben, lag in ökonomischen Schwierigkeiten der eigenen Hofhaltung, in Verbindung damit aber auch im Scheitern aller Versuche, die Länder wirtschaftlich und politisch zu konsolidieren. Unmittelbare Auslöser waren die revolutionären Unruhen, die zwar auch hier unblutig verliefen, aber doch die Fürsten sehr stark in die Enge drängten. Der alte Fürst von Hohenzollern-Sigmaringen trat ab und überließ die Regierung seinem Sohn, der aber nach kurzer Zeit ebenso wie der Regent von Hohenzollern-Hechingen bereit war, eine externe Lösung zu suchen. Das württembergische Hilfsangebot, das auf die Annexion der Länder zielte, wurde abgelehnt. Der Fürst von Sigmaringen wandte sich statt dessen an die zentrale Regierung in Frankfurt, die jedoch ihrerseits die Angliederung Hohenzollerns an eines, möglicherweise auch getrennt an zwei der benachbarten Länder vorsah. Dies rief Preußen, das zunächst gezögert hatte, auf den Plan. Als im Sommer 1849 wiederum Protestversammlungen – in Gammertingen und am Fuß des Hohenzollern – stattfanden, rückten preußische Truppen ein, und Ende des Jahres wurde in einem Vertrag die Übergabe der Länder besiegelt. Die beiden Fürsten verließen Hohenzollern; die vereinigten Fürstentümer, als Hohenzollersche Lande bezeichnet, bildeten seit 1850 einen eigenen preußischen Regierungsbezirk. Die Zugehörigkeit zu Preußen blieb fast hundert Jahre bestehen; Aufteilungspläne am Ende des Ersten Weltkriegs scheiterten ebenso wie nationalsozialistische Pläne zur Neuorganisation, die auf eine Angliederung an Württemberg hinausgelaufen wären.

Angesichts der langen Zeitstrecke lohnt es sich zu fragen, wie preußisch Hohenzollern eigentlich war – und dies mit einem vorsichtigen Ausblick auf die schwierigere Frage, ob etwas von der preußischen Prägung bis heute lebendig geblieben ist. Im Jahr 1866 kam es zum Krieg zwischen Preußen und Österreich, der praktisch über die Vorherrschaft in Deutschland entschied. Württemberg kämpfte zusammen mit den anderen süddeutschen und den meisten mitteldeutschen Staaten an der Seite Österreichs. Dies bedeutete automatisch auch eine Frontstellung gegen das preußische Hohenzollern – nicht gegen die Hohenzollern, die man bei dieser Gelegenheit von Preußen lösen, viele meinten: erlösen wollte. Man solle »die armen Mußpreußen da oben in den heimeligen Bergen befreien«, forderte der in Stuttgart erscheinende »Beobachter«. Nachdem die preußischen Truppen abgezogen worden waren, rückten württembergische Truppen ein, und ein aus Ulm kommendes Bataillon besetzte die Burg Hohenzollern, die dann kurze Zeit den aus Württemberg kommenden Besuchern als Olgaburg – benannt nach der württembergischen Königin – präsentiert wurde. Aber schon nach sechs Wochen wendete sich das

Blatt, und das württembergische Militär räumte das Land. Zur Verwunderung der württembergischen Politiker registrierten die »Mußpreußen« den Abzug ihrer Beschützer gelassen, wenn nicht mit Befriedigung; und die hohenzollerischen Beamten hatten während der kurzen Phase die Arbeit unter württembergischen Kommissaren verweigert.

Dies muß nicht unbedingt als pro-preußisches Bekenntnis gewertet werden; es ging vor allem um die Distanzierung von Württemberg. Die betonte Abgrenzung gegenüber Württemberg war schon in der Revolutionszeit deutlich geworden. Der Fürst von Hechingen äußerte zwar die Befürchtung, die höheren Beamten wären bereit, das Land an Württemberg zu verkaufen; aber um eine allgemeine Stimmung handelte es sich dabei sicher nicht. Der katholische »Volksfreund« in Sigmaringen jedenfalls sprach von einem »gewalttätigen Regierungssystem« in Württemberg und wandte sich gegen die »Federfuchser« des benachbarten »Schreiberstaats«. Die Chronik der württembergischen Übergriffe – von der Zerstörung der Zollerburg im Jahr 1423

Reinhold Nägele: Der Hohenzollern vom Zellerhorn, 1934.

über die vorübergehende Besetzung des Fürstentums Hohenzollern-Hechingen im Dreißigjährigen Krieg bis zum Einmarsch in Sigmaringen im Jahr 1806 – kannte die Bevölkerung sicher nicht im einzelnen; aber die Adresse der Fürsten
an den preußischen König, man wolle nicht unter das Joch
eines »neidischen Nachbarn«, hätten wahrscheinlich viele
unterschrieben.

Sie waren aber nicht gefragt worden; und die bestehende
Volksvertretung wurde nach der Übergabe an Preußen auf-
gelöst. Die Übergangszeremonie wurde mit großem Pomp
auf der Stammburg inszeniert; der preußische König sprach
dabei die Erwartung aus, daß ihm die Hohenzollern »treue
Untertanen« sein würden. Es ist schwierig, die Einstellung
der Einwohner zu rekonstruieren. Sicherlich war diese
Einstellung nicht einheitlich, und sie war vermutlich auch
widersprüchlich. Die während der Revolution vorgetrage-
nen Ansprüche waren nicht vergessen; aber für einen großen
Teil der Bevölkerung war die hergestellte Ordnung ein
wichtiger Gewinn. Die neue Regierung trug Sorge dafür,
daß dieser Gewinn den Menschen vor Augen gestellt wurde;
ein Pfarrer sagte deshalb vor seiner Predigt, er müsse darüber
sprechen, »wie sehr wir uns freuen sollen, daß wir preußisch
geworden sind, und darüber, wie wir dies um unserer Sün-
den willen auch nicht besser verdient haben«.

Innerhalb weniger Jahrzehnte entstand aber ein Landesbewußtsein, das nun als hohenzollerisch-preußisch bezeichnet werden konnte. Der allgemeine Grund dafür lag in der
Gesetzlichkeit, die ein deutscher Rechtshistoriker als »nor-
mative Kraft des Faktischen« bezeichnete – einfach ausge-
drückt heißt dies, daß gegebene und weithin unveränder-
liche Bedingungen auf die Dauer nicht nur als selbstverständlich hingenommen, sondern auch als richtig betrachtet
werden. Allerdings wurde diese Entwicklung begünstigt und
beschleunigt durch eine im ganzen freundlich-rücksichtsvolle
Politik. Schon der für die Übernahme verantwortliche preu-

*Preußenkönig Friedrich Wilhelm IV. nimmt im Sommer 1851
vor seiner Stammburg die Huldigung der Bevölkerung entgegen.*

ßische Kommissar forderte »eine möglichste Schonung der
bestehenden Verhältnisse« bei der »allmählichen Überleitung
in das Preußische Wesen«. Als selbständiger Regierungsbezirk wurde Hohenzollern mit einem außerordentlich reichen Verwaltungsapparat ausgestattet, über den man sich
selbst im Beamtenstaat Württemberg lustig machte, der den
beiden bisherigen Residenzstädten aber jedenfalls ein Flair
von Kultur und Geselligkeit bewahrte. Die Einheimischen
waren bei der Besetzung der Stellen keineswegs chancenlos;
aber ein Teil der höheren Beamten kam von außen, was eine
gewisse Offenheit und Liberalität im geselligen Verkehr för-

derte. Für die preußische Färbung im Charakter der Bevölkerung war es wesentlich, daß besonders intensive Kontakte
zur katholischen preußischen Rheinprovinz bestanden, an die
Teile der Verwaltung angeschlossen waren. Von dort kamen
Lehrer, und dort wurden einheimische Lehramtsanwärter
ausgebildet; Verwaltungsbeamte wechselten von Hechingen
und Sigmaringen nach Koblenz oder Köln und umgekehrt;
und hohenzollerische Soldaten wurden im Rheinland ausgebildet. Die Assoziation eines knarrenden Befehlstons und
unerbittlicher Disziplin, die sich für Süddeutsche leicht mit
dem Stichwort preußisch verbindet, geht hier also in die
Irre; es waren eher Züge unbeschwerter Fröhlichkeit, die Eingang fanden, soweit es die nach wie vor enge und karge
Situation des Landes zuließ.

Es handelte sich aber nicht nur um eine Umgestaltung von
außen und von oben. Anfang der 1870er Jahre wurde Hohenzollern ein eigener Landeskommunalverband zugestanden,
der für die meisten Verwaltungsaufgaben die Zuständigkeit
übernahm. Zusätzlich zu den Amtsversammlungen wurde
mit dem Kommunallandtag eine Vertretung fürs ganze Land
gebildet, deren politische Ausrichtung sich von der in
Preußen sehr stark unterschied. Der Kulturkampf, der auch
nach Hohenzollern getragen wurde, hatte hier zur Folge,
daß die zunächst bestehende national-liberale Mehrheit sehr
rasch wegschmolz und die katholische Volkspartei, das Zentrum, weitaus mehr Stimmen gewann.

Dieses konfessionell bestimmte Übergewicht neutralisierte
aber keineswegs die politischen Bestrebungen Preußens,
soweit sie sich nicht direkt auf Fragen der Religionsaus-
übung bezogen. Der nationale Aufbruch war in Hohenzollern besonders fühlbar, und er wurde von der Bevölkerung großenteils mitgetragen. Preußens Interesse an Hohenzollern war keine Frage der Opportunität; eher kann man
sagen, daß Opportunitätsüberlegungen das Interesse zeit-
weilig zurückdrängten. Aber man war sich in Preußen des

Zusammenhangs mit dem Stammland auch jenseits aller Erb- und Unterstützungsverträge immer bewußt, und mit der nationalen Führungsrolle Preußens wurde die Burg auf dem Hohenzollern mehr und mehr zum nationalen Symbol. Schon vor der Revolution wurden in Berlin Pläne zur Wiederherstellung der im Verlauf der Jahrhunderte mehrfach zerstörten und zuletzt auch verwahrlosten Burganlage gemacht. Zwischen 1850 und 1867 wurde dann gebaut, in einem romantisierenden Stil, der aber den festungsartigen Charakter nicht völlig überwuchert. Die hohenzollerische Bevölkerung war nicht nur mit den umfassenden Bauarbeiten betraut; sie erkannte und begrüßte auch größtenteils die symbolische Bedeutung dieser Rekonstruktion.

Der Hohenzollern blieb – bis heute – die unübersehbare Erinnerung an die preußische Zeit und an die Verbindung von preußischer und deutscher Politik. Überall in Deutschland bildete sich im Verlauf des 19. Jahrhunderts eine Art doppelter Loyalität gegenüber dem Land und gegenüber der Nation heraus, wobei sich der Begriff Vaterland immer stärker auf die Nation verlagerte. In Hohenzollern war dieser Prozeß komprimiert: das kleine Land war als preußisches Stammland national geprägt. Der letzte Fürst von Hohenzollern-Sigmaringen amtierte als Militärgouverneur von Westfalen und später in der »Scheinstellung« (wie er selbst es bezeichnete) eines preußischen Ministerpräsidenten in Düsseldorf; dann kehrte er nach Sigmaringen zurück, trug den Titel »Königliche Hoheit« und widmete sich dem Ausbau seines Schlosses und seiner Sammlungen. In seiner Person war die preußische Entwicklung so gut gegenwärtig wie die Zeit des Fürstentums, das nur zufällig und wie versehentlich in die Epoche der größeren und moderneren deutschen Länder hineinragte, nach seiner Struktur aber im Wesentlichen den Typus der kleinen Territorien verkörperte, der bis zum Ende des 18. Jahrhunderts die politische Landkarte und das politische Leben im deutschen Südwesten geprägt hatte.

Das Erbe des alten Reichs

Im engen Kreis

Ende Februar 1848 erzwangen in Paris Bürger, Arbeiter und Studenten die Abdankung des Königs und die Ausrufung der Republik. Die Berichte über dieses Ereignis lösten auch in den deutschen Staaten revolutionäre Aktivitäten aus. Im kleinen Hohenzollern-Hechingen erschienen in den ersten Märztagen kleine Delegationen der Landgemeinden am Hof und trugen Forderungen vor. Es ging dabei zunächst ausschließlich um die Aufhebung der als »Alte Abgaben« bezeichneten Feudallasten, den Wegfall von Frondiensten, um die Einschränkung der fürstlichen Jagd und andere Maßnahmen zur Verbesserung der wirtschaftlichen Situation. Der Fürst machte einige Zugeständnisse, mit denen aber nicht alle Gemeindevertretungen zufrieden waren; so kam es am 11. März 1848 zu einer für den Ablauf der Revolutionsvorgänge nicht untypischen widersprüchlichen Situation: Einige Gemeindedeputationen kamen nach Hechingen, um dem Fürsten in traditioneller Weise für sein Entgegenkommen zu danken; andere kamen mit Sensen, Stöcken und auch Pistolen, um ihren weitergehenden Forderungen Nachdruck zu verleihen. Die Bürger der Stadt beteiligten sich nicht an der Demonstration; sie waren gegenüber der bäuerlichen Bevölkerung privilegiert, standen zum Teil direkt oder mittelbar im Dienst des Hofs. Um den Ausbruch von Gewalt zu verhindern, baten sie den Fürsten, den Demonstranten gegenüberzutreten, und geleiteten ihn vom Schloß zum Marktplatz. Auf diesem Weg wurde er angegriffen – zwar nur im harmloseren Sinn dieses Worts, er wurde verschiedentlich am Ärmel gezupft, aber schon dies war eine einschüchternde Geste.

Nachdem eine Petition vorgetragen war, zog er sich unter dem Schutz der Bürger ins Schloß zurück, das aber nun von den Demonstranten belagert wurde – so wurde die Zustimmung des Fürsten zu allen Punkten erzwungen.

In die Petition waren auch die allgemeinen Forderungen nach Pressefreiheit, Volksbewaffnung und Bildung eines deutschen Parlaments aufgenommen worden, die größtenteils die Entscheidungsmöglichkeit des Fürsten überstiegen und die voraus wiesen auf den nationalen Zusammenhang der Revolution. Sie spielten in der Folge auch in den hohenzollerischen Fürstentümern eine wichtige Rolle und fanden ihre Anhänger vor allem bei einem Teil der Stadtbürger; aber die Aufhebung sämtlicher Grundlasten blieb im Forderungskatalog, und nicht zuletzt unter dem Eindruck dörflicher Protestversammlungen verzichteten die beiden Fürsten schließlich auf ihre Souveränität. Die gescheiterte Revolution von 1848/49 wird im allgemeinen betrachtet unter dem Aspekt der angestrebten weitergehenden, bürgerlich definierten Freiheitsrechte und der erhofften nationalen Einheit. Daran gemessen mag die bäuerliche Rebellion, mit der nicht nur in Hohenzollern die unruhige Phase begann, antiquiert und kleinkariert erscheinen: »Im engen Kreis verengert sich der Sinn«, heißt es in Schillers Prolog zu seinem »Wallenstein«. Aber antiquiert waren die Voraussetzungen, die den Protest auslösten, und kleinkariert war die politische und wirtschaftliche Struktur.

Was in dem kleinen Hechinger Staat zum Ausbruch kam, war keine urplötzliche Eruption, sondern stand in der langen Tradition eines Kampfs der bäuerlichen Bevölkerung. Schon im Jahr 1734 sprach die Regierung von der seit Jahrhunderten »angewohnten Rebellions-Seuche«. Tatsächlich sind seit dem 16. Jahrhundert mehr als ein Dutzend Rebellionen aktenkundig geworden, von denen einzelne extreme – und das hieß für die Aufständischen: extrem schmerzhafte – Formen annahmen. Bauern aus dem Dorf Owingen verweigerten den Frondienst zum Bau des Schlosses in Hechingen, nachdem ihnen zwei volle Tage in der Woche abgefordert wurden. Der Graf verhängte harte Sanktionen; die Owinger Bauern mußten eine hohe Strafe bezahlen, durften nicht mehr auf ihren Markt und sollten ihre Mühle wechseln. Als sie trotzdem mit ihrem Getreide zur alten Mühle fuhren, sollte einer der Bauern verhaftet werden. Die anderen stellten sich vor ihn, so daß sich die gräflichen Diener zurückzogen. Jetzt aber sahen die Owinger keinen anderen Ausweg mehr, als ihr Dorf und das Land zu verlassen. Sie schlugen sich als Tagelöhner und auch als Bettler im Württembergischen durch und wandten sich an den Kaiser. Der sicherte ihnen Straffreiheit zu; aber als sie beim Einbruch des Winters zurückkehrten, verlangte der Graf nicht nur ein öffentliches Unterwerfungsritual, sondern belegte sie erneut mit einer kaum aufzubringenden Strafgebühr; er verhaftete zwei »Rädelsführer«, verwies sie aus dem Land und zog ihre Güter ein.

Die fortgesetzte Bedrückung führte zu einem Zusammenschluß der Gemeinden in der »Landschaft«, einer Versammlung von gewählten Deputierten, die von der Herrschaft formal nicht anerkannt wurde, mit der sie sich aber auseinandersetzen mußte. Anfang des 17. Jahrhunderts – der große Krieg war gerade ausgebrochen – traten fast alle Gemeinden der Beschwerde über die Forderungen und Übergriffe der Herrschaft bei. Wieder war es die Verpflichtung zu Fronarbeiten (die Zollerburg sollte zur Festung ausgebaut werden), gegen die revoltiert wurde; dazu kam die Ausdehnung der herrschaftlichen Anbau- und Weideflächen, das Verbot der Waldnutzung und vor allem die rücksichtslose Jagd. Während den Untertanen die »Freie Pirsch« streng untersagt war, verwüstete das Wild die Felder, und die Jagdgesellschaften nahmen keine Rücksicht auf das Eigentum der Bauern. In der Folgezeit fanden diese Unterstützung beim »Reich«, vertreten durch den Schwäbischen Kreis. Die Reichsgerichte trugen zu einer gewissen Befriedung bei; aber ihre Mühlen mahlten langsam, und die Herren der kleinen Territorien hielten sich oft nicht lange an die Auflagen. Die »Rebellions-Seuche« setzte sich fort, weil sich an den Machtverhältnissen wenig änderte; noch 1848 wurde der Aufstand durch fast die gleichen Belastungen ausgelöst wie in all den Jahrhunderten vorher.

Hohenzollern war aber nur insofern ein Sonderfall, als hier die Fürsten ihre Souveränität über den Umbruch zu Beginn des 19. Jahrhunderts hinweg bewahrt hatten. Auch in anderen Regionen gingen der größeren Revolutionsbewegung oft Rebellionen des Landvolks gegen die Grundherren voraus, und vielfach gab es auch hier eine gewisse Tradition des Kampfs gegen die Obrigkeit. Dieser Kampf war ein Überlebenskampf. In den meisten der kleinen Territorien, die sich im Spätmittelalter herausgebildet hatten, bemühten sich die Regenten um einen herrschaftlichen Lebensstil. Zu einer wirklichen kulturellen Entfaltung reichte es nicht immer, aber repräsentative Bauten, üppiges Essen und Trinken und vor allem exzessive Jagdvergnügen gehörten fast überall dazu. Der Druck auf die Bevölkerung fand von Zeit zu Zeit ein Ventil in kleinen Revolten; aber sie führten nur selten zu substantiellen Verbesserungen, und über weite Strecken mußten die Frauen, Männer und auch die Kinder versuchen, mit ihrer beengten Situation fertig zu werden. Die ans Krankhafte grenzende Sparsamkeit, die man vor allem den Schwaben nachsagt, zeigt sich heute als ein ökonomisch nicht erzwungener Geiz nicht nur gegenüber anderen, sondern auch gegen sich selbst. Aber erlernt wurde diese Sparsamkeit (falls man mit einer solchen allmählichen Verfestigung im Charakter rechnen darf) in einer sehr langen Phase extremer Not und Enge. Wenn die Bauern ängstlich darüber wachten, daß die Grenzen ihrer Äcker und Wiesen respektiert wurden, dann nicht aus Mißgunst gegen den Feldnachbarn, sondern weil sie den vollen Ertrag benötigten; und für Taglöhner und Ortsarme war das Ährenlesen und überhaupt die

Verwertung von allem, was andere übrig ließen, ein existentieller Notbehelf.

Mit Recht wird ein Unterschied gemacht zwischen Gegenden, in denen das Prinzip der »Freiteilbarkeit« dazu führte, daß der unter allen Nachkommen aufgeteilte Besitz immer mehr zerstückelt wurde, und anderen, in denen die Erbtradition und das Erbrecht die geschlossene Hofübergabe an einen der Söhne vorsah. Der Unterschied sollte aber, was die Situation der Bevölkerung anlangt, nicht überbewertet werden, denn in den sogenannten Anerbengebieten mußten sich die nichterbenden Kinder als Knechte und Mägde verdingen oder sonstwie durchs Leben schlagen, oft unter ärmlichen Bedingungen. Die Auswanderung, eine Antwort auf die Notlage der Bevölkerung, war in diesen Gebieten zwar seltener, spielte aber durchaus auch hier eine Rolle.

Allerdings entsteht ein vergröbertes Bild, wenn generalisierend von *den* Bauern gesprochen wird. Nicht nur zwischen den großen Hofbauern und den Bauern in den Realteilungsgebieten bestand ein Unterschied; auch innerhalb der Gebiete gleicher Tradition bildeten sich deutliche Unterschiede heraus. Die Pferdebauern hatten nicht nur mehr als die Ochsenbauern, sie galten auch mehr als diese – ganz zu schweigen von denen, die sich mit der »Kuh des armen Mannes« begnügen mußten, die also nur eine Geiß im Stall hatten. In den kleinen Gemeinwesen entwickelte sich eine sehr differenzierte soziale Schichtung, und auf die Abstufungen wurde großer Wert gelegt. In den Dörfern nahm zumindest der Schultheiß und der Wirt (nicht selten handelte es sich dabei um eine Person) eine herausgehobene Stellung ein. Schon im 16. Jahrhundert machten sich die Leute lustig über die Diskrepanz zwischen den Ansprüchen der Bürgermeister und ihrer tatsächlichen Bedeutung. Die Chroniken der Zeit und die Schwankbücher sind voll von Anekdoten darüber. Der Tübinger Humanist Heinrich Bebel erzählte beispielsweise vom Besuch eines Dorfschultheißen im Münsinger Bad; dort habe er zu einem Bekannten, mit dem er früher Pferde gehütet hatte, gesagt: Wer hätte wohl gedacht, daß ich unwürdiger Mensch es noch so weit bringen werde – und dabei, so mokiert sich Bebel, hatte er nur neun Bauern unter sich. In den Städten waren es vor allem die Ratsherren, die außer den Amtspersonen Wert auf ihr Prestige legten, und in den kleinen Staatswesen entstanden ganze Hierarchien; es gab eine Inflation von Titeln und Dienstbezeichnungen, die in einem merkwürdigen Mißverhältnis zur geringen Größe und Bedeutung der Territorien stand. Aus Hohenlohe-Langenburg ist eine »Rangordnung Herrschaftlicher Bedienter« aus dem Jahr 1734 überliefert, die mit dem Hofrat als dem obersten Verwaltungsbeamten beginnt; ihm folgen der Hofprediger und der »Cammer-Rath«, der »Rath und Amtmann«, der »Canzley-Secretarius«, der »Cammer-Secretarius«, der Kaplan. Danach der »Fähnrich«, der die kleine militärische Garde kommandierte, Hausvogt, Registrator, Stadtschreiber, Kammerdiener – und so immer weiter bis herunter zur »Torwartsmagd«. Für die Herrschaft war diese Einteilung – gegenüber der die moderne Ordnung nach Tarifgruppen überwältigend einfach wirkt – ein Machtmittel. Überhaupt wurde der gestufte Aufbau, der eben auch die Stabilität der obersten Stufe garantierte, genau überwacht; niemand sollte aus der Rolle fallen. In vielen Herrschaften gab es Kleiderordnungen, die genau vorschrieben, welche Stoffe in den verschiedenen Gruppen der Bevölkerung verwendet werden durften und welche modischen Attribute jeweils verboten waren. Das war ein Mittel gegen schädliche Verschwendung, aber auch eine Absicherung der Hierarchie.

Die verbissen verteidigte Rangfolge wirkte jedoch nicht nur stabilisierend, sondern erzeugte vielfach auch eine Atmosphäre des Neids und des Mißtrauens. Die Rangzugehörigkeit definierte nicht nur eine spezifische Funktion, sondern ganz allgemein die gesellschaftliche Stellung. Und die gesellschaftliche Position war bis zu einem gewissen Grad erblich.

Im alten Württemberg war es die kleine Schicht der »Ehrbarkeit«, aus wenigen Sippschaften bestehend, die quer durch das Land die oberen Posten besetzt hielt und die wichtigen Entscheidungen traf. Die Vetternwirtschaft wurde verschiedentlich kritisch kommentiert und auch attackiert. So werden in einer Satire von 1786 die württembergischen Verhältnisse durch ein Empfehlungsschreiben karikiert: »Der Mann von der ältesten Schwester meiner Großmutter väterlicher Seite hat einen Bruder gehabt, dessen zweiter Sohn an eine Tochter von der Frau Gemahlin Mutter Bruder in N. geheurathet gewesen, folglich ein sehr nahes, mir und den Meinigen zu besonderer Ehre gereichendes Freundschaftsband zwischen uns stattfindet ...« Aber die Bevorzugung einzelner Familien war fest verankert in den beschränkten Zugangsmöglichkeiten zu gehobenen Ausbildungs- und Bildungsstätten und zu den besseren Karrieren. Auch in modernen Staatswesen und unter demokratischen Bedingungen gibt es Vetternwirtschaft, wenn auch mehr über Parteiprotektion als über Verwandtschaft vermittelt; aber es ist nicht verwunderlich, daß sich in den südwestdeutschen Miniaturländern, die nur wenig Zuzug von außen kannten, die Strukturen von Macht und Einfluß besonders verfestigten. Es handelte sich, verglichen mit dem modernen Seilschaftsunwesen, gewissermaßen um eine organischere Form der Verfilzung.

Auch die Dauerkontrolle der Bevölkerung durch wechselseitige Überwachung, wie sie im Zusammenhang mit dem württembergischen Kirchenkonvent erwähnt wurde, entstand nicht nur aus bestimmten moralisch-religiösen Vorschriften und Erwartungen; sie war auch eine Folge der Überschaubarkeit der Gemeinwesen. Nicht nur die Dörfer, sondern auch die meisten Städte hatten so wenige Einwohner, daß sie heute als selbständige Gemeinde gar nicht mehr geduldet würden; und die Bewohner der benachbarten Orte blieben den Menschen innerhalb der kleinen Territorien nicht völlig fremd. In weiten Teilen Südwestdeutschlands waren die Grenzen und damit das »Ausland« innerhalb kürzester Zeit zu erreichen, was marodierenden Banden und Gaunern verschiedenen Kalibers eine gute Chance bot, was aber für das Gros der Bevölkerung bedeutete, daß die Menschen in ihrer Kommunikation und hinsichtlich ihres Erfahrungsbereichs auf einen relativ engen Raum beschränkt blieben. Noch in der zweiten Hälfte des 19. Jahrhunderts äußerte sich Heinrich Hansjakob erstaunt darüber, »daß Leute im Schwabenland, ob Bauern oder Gebildete, über Entfernungen, die über ihr Dorf und ihre Oberamtsstadt hinaus gehen, nicht Rede und Antwort stehen« können. Erstaunlich ist dies insofern nicht, als den Württembergern das »Auslaufen« in fremde Orte, vor allem in katholische, lange ausdrücklich untersagt war. Im Badischen scheinen die Chancen in dieser Hinsicht etwas größer gewesen zu sein; aber sieht man von den wenigen großen Städten ab, so gilt auch hier, daß der Lebensstil der Bevölkerung und ihr Sozialverhalten mit geprägt war durch die kleinen Dimensionen der Territorien und durch das, was die Mundartforschung als »Ortsfestigkeit« der Personen bezeichnet.

Heinrich Hansjakob

Das politische Gewicht der Grenzen – die Tatsache also, daß in sehr vielen Orten die Markungsgrenze zugleich Landesgrenze war – dürfte das Gefühl der Zugehörigkeit zu einem Territorium gestärkt haben. Zwischen dem durch Doktor Faust berühmt gewordenen Knittlingen und Bretten verlief drei Jahrhunderte lang die Grenze zwischen Württemberg und der Kurpfalz, danach die zwischen Württemberg und Baden. Die beiden Orte lagen an einer wichtigen Verbindungsstraße, zwischen Heidelberg und Stuttgart – man kann aber auch sagen: zwischen Paris und Wien oder Venedig. Jedenfalls gab es auf dieser königlichen Straße nicht nur Truppenbewegungen und Handelsverkehr; immer wieder reisten hier auch wichtige politische Persönlichkeiten, die begleitet wurden von kleinen militärischen Trupps. Am Ellerbach, der Grenze zwischen den beiden Orten und den beiden Ländern, wechselte der Geleitschutz. Die Anführer der beiden Geleitmannschaften lenkten ihre Pferde mit den Vorderhufen in den Bach, sinnlich-symbolische Repräsentation der Grenze. Die beiden Orte fungierten in Kriegen aber auch als Grenzfesten zwischen Württemberg und der Pfalz. Später stand württembergisches und badisches Militär auf den beiden Seiten der Grenze in Bereitschaft. Im Sommer 1849 lockten die Brettener Republikaner die württembergischen Soldaten in ihre Bierhäuser und Weinwirtschaften, wo es an Pfingsten zu einem großen Verbrüderungsfest kam; der Grenzpfahl am Ellerbach wurde ausgehoben. Aber er war kurze Zeit später wieder befestigt; bald wußte man wieder, wohin man gehört. Und, um diese Grenzgeschichte abzurunden, noch 1948 fragte der Kanne-Post-Wirt in Knittlingen den nach einer Karlsruher Besprechung bei ihm einkehrenden Ministerpräsidenten Maier, ob er »außer Landes« gewesen sei. Als Knittlinger war man eben auch Württemberger, als Brettener auch – nein: nicht ohne weiteres Badener, sondern Pfälzer, denn die alten Zugehörigkeiten aus der langen vornapoleonischen Epoche wirkten und wirken nach.

Ein Bewußtsein der Zugehörigkeit ist nicht schon Stolz. Aber wo die materielle Not die Menschen nicht allzu sehr beutelte, entstand eine gewisse Anhänglichkeit, für die meist auch der Regent eine Rolle spielte. In den kleinen Territorien waren die Herrscher relativ nah. Ein Teil der Bevölkerung war in den Hofstaat eingebunden, ein anderer verfolgte die Repräsentationsbemühungen der Regierenden aus der nahen Distanz mit einer Haltung, die zwischen respektvoller Bewunderung und respektloser Verachtung schwankte. In der Fastnacht 1848 – sie fiel in die ersten Märztage, als die Nachrichten vom Pariser Umsturz schon angekommen waren – wurde in dem kleinen, zu Hohenzollern-Hechingen gehörenden Ort Steinhofen am Narrenbaum die Inschrift angebracht: »Es lebe die Freiheit und unser Fürst«. Es wird sich kaum rekonstruieren lassen, wie ernst diese Parole gemeint war – gut möglich, daß hier ironisch eine närrische Auffassung glossiert werden sollte. Aber es gab diese närrische Auffassung. Die fast alltägliche Gegenwart des kleinhöfischen Luxuslebens heizte die Proteststimmung an; aber die Nähe der Regenten konnte auch zu deren Popularität beitragen.

Es gibt eine lange Serie von Anekdoten, in denen die »Leutseligkeit« der Herren zum Ausdruck kommt; in diesen Geschichten haben oft auch die Gemahlinnen der Regenten ihren Auftritt, die sonst in der historischen Darstellung eher zurückstehen müssen. Diese Anekdoten waren die Lieblingspointen einer obrigkeitstreuen und auch obrigkeitsgesteuerten Geschichtsdarstellung, welche die rebellischen Anteile möglichst ausblendete. Aber das ändert nichts daran, daß weder die Leutseligkeit mancher Regenten noch die Anhänglichkeit der Regierten eine reine Erfindung war. Beides war in der langen Zeit patriarchalischer Herrschaft die Voraussetzung für ein gut funktionierendes Staatswesen; und beides überdauerte diese Zeit. Während der württembergischen Verfassungskämpfe im frühen 19. Jahrhundert trug der preußische Diplomat Varnhagen von Ense dem württembergischen König seine Argumente für das Ein-Kammer-System vor – gegen den später verwirklichten Entwurf, in dem eine Art Oberhaus mit Standesherren und vom König ernannten Mitgliedern neben der Kammer aus gewählten Abgeordneten vorgesehen war. Varnhagen hielt die Antwort des Königs in einem Brief fest: Auch er würde eine einzige Kammer bevorzugen; aber er müsse für die Fürsten und Grafen eine besondere Kammer einrichten – »wäre es auch nur, um sie unschädlich zu machen«. Säßen sie nämlich gemeinsam mit den Volksvertretern im Parlament, so bestünde die Gefahr, daß diese sich von den vornehmen Herren beeinflussen und »beschwatzen« ließen. Dies zeugt nicht von einer hohen Meinung über die gewählten Parlamentarier – aber die Begründung des Königs verweist auf die Autorität der ehemaligen kleinen Souveräne, die nicht von heute auf morgen verschwand. Auch nicht von heute auf übermorgen, denn als begüterte Grundbesitzer retteten sie ihre Einflußmöglichkeiten über alle Umbrüche weg. Die früheren Herrschaften existieren nicht mehr, sind aber immer noch – so urteilte Peter Lahnstein – »real und höchst lebendig«. Sie sind es, weil die nach 1945 angebahnten Enteignungsabsichten sehr rasch ausgebremst wurden und damit die wirtschaftliche Potenz des Adels vielfach erhalten blieb. Sie sind es aber auch, weil die Nachkommen der einstigen Herren und die Nachkommen der einstigen Untertanen in der Erinnerung an eine gemeinsame harmonische oder doch kooperative Vergangenheit zusammenfinden. Diese Erinnerung ist stark geschönt; aber völlig schief ist sie in den seltensten Fällen.

Bunte Vielfalt

Mit der großen Umverteilung und Neuordnung um die Wende zum 19. Jahrhundert endete das Heilige Römische Reich Deutscher Nation. Der feierliche Name, der das Reich als Nachfolger des römischen Imperiums definiert, sollte nicht darüber hinwegtäuschen, daß es sich über weite Strecken um ein brüchiges und jedenfalls kompliziertes Staatswesen handelte – »einem Monstrum ähnlich«, wie der Rechtsgelehrte Samuel Freiherr von Pufendorf bereits im 17. Jahrhundert formulierte. Monströs war schon die Zahl der Territorien, die innerhalb des Reichs weitgehende Hoheitsrechte hatten. Es waren über 1000; am dichtesten bestückt und am meisten zerstückelt war der Südwesten, wo es etwa 600 Herrschaftsgebiete gab. Eine ganz genaue Zahl läßt sich kaum errechnen, denn durch Eroberungen und durch Erbansprüche, aber auch durch Kauf und Heirat kam es ständig zu Veränderungen; außerdem gab es eine ganze Reihe von Kondominaten, also von Gebieten, in denen die Herrschaft aufgeilt war. Jedenfalls bedeutete die Vielzahl, daß es sich nicht ausschließlich, aber doch ganz überwiegend um kleine und kleinste Territorien handelte – insofern ist es gerechtfertigt, eine generalisierende Charakteristik aus der geringen Größe abzuleiten, also zu fragen, wie sich das Leben in der Enge jener Zwergstaaten gestaltete.

Aber auch eng und klein sind relative Begriffe; das Herzogtum Württemberg war mit knapp 10.000 Quadratkilometern etwa 500 Mal so groß wie das Gebiet der Reichsstadt Bopfingen und 1000 Mal so groß wie das Territorium mancher ritterschaftlichen Dörfer. Vor allem aber: Über die politischen Zustände und die Lebensart der Bewohner entschied nicht nur die Größe eines Territoriums, sondern auch die Form der Herrschaft, die wirtschaftliche, religiöse und kulturelle Ausrichtung. Historische Karten, die ein Bild der damaligen Verhältnisse vermitteln sollen, präsentieren sich meist außerordentlich bunt, als farbiges Puzzle mit vielen kleinen Teilen. Die Farben sollen aber nicht nur die einzelnen Territorien deutlich sichtbar trennen, sondern sie weisen auch darauf hin, daß es verschiedene Typen von Territorien gab. Wer in Baden-Württemberg auch nur ein paar Dutzend Kilometer zurücklegt, wandert auf der Karte leicht über mindestens sechs, sieben verschiedene Farbflächen und fährt in Wirklichkeit durch noch mehr frühere Territorien. Probe aufs Exempel: Start in der alten Reichsstadt Rottweil, über Schramberg in der einstigen österreichischen Grafschaft Hohenberg zum altwürttembergischen Schiltach, von dort einen Sprung hinüber nach Wolfach, das fürstenbergisch war, weiter zur Reichsstadt Zell am Harmersbach, durch die Grafschaft Hohengeroldseck und einen Zipfel der Herrschaft Mahlberg ins ritterschaftliche Gebiet von Niederschopfheim, durch die Ortenau zur einstigen Grafschaft Hanau-Lichtenberg und von hier in die Markgrafschaft Baden-Baden. Zugegeben: nicht jede Spazierfahrt führt gleich in so viele Herrschaftsgebiete, und bei einer etwa gleich langen Reise im Bereich des Herzogtums Württemberg kann jeglicher ›Grenzübergang‹ vermieden werden. Doch in den meisten Teilen des Landes Baden-Württemberg überquert man nicht gerade auf Schritt und Tritt, aber doch innerhalb sehr kurzer Zeit einige ehemalige Grenzen.

Das konkrete, auf nur einen kleinen Ausschnitt von Baden-Württemberg konzentrierte Reisebeispiel macht deutlich, daß die vollständige Auflistung aller Territorien nicht nur mühsam, sondern auch ermüdend wäre – sie könnte am Ende nur den Gesamteindruck vermitteln, der schon durch das Kartenbild hervorgerufen wird, daß es sich um einen heillos parzellierten Winkel des deutschen Reichs handelte. Dagegen erscheint es sinnvoll, kurz die verschiedenen Typen zu charakterisieren, die auf den meisten historischen Karten durch verschiedene Farbgebung voneinander abgesetzt sind. Karl Siegfried Bader bildet in seinem Überblick über die territorialstaatliche Entwicklung zwei große Gruppen: Herrschaftliche Staatsbildungen und genossenschaftliche Staatsbildungen. Ist im ersten Fall die Entstehung eines Staatsverbands und dessen Lenkung bei einer einzelnen Person, einer Familie oder Dynastie verankert, so liegt im zweiten die Initiative und Autorität bei einer Gruppe gleichmäßig Berechtigter. Bader betont die Übergänge: Auch die Genossenschaft übt Herrschaft aus, und in den anderen Territorien ist das Herrschaftsrecht in der Praxis fast nie absolut, sondern kennt meist einen quasi genossenschaftlichen Widerpart. Es ist also nur »eine halbwegs reinliche Trennung« möglich.

Zum herrschaftlichen Typus gehören die Territorialstaaten, aus denen die drei Länder im Südwesten hervorgingen, also das Herzogtum Württemberg, die badischen Markgrafschaften und die hohenzollerischen Fürstentümer, dazu aber noch eine ganze Reihe weiterer hochadliger Herrschaften wie das Fürstentum Fürstenberg, die Kurpfalz, die Fürstentümer Hohenlohe, Leiningen, Ansbach, Öttingen und die Herrschaften Waldburg, Königsegg, Auersberg. Man darf sich die meisten dieser Herrschaften nicht als feste und geschlossene Staatsgebilde vorstellen; das Fürstentum Fürstenberg war beispielsweise aus einer ganzen Reihe von – teilweise abseits liegenden – Herrschaften zusammengesetzt, die erst im Verlauf des 18. Jahrhunderts in die Donaueschinger Verwaltungsorganisation eingegliedert wurden. Neben den vielen hochadligen Herrschaften – die Aufzählung ist nicht vollständig – spielten die ebenso zahlreichen geistlichen Territorien eine wichtige Rolle. Die Bistümer Konstanz, Straßburg, Speyer und Mainz hatten große Herrschaftsgebiete im späteren Baden; im Norden reichten auch noch Besitzungen von

Donaueschingen wurde 1723 Residenz der Fürsten von
Fürstenberg und kam 1806 an Baden.

Worms und Würzburg ins Badische. Die Herrschaftsgebiete
von Abteien, Klöstern und Stiften konzentrierten sich vor
allem auf das spätere Neuwürttemberg; zu den bedeutendsten gehörten die Abteien Ochsenhausen, Weingarten, Zwiefalten und die Probstei Ellwangen. Eine Reihe von Ordens-
besitzungen schließt sich an; zu den wichtigsten gehörten
die Gebiete des Deutsch-Ordens um Mergentheim und Alts-
hausen und das Territorium des Johanniterordens um Heiters-
heim in der Rheinebene.

Schon diese Mischung ist bunt genug; aber nun kommen
in ungefähr gleicher Zahl die genossenschaftlichen Staatsbildungen dazu. Die Reichsstädte sind zwar durch herrschaftliche Akte gegründet oder zur Stadt erhoben worden; aber

Weingarten mit seiner Abtei kam, wie viele andere
geistliche Herrschaftsgebiete, 1806 zum Königreich Württemberg.
Die Abbildung zeigt den berühmten Blutritt.

als reichsunmittelbare Gebilde waren sie keinem Landesherrn untertan und organisierten ihre politischen Belange
selbst; der württembergische Herzog Karl Eugen bezeichnete
sie als die »Republiken Schwabens«. Der Rat war zunächst
meist von Patriziern, also den vornehmen Geschlechtern
dominiert (auch dies charakterisiert die Übergangsstellung),
später von den Zünften; jedenfalls entwickelten sich hier
Formen der Willensbildung, die als Vorform der Demokratie
betrachtet werden können. Die Tatsache, daß die Gemeindeordnung des Königreichs Württemberg von 1822 und in
etwas geringerem Maße auch die 1831 verkündete von
Baden sehr viele Aufgaben und Rechte den Gemeinden
überließ, kann als reichsstädtisches Erbe verstanden werden.
Ricarda Huch bezeichnete die Reichsstädte als »Mittelpunkte

Ravensburg wurde vor 1276 Reichsstadt.
1802 kam es an Bayern, 1810 an Württemberg.
Blick auf das mittelalterliche Lederhaus.

der freiheitlichen Überlieferung«. Allerdings verbirgt sich hinter dem einheitlichen Etikett Freie Reichsstadt eine beachtliche Vielfalt; die Skala reicht von außerordentlich mächtigen Städten wie Rottweil, Ulm und Hall, deren Gebiet größer war als das der meisten weltlichen und geistlichen Herrschaften, über zahlreiche Städte mittlerer Größe wie Überlingen, Ravensburg, Reutlingen, Esslingen, Heilbronn bis zu den ganz kleinen wie Buchau und Bopfingen, das auf der »Reichsbank« des Schwäbischen Kreises die letzte Stelle einnahm. Während die großen Reichsstädte angesehene Partner und oft auch Gegner anderer Territorien, aber auch wichtige kulturelle Mittelpunkte waren, schadete bei den kleinen das Mißverhältnis zwischen Anspruch und Wirklichkeit dem Prestige. Bopfingen wurde zum bevorzugten Schau-

platz von allerhand Schildbürgergeschichten, und im Volks-
buch von den Sieben Schwaben ist der einzige von den sieben, der nicht aus dem bayrischen Schwaben kommt, der
Bopfinger »Gelbfüßler«. Seinen Namen verdankt er der (allerdings auch anderswo lokalisierten) Anekdote, nach der die
Bopfinger eine Ladung Eier, um mehr im Wagen unterzu-
bringen, mit bloßen Füßen platt traten.

Die Zahl der ritterschaftlichen Gebiete war wesentlich größer als die der Reichsstädte. Zwar hatten viele Angehörige
des niederen Adels ihre Besitzungen den Vertretern des Hoch-
adels überlassen müssen, die gerade dadurch ihren Herr-
schaftsbereich vergrößern konnten; aber viele blieben auch
reichsunmittelbar und hatten die Herrschaft über ihre Güter,
zu denen häufig nur ein einziges Dorf gehörte. Wenn sie
trotzdem dem genossenschaftlichen Typus zugerechnet werden, dann deshalb, weil die Reichsritterschaft in festen Bünd-
nissen organisiert war, und praktisch hatte nicht die einzelne
Familie, sondern die jeweilige Korporation die Herrschaft
über die kleinen Territorien, die in ihrer Summe doch einen
beträchtlichen Anteil der politischen Landschaft des Südwestens ausmachten.

Dieser knappe Überblick über die Herrschaftsformen macht
deutlich, wie verschiedenartig die politische Organisation war,
aber auch, daß es innerhalb der Gruppen gleicher Struktur
schon durch die unterschiedlichen Größenverhältnisse wiederum beträchtliche Unterschiede gab. Das Bild wird aber
noch bunter, wenn spezifische Prägungen mit bedacht werden, die auch in Territorien gleicher Herrschaftsform einen
verschiedenen Habitus der Bevölkerung entstehen ließen.
Die wichtigste Bestimmungsgröße war dabei die Konfession.
Mitte des 16. Jahrhunderts räumte der Augsburger Reli-
gionsfriede den evangelischen Landesherren das Recht kirchlicher Gesetzgebung ein; praktisch konnte von diesem Zeitpunkt an der Regent oder der Rat über die Konfession der
Untertanen entscheiden – eine Regelung, die erst mit dem

Das Ulmer Münster, 1377 begonnen, erhielt seinen heutigen, 161 Meter hohen Kirchturm erst im 19. Jahrhundert.

Westfälischen Frieden von 1648 wieder aufgehoben wurde. Für eine moderne Denkweise ist jene Weichenstellung durchaus fragwürdig: Was eigentlich eine ganz persönliche Gewissensfrage sein sollte, wurde von oben dekretiert. Aber die obrigkeitliche Glaubensentscheidung verfestigte sich rasch in der Tradition, und bis zu den großen Bevölkerungsverschiebungen des 20. Jahrhunderts sprach man selbst in der amtlichen Statistik von katholischen Dörfern und evangelischen Dörfern − so einheitlich blieb über die Jahrhunderte hinweg die Ausrichtung der Bewohner. Dies aber ist ein Unterschied, der sich keineswegs nur im engeren kirchlichen Rahmen ausdrückte, sondern die ganze Lebensweise bestimmte und zum Teil immer noch bestimmt.

Bei einer Beschreibung der Gegensätze rutscht man, ähnlich wie bei der Gegenüberstellung badischer und württembergischer Eigenheiten, leicht ins Klischee; man tut gut daran, die Opposition durch einschränkende Wendungen wie »bis zu einem gewissen Grad« abzufedern. Wird dies mitbedacht, dann kann man konstatieren, daß die Menschen in den katholischen Ortschaften, Territorien und Gegenden aufgeschlossener für die freundlichen Seiten des Daseins waren, angefangen mit Essen und Trinken. Auch an der Kleidung war das sichtbar; die stärkeren Farben waren für die katholischen Mädchen und Frauen reserviert; im Schwäbischen hört man heute noch für einen besonders ausgefallenen und grellen Kopfschmuck die Bezeichnung »katholischer Hut«. Die katholische Kulturlandschaft war immer Kultlandschaft, bestückt nicht nur mit dem einen Kirchenbau, sondern auch mit Kapellen, Andachtsstätten und Feldkreuzen. Eine Familie in meiner Bekanntschaft orientierte sich vor sonntäglichen Ausfahrten regelmäßig über die historische und damit konfessionelle Zugehörigkeit der Orte in der anvisierten Gegend, weil eine Tochter den Anblick von Kruzifixen nicht ertrug − und die sind im katholischen Gebiet nun einmal nicht zu vermeiden.

Wie weit die kulturellen Einstellungen auseinander drifteten, läßt sich an einem Beispiel aus dem Theaterleben verdeutlichen. Es war schon davon die Rede, daß eine strengere protestantische Ausrichtung dem Theater nicht nur distanziert, sondern feindselig gegenüber stand. Im Umkreis der Klöster entwickelte sich dagegen ein extensives Theaterwesen, in das auch die Laien einbezogen waren. Aber die Stücke, die in St. Blasien, Zwiefalten oder Marchtal gespielt wurden, werden in der Theatergeschichte meist gar nicht angeführt, da es sich fast ausschließlich um antiquierte geistliche Thesendramatik handelte – lediglich der Pater Sebastian Sailer schuf mit seiner dramatischen Schöpfungsgeschichte und anderen Stücken die neue Gattung des heiteren geistlichen Dialektstücks. Er fiel damit aber aus dem ziemlich starren Rahmen. Im Wengenkloster, einer katholischen Enklave in der evangelischen Reichsstadt Ulm, kam im Jahr 1779 ein »Schauspiel in fünf Abhandlungen« zur Aufführung, das den Titel »Der abgedankte Offizier oder Joseph der Gute« trug. Liest man in der Handschrift, die im Ulmer Stadtarchiv aufbewahrt wird, so wird man schnell stutzig: Das Stück erinnert nicht nur an Lessings Lustspiel »Minna von Barnhelm«, sondern es ist eine Bearbeitung davon. Aber was für eine: Nicht nur, daß Lessings braver und bescheidener Major Tellheim unter dem Namen Tellmann auf die Seite der Intriganten verschoben wird; der abgedankte Offizier, ein »Herr von Tapfer«, ergeht sich außer in Klagen über die Notsituation seiner Familie ausschließlich in Huldigungen des am Ende hilfreichen Kaisers Joseph – dieser ist nicht nur, wie es im Titel heißt, »der Gute«, sondern »ein Gott auf Erden«, und in einem ebenso geschmacklosen wie verräterischen Bild wird von ihm gesagt, daß seine »Fußtritte von Segen träufeln«. Josephs aufklärerische Weisungen waren zu diesem Zeitpunkt in dem Ulmer Kloster noch nicht angekommen; man lebte hier noch im Zeichen der Gegenreformation, während das aufgeklärt-heitere Lustspiel Lessings im gleichen Jahr im

Stuttgarter Hoftheater zur Aufführung kam, nachdem es schon in den Jahren zuvor von Wanderbühnen in Ludwigsburg und Stuttgart, Heilbronn und Öhringen präsentiert worden war.

Es wäre freilich schief, wenn man schematisch die Gleichung katholisch = rückständig und protestantisch = fortschrittlich anwendete. Von protestantischer Skepsis gegen das ganze Theaterwesen – um in diesem Bereich zu bleiben – war schon die Rede, und das katholische Bekenntnis bedeutete nicht automatisch Distanz zur moderneren Entwicklung der Bühnenstücke. Lessings »Minna von Barnhelm« wurde erstmals im Herbst 1767 in einem Hamburger Theater gespielt; schon im folgenden Jahr fand eine Aufführung am Hof des Fürsten von Hohenzollern-Hechingen statt. Die Anregung dazu dürfte von dem Preußen Friedrich Wilhelm von Steuben ausgegangen sein, der später als General im amerikanischen Unabhängigkeitskrieg berühmt wurde; er war ein Freund des Hechinger Fürsten und sorgte zwölf Jahre lang als dessen Hofmarschall für Neuerungen. Er spielte, selbst abgedankter preußischer Offizier, den Tellheim. Der Fürst stand nicht auf der Bühne; aber jedenfalls hatte er die Anregung des Freundes aufgenommen, und so machte ein kleiner katholischer Hof Theatergeschichte – wenn man dieses Wort nicht zu anspruchsvoll auffaßt.

Man darf sich das Leben an den kleinen Höfen nicht zu großartig vorstellen; aber sie bildeten doch kulturelle Mittelpunkte. Ausgeprägter als der Kunstsinn der Hofgesellschaft war meistens das Streben nach Repräsentation – aber ohne Künstler war dies nicht zu verwirklichen, so daß immer wieder Spuren eines bescheidenen Mäzenatentums sichtbar werden. An die größeren Höfe – in Mannheim, Karlsruhe, Donaueschingen, Stuttgart – wurden oft bedeutende Künstler geholt, und in den geistlichen Herrschaften eiferte man den weltlichen Fürsten nach. Nach St. Blasien holte der Abt in den sechziger Jahren des 18. Jahrhunderts einen südfranzösischen Architekten zum Ausbau des Klosters. Die Versammlung der Geistlichen in der Herrschaft entschied sich für die Investition mit der Begründung, wenn von weltlichen Fürsten die kostbarsten Palais und die ansehnlichsten Kasernen gebaut würden, dann sei es auch den geistlichen nicht zu verargen, wenn sie Gott »einen anständigen Tempel« aufrichteten. Auch die Musik fand in vielen Klöstern eine Pflegestätte. In den Reichsstädten schließlich herrschte zwar insgesamt ein nüchterneres Klima; oft wird die »Rechenhaftigkeit« hervorgehoben, die hier zur Entfaltung des Handwerks und später zum energischen Aus- und Aufbau der Industrie führte. Aber manches Handwerk – etwa das der Gold- und Silberschmiede – wurde zur Kunst weiterentwickelt, und auch darüber hinaus gab es ein reiches kulturelles Leben, auch wenn es manchmal einen recht biederen Anstrich hatte. Das Kleinkarierte, die Enge in den kleinen Territorien muß immer mitgedacht werden; die nahen Grenzen verbauten den Horizont und begünstigten eine gewisse

Die Karlsruher Hofoper

Selbstgefälligkeit nicht nur der Regenten, sondern auch des Regierungsapparats. Sie begünstigten andererseits aber eben auch einen eigenen kulturellen Akzent.

Wie die Residenzen und Klöster, so strahlten auch die Reichsstädte aus auf ihre Umgebung. Die Dichte und Vielfalt kleiner Herrschaften brachte eine bemerkenswerte Dichte und Vielfalt kultureller Leistungen mit sich. Wenn heute festgestellt werden kann, daß es in Baden-Württemberg Provinz im Sinne einer von kulturellen Impulsen abgeschnittenen, abseitigen Region so gut wie gar nicht gibt, dann ist dies vor allem eine Spätfolge der politischen Aufteilung in Hunderte von Territorien, in denen sich fast immer vom prägenden Mittelpunkt her eine eigene kulturelle Tradition entwickelte. Der Begriff Kultur sollte dabei nicht zu eng gefaßt werden – in den Reichsstädten gehören bis heute die Handwerker- und Kinderfeste dazu, aber auch die Bürgerfeste, die sich mit der Vereidigung des Bürgermeisters verbinden, in den geistlichen Gebieten die Wallfahrten und Kirchenfeste. Auch die Einrichtung von Büchereien und die Verbesserung von Schulen und anderen Ausbildungsstätten lag im Interesse mancher Territorialherren. Der Abt von St. Blasien, dem die Erneuerung der Abteikirche zu verdanken war, setzte sich beispielsweise als aufgeklärter Reformer für die Schule, für Kranken- und Waisenhäuser, für die Einrichtung einer Sparkasse, aber auch für den Ausbau von Manufakturen und einer Bierbrauerei ein. Die jeweilige Herrschaft prägte bis zu einem gewissen Grad den ganzen Lebensstil in ihrem Territorium.

Bis zu einem gewissen Grad: Es versteht sich, daß nicht alle im weiteren Sinn kulturellen Unterschiede auf die Vielzahl und Vielfalt der Territorien und die unterschiedlichen Herrschaftsformen zurück zu führen sind. Oft ist der Hinweis auf die bunte historische Karte auch nur ein Interpretament – ein handliches Erklärungsmuster, mit dem komplizierte Sachverhalte schnell auf einen einfachen Nenner gebracht werden. Man tut zum Beispiel gut daran, bei der Beschreibung

Wohlhabende neuwürttembergische Bauern,
die ihre Höfe geschlossen ererbt hatten,
treffen auf magere altwürttembergische Grundbesitzer
mit ihren durch die Realteilung immer
kleiner gewordenen Höfen.

und Untersuchung kleinräumiger Unterschiede auch die Naturverhältnisse zu beachten. Geographen sprechen von der »Kleinkammerigkeit« Südwestdeutschlands; die Landschaft trumpft hier nicht mit Extremen auf, aber daß sie abwechslungsreich ist, steht nicht nur in der Tourismuswerbung. Der skizzierten Fahrt, die auf einer relativ kurzen Strecke durch ein knappes Dutzend historischer Territorien führt, könnten leicht ähnliche Reisen an die Seite gestellt werden, die innerhalb kurzer Zeit ganz verschiedene Naturräume berühren. Der geologische Aufbau, die Bodenbeschaffenheit, das Bewässerungssystem, die Gebirgsstruktur – die ganzen naturräumlichen Grundlagen tragen mit dazu bei, daß das Gesicht der Landschaft alles andere als einheitlich ist.

Naturräume sind bei uns allerdings grundsätzlich kultivierte Naturräume, mit geformt durch die Art der Bewirtschaftung und Pflege. Insofern spielen auch hier geschichtliche Impulse herein, und oft schlägt die politische Prägung auf das Bild der Landschaft durch. In diesem Zusammenhang können noch einmal die Gegensätze in der Agrarverfassung angeführt werden, also die Unterschiede zwischen Gebieten, in denen der Besitz geschlossen vererbt wurde und wo sich deshalb große Höfe gehalten haben, und anderen Gebieten, in denen geteilt wurde und im Laufe der Zeit immer kleinere Feldstücke entstanden. Im 19. Jahrhundert gab es lebhafte Auseinandersetzungen um die Zweckmäßigkeit der beiden Formen. Friedrich List befaßte sich mit dem Problem in einer längeren Abhandlung. Er wandte sich gegen die »Zwergwirtschaft« in den Realteilungsgebieten – nicht nur, weil sie den Bauern keine ausreichende Ernährungsgrundlage bot, sondern auch, weil die komplizierte Flurverfassung und das enge Zusammenwohnen in den Dörfern »zu Streit, Zwiespalt, Feindschaft und Prozeß« führen müsse. Das Leben in den Einzelhöfen der Anerbengebiete entferne die Bewohner dagegen vom »erbärmlichen Dorfklatsch« und gebe dem Bauern »Freude und Mut«. List stand mit dieser Bewertung ziemlich allein; die meisten württembergischen Theoretiker rühmten die Freiheit in der Verfügung über das Eigentum und damit die Tradition der Teilung. Sie unterstützten damit die staatlichen Tendenzen in Württemberg; auch in diesem Punkt wurde der Versuch gemacht, die in Altwürttemberg häufige Form der Teilung nun auch auf Neuwürttemberg auszudehnen, freilich ohne großen Erfolg.

In Oberschwaben blieb man ebenso wie im nordöstlichen Neuwürttemberg größtenteils bei der geschlossenen Vererbung; im altwürttembergischen Gebiet hielt sich überwiegend das System der Teilung. Die politische Zugehörigkeit war demnach nicht bedeutungslos, aber nur die der vornapoleonischen Zeit. Ein Gegensatz zwischen Baden und Württemberg besteht in diesem Bereich nicht; und die Verhältnisse in Baden machen zudem deutlich, daß nicht alles anhand der historisch-politischen Landkarte erklärt werden kann. Unabhängig von der Herrschaftszugehörigkeit ist die fruchtbare oberrheinische Ebene in ihrer ganzen Erstreckung vor allem Realteilungsgebiet; und genausowenig läßt sich das Anerbengebiet des Schwarzwalds mit bestimmten Territorien zur Deckung bringen. Hier wäre man infolge der kargen Böden und der nicht sehr ausgedehnten nutzbaren Flächen schnell an ein Ende der Teilung gekommen – vor allem deshalb also die schönen großen Schwarzwaldhöfe, die heute vor allem auch eine touristische Attraktion darstellen.

Identitätsräume

Enge und bunte Vielfalt – bei der Schilderung des zerstückelten Landes sind Übertreibungen kaum möglich. Dicht bei dicht waren die kleinen Territorien gelagert, und manchmal schoben sich die Herrschaftsräume geradezu ineinander. Peter Lahnstein spricht von einem »kunterbunten Gebrösel«; er erwähnt Künzelsau, wo Kurmainz, Würzburg, Hohenlohe und Stetten nebeneinander regierten, und Mögglingen im Remstal, wo sich Württemberg, die Reichsstadt Gmünd, die Probstei Ellwangen und das Adelsgeschlecht der Wöllwarth in die Herrschaft teilten. In Buchau behauptete sich in und neben der Reichsstadt ein fürstliches Damenstift; und auch in Isny gab es zwei Territorien, die Freie Reichsstadt und die Klosterherrschaft. Wohin man auch blickt: kleine und kleinste Herrschaftsgebiete.

Das ist nicht nur Vergangenheit. Die Verhältnisse in der Allgäustadt Isny hat Sylvia Greiffenhagen untersucht und festgestellt, daß der Gegensatz zwischen der protestantischen Reichsstadt und der katholischen Klostersiedlung keineswegs völlig überwunden ist, daß vielmehr aktuelle kommunalpolitische Konflikte an der alten Trennlinie entstehen können und verschärft werden. In anderen Fällen trägt die einstige Selbständigkeit – auch wenn dieses Wort vielfach in Anführungszeichen zu setzen wäre – dazu bei, daß diese Selbständigkeit, möglichst ohne Anführungszeichen, auch jetzt noch gewahrt wird. Bei der Verwaltungsreform vor drei Jahrzehnten ergaben sich Probleme nicht nur aus der Grenze zwischen Baden und Württemberg (wie im Fall von Villingen-Schwenningen), sondern auch aus älteren Grenzen.

Ravensburg und Weingarten hätten sich beispielsweise in einem gemeinsamen Stadtverband sehr gut ergänzt; aber das kleinere Weingarten (es hat zwar die doppelte Fläche von Ravensburg, aber nur halb so viele Einwohner) wollte – man kann sogar sagen: konnte - als Mittelpunkt der einstigen Abteigebiete seine Selbständigkeit nicht preisgeben. Ganz allgemein läßt sich sagen, daß in vielen Orten Südwestdeutschlands die einstige territoriale Tradition im lokalen Selbstbewußtsein und Heimatgefühl aufgehoben ist.

Aber so beherrschend der Eindruck der Kleinteiligkeit ist – es gab ja doch auch größere Territorien, in denen sich das Zugehörigkeitsgefühl, die Identifikation der Bewohnerinnen und Bewohner nicht nur auf einen Ort bezog, sondern auf einen weiteren Umkreis. Dazu gehörten nicht nur das alte Württemberg, die Markgrafschaft Baden und das Fürstentum Hohenzollern, sondern noch einige wenige andere Gebiete. An erster Stelle ist die Kurpfalz zu nennen, das Gebiet um Mannheim und Heidelberg, das 1803 Baden zugeschlagen wurde. Die Kurpfalz nimmt insofern eine Sonderposition ein, als sie sich bis zu diesem Zeitpunkt weit ins Linksrheinische erstreckte und fast den ganzen Südteil des jetzigen Bundeslandes Rheinland-Pfalz umfaßte. Das Zentrum war aber lange Zeit der kleine rechtsrheinische Teil. Die bereits 1386 gegründete Heidelberger Universität gehörte über die Jahrhunderte hinweg zu den wichtigsten Deutschlands. Von Heidelberg ging indirekt übrigens auch die Gründung der Universitäten Tübingen und Freiburg aus: Mechthild, die Schwester des Kurfürsten, kam durch ihre Heirat ins Schwäbische; zur Einrichtung der Tübinger Universität drängte sie ihren Sohn Graf Eberhard im Bart, in Freiburg wurde ihr enger Berater Gründungsrektor. Nach Mannheim – Anfang des 17. Jahrhunderts als Festung gebaut und zur Handelsstadt erweitert – wurde 1720 die Residenz verlegt. In der zweiten Jahrhunderthälfte machte Kurfürst Karl Theodor die Stadt zu einem Mittelpunkt europäischer Kultur.

Voltaire, aus Frankreich verbannt, hatte sich in der Pfalz zunächst als Italiener ausgegeben, weil hier so viele Ruinen von den französischen Kriegszügen zeugten; aber er fand in Mannheim nicht nur freundliche Aufnahme, sondern auch eine französisch plaudernde Gesellschaft, französisches Theater, französische Bibliotheken und Schulen. In der Musik nahm die »Mannheimer Schule« einen besonderen Rang ein. Und für Schiller war Mannheim nicht nur das erste Ziel nach seiner Flucht aus Württemberg, das Nationaltheater brachte ihm mit der Aufführung der »Räuber« auch den ersten großen Triumph.

Zu jener Zeit lag das Zentrum der kurpfälzischen Politik allerdings nicht mehr zwischen Neckar und Rhein; die Wittelsbacher, die in der Pfalz regierten, waren auch die Herren von Besitzungen am Niederrhein und großer Teile Bayerns;

Mit Mannheim erwarb Baden die prächtige Residenzstadt der katholischen pfälzischen Kurfürsten des 18. Jahrhunderts. Die Abbildung zeigt eine Truppenrevue im Jahr 1815.

1778 verließ der kunstsinnige Kurfürst Karl Theodor mit seinem Hofstaat, aber auch vielen Handwerkern und Handelsleuten Mannheim und zog nach München, wo er mit seinen Kunstsammlungen den Grundstock der Pinakothek schuf. Die Kurpfalz verlor an Bedeutung – sonst wäre sie wohl kaum in den »Entschädigungsverhandlungen« zum Objekt geworden, wäre das Land um Heidelberg und Mannheim nicht an Baden gefallen. Aber die Menschen fühlten sich weiterhin als Pfälzer.

Das ausgeprägte Eigenbewußtsein dieser Region ist nicht verwunderlich. Es erklärt sich nicht nur aus der Zeit der Kurpfalz. Für das Großherzogtum Baden war der hoch verschuldete pfälzische Teil zunächst eine Last; aber schon nach wenigen Jahrzehnten errang der Raum eine gewisse Vormachtstellung. Mannheim, das beim Wegzug des Fürsten rund ein Viertel seiner Einwohner verloren hatte, wurde zum Handels- und Wirtschaftszentrum, und Mitte des 19. Jahrhunderts ging die radikalere Form der Revolution von hier aus. Mit Mannheim, Heidelberg und Schwetzingen blieb auch das kulturelle Schwergewicht erhalten. Die Heidelberger Universität war in Baden unumstritten, während Freiburg zunächst um den Bestand seiner Hochschule bangen mußte. Die Sonderart reichte aber auch in die ganz persönlichen Orientierungen und Äußerungen hinein: ein stark calvinistisches Gepräge in der Religion, die mundartlichen Eigenarten der »Pälzer« und die laute Fröhlichkeit, die den Besuchern aus dem mittleren und südlichen Baden immer auffiel. Das meiste von dieser Charakterisierung könnte auch in Gegenwartsform niedergeschrieben werden; die Pfälzer behaupten auch im neuen Land Baden-Württemberg ihre Sonderstellung.

Völlig anders verhielt und verhält es sich mit dem Fürstentum Fürstenberg, das vor dem Übergang an Baden der Fläche nach das Gebiet der Kurpfalz übertraf. Die Zahl der Bewohner war allerdings sehr viel kleiner, und der Besitz war auf fünf voneinander getrennte Territorien verteilt. Erst im Lauf des 18. Jahrhunderts wurden alle Territorien in einer Hand vereinigt; Donaueschingen wurde als neue Residenz zu einem wichtigen kulturellen Mittelpunkt, während vorher kulturelle Schwerpunkte eher in den Außenpositionen Meßkirch und Heiligenberg vorhanden waren.

Donaueschingen ist ein kulturelles Zentrum geblieben. Bald nach dem Ersten Weltkrieg fanden die ersten Musikfeste statt, mit denen der Fürst vor allem junge Komponisten fördern wollte, die aber gleichzeitig – so drückte es der Donaueschinger Musikdirektor aus – bewirken sollten, daß Musik nicht nur von wenigen Gebildeten genossen, sondern »eine Sache aller« werde. Die Förderung der Avantgarde gehört noch immer zu den Zielen der Donaueschinger Musiktage, und auch in anderen Bereichen von Kunst und Bildung nimmt die Stadt einen wichtigen Platz ein. Aber die Erinnerung an das große Territorium spielt nur noch eine untergeordnete Rolle. »Ich bin ein Fürstenberger« wird man kaum zu hören bekommen – dagegen durchaus »Ich trinke ein Fürstenberger«, da die fürstliche Brauerei expandiert und jüngst sogar wichtige Positionen beim Cannstatter Volksfest erobert hat. Der Grund dafür, daß die Herrschaft Fürstenberg ziemlich rückstandslos in Baden aufgegangen ist, liegt in der relativ späten Zentrierung um Donaueschingen, die zudem die geographische Streuung nicht aufhob; sicherlich aber auch darin, daß der ländliche Zuschnitt der ganzen Gebiete überwiegt – strahlende und ausstrahlende Städte wie Mannheim oder Heidelberg finden sich hier nirgends.

Daß sich allerdings auch in einem ganz überwiegend ländlichen Gebiet die politische Struktur der vornapoleonischen Zeit ins kollektive Gedächtnis eingraben konnte, zeigt sich in Hohenlohe. Die Grafschaft teilte sich schon früh in mehrere Linien; aber die Herrschaften waren räumlich verbunden, und einem Senior unter den Herren war das Recht übertragen, für alle Linien Entscheidungen zu treffen. Für kleinere Belange, für die laufenden Geschäfte gewissermaßen, blieben die einzelnen Grafen zuständig; schwierigere Probleme mußten dagegen gemeinsam gelöst werden.

Ein einprägsames Beispiel für einen Konflikt, der nicht nur die verschiedenen Herrschaften, sondern sogar externe Gerichte beschäftigte, war der sogenannte Osterstreit im Jahr 1744. Ausgelöst wurde er durch ein Kuriosum, das den Verkehr und die Verständigung in vielen Ländern belastete: die uneinheitliche Zeitrechnung. Bis ins späte Mittelalter galt relativ einheitlich der Julianische Kalender, benannt nach Gaius Julius Caesar, dem die willkürliche Festsetzung der Jahresdauer durch die verschiedenen Herrscher zuwider war und der das Kalenderjahr ein für allemal mit dem Sonnenjahr in Einklang bringen wollte. Das gelang nicht ganz – die Jahre waren nach dieser Festlegung etwas mehr als elf Minuten zu lang. Das ist nicht viel, aber es summiert sich allmählich, und vom 13. Jahrhundert an kritisierten viele Gelehrte die entstandene Differenz. Es kam zu langwierigen Berechnungen, zu Forschungsprojekten und Konferenzen, bis schließlich Papst Gregor XIII. im Jahr 1582 seine Reform durchsetzte: Zehn Tage fielen aus; auf den 4. Oktober folgte gleich der 15.; dies war die Geburtsstunde des sogenannten Gregorianischen Kalenders.

Seine Einführung war das Ergebnis astronomischer Berechnungen und hatte an sich nichts mit Theologie zu tun. Aber die Verkündung durch den Papst führte dazu, daß sich die protestantischen Länder lange gegen die Neuerung wehrten – zum Teil wohl auch deshalb, weil sie Luthers Auffassung zuneigten, daß die weltliche Zeitrechnung angesichts der bevorstehenden Wiederkunft Christi keine besondere Aufmerksamkeit verdiene. Im ganzen 17. Jahrhundert konnte man im territorial zerstückelten deutschen Gebiet bei einer Tagesreise mehrfach den Tag, also die kalendarische Zuordnung, wechseln. Wer im Bayerischen Anfang Mai abreiste, kam im evangelischen Herzogtum Württemberg Ende April an. Erst nach 1700 folgte die Zählung fast überall dem »neuen Kalender« – aber nicht in allen Teilen Hohenlohes.

Hier galt in den protestantischen Grafschaften eine »verbesserte« Form des Kalenders, die zwar der gregorianischen Zählung folgte, aufgrund besonderer Berechnungen aber im Abstand einiger Jahrzehnte für das Osterfest einen eigenen Termin vorsah. Für die Protestanten war der Ostertermin 1744 der 29. März, für die Katholiken der 5. April. In den beiden Grafschaften Hohenlohe-Bartenstein und Hohenlohe-Waldenburg war die Bevölkerung fast ausschließlich protestantisch; aber sie wurde von katholischen Grafen regiert, die auf dem ›richtigen‹, dem gregorianischen Termin beharrten und den evangelischen Pfarrern befahlen, daß sie den Gottesdienst entsprechend ausrichteten. Einige Pfarrer weigerten sich, fanden aber ebenso wie die Mitglieder ihrer Pfarrgemeinden am protestantischen Termin die Kirchentüren versperrt, worauf sie den Ostergottesdienst im Freien abhielten.

In Sindringen, einem Städtchen am Kocher, wurde die Verlegung des evangelischen Gottesdiensts auf den katholischen Ostertermin durch den Einsatz von Militär erzwungen. Ein durch den Bürgermeister des Orts beantragtes kaiserliches Urteil wandte sich gegen die Zwangsmaßnahmen des Grafen; der aber ließ kurzerhand den Bürgermeister einsperren. Der Konflikt weitete sich aus; es kam zu weiteren Urteilen des Reichshofgerichts gegen den Bartensteiner, die dieser aber ebenso ignorierte wie die Schlichtungsversuche der anderen, evangelischen Landesherren. Erst nachdem diese fremdes Militär ins Land geholt hatten, kam es zu einer Verständigung, und das Leben in Hohenlohe, das inzwischen Reichsfürstentum geworden war, mündete wieder in ruhigere Bahnen.

Es ist nicht auszuschließen, daß gerade die innere Vielfalt und die dadurch erforderten staatlichen Ausgleichsprozesse dazu beitrugen, daß in Hohenlohe ein gewisses Landesbewußtsein entstand. Aber das Land hatte auch besondere Leistungen aufzuweisen. In erster Linie zwar »nur« im landwirtschaftlichen Bereich; aber in einer Zeit, in der fast alle Menschen in der Landwirtschaft oder für sie beschäftigt waren, bedeutete das viel. In Hohenlohe mit seinen großen Höfen konzentrierten sich fortschrittliche Überlegungen stark auf agrarische Verbesserungen. Bekannt geworden ist Johann Friedrich Mayer, Pfarrer im kleinen Kupferzell, der in zahlreichen Abhandlungen neue Methoden im Ackerbau propagierte, von denen er die meisten in seinem eigenen Anwesen erprobt hatte. Seine »Verteidigung des Gypses als einer vortrefflichen Dungsorte« hat ihm den Übernamen »Apostel des Gipses« eingetragen. Auch die Viehzucht wurde so vorbild-

Das hohenlohische Städtchen Waldenburg mit der Residenz der Fürsten von Hohenlohe-Waldenburg.

lich entwickelt, daß Schlachtvieh bis nach Paris exportiert wurde – und wird, denn Hohenlohe ist agrarisches Musterland geblieben, auch wenn inzwischen angesehene Industriebetriebe angesiedelt wurden.

Der Eingliederung ins Königreich Württemberg versuchten sich die Fürsten von Hohenlohe zu widersetzen, und sie erreichten wenigstens, daß eine förmliche »Unterlandesherrschaft« gebildet wurde. Die Fürsten behielten gravierende Rechte gegenüber den Untertanen – was dazu führte, daß sich Rebellionen der Landbevölkerung 1830 und 1848 gegen sie und nicht gegen die Stuttgarter Obrigkeit richteten. Aber es gab auch die »Frontstellung gegenüber den neuen Herren, ihrer Beamten-, Pfarrer- und Lehrerschaft«. Hans-Georg Wehling führt vor allem darauf das fortdauernde hohenlohi-

Das Prämonstratenserkloster Obermarchtal
zu Anfang des 19. Jahrhunderts.

sche Selbstbewußtsein zurück, das über die einstigen Hohenloher Grenzen hinausreicht: Als Hohenloher bezeichnen sich
die Leute auch im Gebiet der ehemaligen Reichsstadt Hall
und in anderen angrenzenden Gebieten, in denen man sich
nicht auf die Tradition des Fürstentums berufen kann. All
diese Räume gehörten bis zum Beginn des 19. Jahrhunderts
nicht zum Schwäbischen, sondern zum Fränkischen Reichskreis; sie sind verbunden durch die fränkische Mundart, die
überall dort Hohenlohisch genannt wird, und eine gewisse
Gemeinsamkeit liegt auch in der etwas leichtlebigeren fränkischen Art – aber der wichtigste Impuls für das übergreifende
Selbstbewußtsein war wohl die Zwangsvereinigung mit Altwürttemberg.

Hans-Georg Wehling, der in den letzten Jahrzehnten durch

*Die Wallfahrtskirche Kloster Birnau oberhalb des Bodensees,
eine der bedeutendsten Spätbarockbauten Südwestdeutschlands.*

eigene und durch von ihm angeregte Veröffentlichungen am entschiedensten dazu beigetragen hat, daß die politische Kultur in Baden-Württemberg auf ihre historischen Wurzeln zurückgeführt, und das heißt zwangsläufig: in ihren regionalen Besonderheiten verstanden wird, sieht generell in den kleineren südwestdeutschen Identitätsräumen das Erbe einer Protest- oder mindestens distanzierten Haltung gegenüber den Staatsgründungen des frühen 19. Jahrhunderts; die Kurpfalz paßt ebenso in dieses Muster wie Hohenlohe.

Besonders überzeugend ist die Erklärung im Blick auf Oberschwaben, das ja im Alten Reich keinen selbständigen Staat bildete, sondern im zerstückelten Südwesten der zerstückeltste Teil war und einige Dutzend Territorien umfaßte. Oberschwaben war einmal eine Verwaltungseinheit; im 13. Jahrhundert galt als »Suevia superior« das Gebiet südlich der Donau und vom Schwarzwald bis zum Lech. Im Rechtswesen spielt der Begriff, bezogen meist auf kleinere Gebiete, auch in der Folge eine gewisse Rolle; im wesentlichen war Oberschwaben oder das obere Schwaben aber nur ein Landschaftsbegriff, mit dem von außen, ohne klare Grenzziehung, die vielen kleinen Territorien zusammengefaßt wurden. Eine präzisere Bestimmung ergab sich erst nach der Bildung des Königreichs Württemberg. In der amtlichen Landesbeschreibung von 1820 wird Oberschwaben auf den »neu erworbenen Landesbezirk zwischen Donau und Bodensee« bezogen, und im Verlauf des 19. Jahrhunderts bildete sich auch ein oberschwäbisches Selbstbewußtsein heraus. Es entstand auf der Grundlage gemeinsamer Erfahrungen und einer relativ einheitlichen Lebensart, die sich von der altwürttembergisch geprägten unterschied.

Peter Blickle charakterisierte die oberschwäbische Landschaft durch die Stichworte Barock und Vereinödung. Diese Begriffe stehen für besondere gesellschaftliche und kulturelle Verhältnisse: Oberschwaben war ein Bauernland mit großen Höfen, die in einem zunächst von den Klöstern ausgehenden frühen Flurbereinigungsprozeß »vereinödet«, das heißt aus dem Verband eines Weilers herausgenommen und isoliert in die arrondierte Fläche gestellt wurden. Die Bauern beanspruchten und behaupteten besondere Rechte, auch gegen den in Oberschwaben zahlreich vorhandenen Adel.

Oberschwaben ist, von wenigen Territorien abgesehen, katholisch; als des Heiligen Römischen Reichs Klosterwinkel wurde es bezeichnet, und barock ist nicht nur die dominierende Ausprägung kirchlicher Frömmigkeit, sondern auch eine fröhlichere, nach außen gerichtete Gestaltung des Alltags. Das Verständnis Oberschwabens als Einheit entstand aber tatsächlich vor allem aus einer gewissen Frontstellung gegen Stuttgart. Weil man von dort den »Klosterschlendrian« durch schematische Ordnungsmaßnahmen bekämpfte und Oberschwaben nur eine Randstellung zugestand, entwickelte sich im Verlauf des 19. Jahrhunderts eine stabile Gegenposition mit eigener Presse, eigenen wissenschaftlichen und künstlerischen Gesellschaften, einem eigenen Vereinswesen und eigener politischer Einflußnahme. Vieles davon hat sich gehalten oder wurde sogar in jüngster Zeit erneuert. Oberschwaben ist für die zwischen Donautal und Bodensee lebenden Menschen eine wichtige Bezugsgröße geblieben, obwohl man inzwischen auch rund um Stuttgart diese Gegend respektiert – als Erholungsgebiet, als nicht nur historische Kulturlandschaft und als stabilen Wirtschaftsraum.

Die Etablierung der Einheit Oberschwaben ist auch deshalb bemerkenswert, weil sie eine andere historische Größe durchkreuzt: Vorderösterreich. Die Habsburger, die nach dem Untergang der Staufer die deutsche Königswürde übernahmen, suchten sich in Schwaben eine Hausmacht zu schaffen, verbanden also Reichs- und Territorialpolitik. Die Grafen von Württemberg ließen sich nicht bezwingen; aber die »vorderen österreichischen Lande« reichten von Tirol bis ins Elsaß. Ein wichtiges Zentrum war der Breisgau mit Freiburg; im westlichen Albvorland gehörte die Grafschaft Hohenberg, im Hegau die Grafschaft Nellenburg dazu. Das Reichsstädt-chen Buchhorn, das spätere Friedrichshafen, war umgeben vom Gebiet der österreichischen Landvogtei Schwaben, und entlang der Donau und am Hochrhein gab es eine Reihe schwäbisch-österreichischer Städte. In kriegerischen Ausein-andersetzungen ging die Herrschaft über einzelne Gebiete immer wieder einmal verloren, und die Habsburger waren in diesen Außenpositionen auch nicht immer sehr präsent; aber schon durch die starken und aktiven Landstände entstand ein Gefühl der Zusammengehörigkeit.

Daß sich dieses nicht halten konnte, hat mehrere Ursachen. Wien war weit weg. Unter der Regierung Maria Theresias und Josephs II. bildete sich allerdings eine vereinheitlichte Provinz heraus, es kam zu Förderungsmaßnahmen und Re-formen; und es gibt eindrucksvolle Zeugnisse der Anhäng-lichkeit an das kaiserliche Haus. Aber Vorderösterreich war eben doch nur ein kleiner Teil an der Peripherie. Wichtiger noch: Vorderösterreich war kein Flächenstaat, sondern, in den Worten Franz Quarthals, ein »Konglomerat verschiede-ner Herrschaften«, die räumlich getrennt waren. Und diese Herrschaften wurden Anfang des 19. Jahrhunderts nicht *einem* neuen Staat zugeordnet, sondern bildeten fortan einen stattlicheren Teil Badens und einen relativ kleinen Teil Würt-tembergs und Bayerns.

Es ist sicher kein Zufall, daß im vereinigten Bundesland Baden-Württemberg die Erinnerung an Vorderösterreich wieder eine größere Rolle zu spielen beginnt – auch jenseits der altbadischen Propaganda, in der die österreichische Tra-dition Südbadens gelegentlich hervorgehoben wurde. In wis-senschaftlichen Abhandlungen, Kolloquien und Vortragsreihen wird Vorderösterreich häufiger zum Thema gemacht, und 1999 erinnerte eine große Landesausstellung, die in Rotten-burg, im österreichischen Melk und in Freiburg gezeigt wurde, an die wechselvolle Geschichte und das kulturelle Erbe der österreichischen Vorlande. Unter geeigneten Umständen strahlen solche wissenschaftlichen Demonstrationen auf das allgemeine Bewußtsein aus – es ist nicht auszuschließen, daß sich über die aktualisierten historischen Erinnerungen auch eine Art Vorderösterreich-Bewußtsein in der Bevölkerung entwickelt.

Allerdings muß – nicht nur in bezug auf diese, sondern auch auf die anderen, ausgeprägteren Orientierungen – beachtet werden, daß sich Identitätsräume überlagern und daß die historisch-politische Zugehörigkeit nur eine Bestimmungsgröße unter anderen ist. Die Menschen in Ladenburg oder Weinheim leben nicht nur in der Kurpfalz, sondern auch im Wirtschaftsraum Mannheim-Ludwigshafen; die Region Stuttgart ist nicht nur die Mitte Altwürttembergs, sondern auch des als Mittlerer Neckarraum bezeichneten Wirtschaftszentrums; und die Leute in Triberg oder Todtnau sind weniger in Vorderösterreich zuhause als im Schwarzwald. Außerdem entstehen auch in der Gegenwart neue Räume politischer oder wirtschaftlicher Kooperation, die nicht nur plakativ als Einheit vorgestellt werden, sondern in denen sich für die Bewohnerinnen und Bewohner tatsächlich ein Bewußtsein und vielleicht auch ein Gefühl der Zusammengehörigkeit ergibt.

Das gilt etwa für das gesamte Bodenseegebiet, wo nicht nur die wirtschaftliche Zusammenarbeit über die Grenzen hinweg wirksam organisiert ist, sondern wo auch die Menschen ihre Zusammengehörigkeit immer wieder erfahren haben – in den schweizerischen Hilfsaktionen der Nachkriegszeit wie in gemeinsamen Sportkonkurrenzen, kulturellen Aktivitäten und See(nachts)festen. Es gilt aber auch für das Dreyeckland ganz im Südwesten, in dem der südliche Schwarzwald mit großen Teilen des Elsaß und dem schweizerischen Gebiet um Basel verbunden ist. Die archaisierende Schreibung des Wortes weist darauf hin, daß ein historischer Zusammenhang, eine gemeinsame oberrheinische Geschichte beschworen werden sollte. Die eigentliche Zielsetzung war aber aktuell: Der Name kam auf im Rahmen einer regionalistischen Bewegung, und er war mehr Protestsignal als geographische Bezeichnung. Die »Alemannische Internationale« des Dreyecklands formierte sich gegen den Bau von Atomkraftwerken und gegen die staatlich geförderte Expansion großer industrieller Unternehmen – gleichgültig, ob die Weichen dazu in Stuttgart, Paris oder Basel gestellt wurden.

Indirekt war dieser grenzüberschreitende Widerstand auch ein Hinweis darauf, daß sich zwischen den benachbarten Regionen am Rhein eine internationale Wirtschaftskooperation großen Stils entwickelt hatte. Zum Teil trägt sie die Züge einer alle regionalen und nationalen Besonderheiten ignorierenden Zweckökonomie – gerade dagegen richtete sich der ökologisch bestimmte Protest. Gleichzeitig aber überformt sie auch ältere und kleinere wirtschaftliche Verbindungen – bis hinein in die Freizeitgewohnheiten der Bevölkerung, die seit langem bei ihren Wanderungen und gastronomischen Exkursionen benachbarte Regionen über der Grenze gerne einbezieht. Es gibt vielerlei Ursachen und Impulse für die Verbindung über die Landesgrenzen hinweg: historisch-politische, wirtschaftliche, kulturelle. Und es gibt viele Spielarten dieses »Kleinen Grenzverkehrs«. Er stellt zum Teil Verbindungen früherer Jahrhunderte wieder her. Gegenüber der strengen nationalen Abschließung bis in die Mitte des 20. Jahrhunderts ist er eine Neuerung, die auch das interne Identitätsgefüge ein wenig verändert.

INTEGRATIONSPOLITIK

Balance

Integration ist in allen Staatswesen ein elementares Ziel der Politik; aber es tritt naturgemäß stärker in den Vordergrund, wo es sich um neue Staatsbildungen handelt und wo diese heterogene Teile zusammenfügen. Das neue Bundesland Baden-Württemberg ist durch die Vereinigung von Ländern entstanden, die über anderthalb Jahrhunderte hinweg ein eigenes Gepräge entwickeln konnten – von Ländern, die ihrerseits von Anfang an vor schwierigen Integrationsaufgaben standen, da sie aus einer Vielzahl kleinerer Territorien eine Einheit schaffen mußten. Die monarchische, wenn auch parlamentarisch abgefederte Verfassung in Baden und in Württemberg ermöglichte eine zentrale Steuerung der Integrationspolitik, die auf die bestehenden Traditionen nicht immer Rücksicht nehmen mußte, die aber schon aus Gründen politischer Zweckmäßigkeit einen gewissen Ausgleich zwischen den einzelnen Regionen anstrebte. Die Anhänglichkeit der Bevölkerung an die – scheinbar aus den politischen Kontroversen herausgehobenen – Regenten förderte die emotionale Bindung an die neuen Staatswesen; aber eine dauerhafte Loyalität der Bevölkerung konnte nur erreicht werden durch das Ausgleichen innerer Gegensätze.

In dem neuen Land Baden-Württemberg waren die Entscheidungswege komplizierter. An einen von oben dekretierten Uniformierungsprozeß, wie er die Anfänge des Königreichs Württemberg bestimmt hatte, war nicht zu denken; und es war allen Beteiligten klar, daß sich Baden und Württemberg, Badener und Württemberger als gleichberechtigte Partner und Teilhaber gegenüberstehen sollten. Schon im

Vorfeld der Staatsgründung war dies das wesentliche Thema. Durch den Zusammenschluß von Nordwürttemberg und Nordbaden zu dem vorläufigen Land Württemberg-Baden geriet Karlsruhe ins Hintertreffen; die dortigen Behörden sanken von der »Landesregierung« zur »Landesverwaltung« ab, und zunächst saßen in der Stuttgarter Regierung unter Reinhold Maier fast nur Schwaben. Aber die Vertreter der amerikanischen Besatzungsmacht verfügten, daß künftig Vakanzen im Stuttgarter Kabinett grundsätzlich mit *residents of Baden* auszufüllen seien. Als 1948 erstmals der Entwurf für einen Staatsvertrag zur Vereinigung der Südwestländer beschlossen wurde, ging in die meisten Paragraphen der Grundsatz der Dezentralisierung und der Parität zwischen Badenern und Württembergern ein; in allen Funktionsbereichen und auf allen Stufen wurde die »anteilig landsmannschaftliche« Besetzung vorgeschrieben.

Tatsächlich kam es bereits in dem Kabinett von Württemberg-Baden rasch zu einem Ausgleich, und die Vorschrift, in freiwerdende Stellen Badener einrücken zu lassen, wurde strikt beachtet. Später wurde gelegentlich gespottet, diese Vorschrift sei nie außer Kraft gesetzt worden. Das trifft so nicht zu – im Gegenteil: Ins erste Kabinett des neuen Landes Baden-Württemberg berief Reinhold Maier wiederum fast nur Württemberger. Aber in der Folgezeit wurde geradezu ängstlich auf eine ausgeglichene Besetzung von Stellen geachtet, nicht nur im Kabinett, sondern in allen staatlichen Behörden. Der starke Einfluß der Parteien auf die Besetzung höherer Ränge hat später das Prinzip »landsmannschaftlicher« Besetzung etwas abgeschwächt. Außerdem stellte sich schnell heraus, daß es für badische Beamtinnen und Beamten gar nicht immer wünschenswert war, in die Stuttgarter Ministerialbürokratie einzurücken; die Fälle waren nicht ganz selten, in denen Badener zwar die meist mit einer Beförderung verbundene Versetzung akzeptierten, bei der nächsten sich bietenden Gelegenheit aber ins Badische zurückkehrten, weil sie die Stuttgarter Amtsstuben als bedrückend und den Umgangston als unfreundlich empfanden.

Ohnehin reichte es für die angestrebte Balance zwischen Baden und Württemberg nicht aus, daß Personen – im doppelten Wortsinn – befördert wurden. Der Ausgleich wurde auch dadurch angestrebt, daß viele Entscheidungen dezentralisiert und daß Institutionen verlagert wurden, daß also nicht alle wichtigen Beschlüsse in Stuttgart gefaßt werden mußten. Von dieser Tendenz profitierte vor allem Karlsruhe, das allerdings durch den Zusammenschluß auch am meisten verloren hatte: In der letzten Phase der Hauptstadt Karlsruhe waren dort fast 30 000 Menschen in den Behörden beschäftigt, und der Zentralitätsverlust schlug naturgemäß auf das ganze Leben in der Stadt durch. Das Unbehagen war deshalb groß, und in Stuttgart bemühte man sich kontinuierlich um Kompensationen für den Verlust, vor allem in der langen Phase, in welcher der Zusammenschluß noch nicht endgültig abgesegnet war (bis 1970).

Man achtete nicht nur darauf, daß wichtige Institutionen in Karlsruhe erhalten blieben, man errichtete auch neue. Es entstanden wichtige Bundesbehörden in der Stadt – Zeichen dafür, daß die Ausgleichsbemühungen im Land eingebunden waren in die föderalistische Struktur des Bundes. Mit den beiden höchsten deutschen Gerichten, dem Bundesverfassungsgericht und dem Bundesgerichtshof, wurde Karlsruhe zur »Residenz des Rechts«. Der Name ist nicht zufällig; die Erinnerung an die früheren Funktionen – die großherzogliche Residenz und die Hauptstadt des Landes – spielt im Selbstverständnis der Stadt eine große Rolle. Für die älteren Karlsruher ist die 250-Jahr-Feier der Stadtgründung unvergessen – nicht zuletzt deshalb, weil der damalige Bundespräsident Lübke beim Festbankett einen Toast auf »Baden-Württemberg und seine Landeshauptstadt Karlsruhe« ausbrachte, was der Oberbürgermeister mit der Bemerkung quittiert haben soll: »Prophetische Worte, Herr Bundespräsident«.

Der Ausgleichsprozeß wurde nicht auf politische Maßnahmen im engeren Sinn beschränkt. Auch in der Kulturpolitik des Landes war der Gedanke der Balance stets gegenwärtig. Daß in der – richtigen – Landeshauptstadt Stuttgart mit dem Fernsehturm ein neues Wahrzeichen entstand, störte kaum jemand; die Aufmöbelung der Innenstadt durch den Ausbau einer »Kulturmeile« mit älteren Gebäuden für Theater und Bibliotheken und neuen wie der Staatsgalerie wurde dagegen skeptisch verfolgt. Das Prinzip der Dezentralität war damit aber nicht außer Kraft gesetzt. In der »Kunstkonzeption« des Landes von 1989 wurde es noch einmal ausdrücklich bekräftigt, und in diesem Prinzip war der Gedanke der Ausgewogenheit zwischen Baden und Württemberg enthalten.

Mit Zusammenlegungen war man zurückhaltend; nach wie vor gibt es ein Württembergisches Landesmuseum und ein Badisches Landesmuseum, eine Württembergische Landesbibliothek und eine Badische Landesbibliothek. Und es blieben nicht nur die alten Kulturinstitutionen Badens erhalten; es kamen auch neue hinzu: In Mannheim wurde das Landesmuseum für Technik und Arbeit gebaut, in Karlsruhe das Zentrum für Kunst und Medien eingerichtet. Ein Überblick über die neue Kulturlandschaft im Südwesten würde eine recht ausführliche Darstellung erfordern, da in diesem Bereich Verpflichtungen des Landes, der Regionen und Kommunen mit privaten Initiativen zusammentreffen. Jedenfalls läßt sich in fast allen Bereichen eine gewisse Ausgewogenheit registrieren: Staatstheater in Stuttgart und Karlsruhe; Landesbühnen in Esslingen und Tübingen, nur eine badische in Bruchsal, aber dafür in Mannheim, Heidelberg, Pforzheim, Baden-Baden, Freiburg, Konstanz wesentlich mehr badische Stadttheater; große Musikfestspiele in Ludwigsburg und Baden-Baden – und so fort.

Ähnliches gilt für wissenschaftliche Einrichtungen. Zwar wurden manche bisher getrennte Projekte zusammengeführt; die Historischen Kommissionen beider Länder wurden vereinigt, und das Haus der Geschichte in Stuttgart ist selbstverständlich für das ganze Land zuständig. Aber bei der Neuverteilung von Aufgaben spielten immer auch Proporz- gedanken mit. Die Gründung der Universität Konstanz wurde sehr viel plakativer als kulturpolitisches Ereignis herausge- stellt als die der Universität Ulm. Es handelte sich dabei eben nicht nur um eine aus Strukturüberlegungen erwachsene Maßnahme, sondern auch um eine Geste an die Peripherie; die neue Hochschule war ein Geschenk an die badische Landeshälfte und gleichzeitig indirekt auch an das Einzugs- gebiet im lange vernachlässigten Oberschwaben. Der einen württembergischen Landesuniversität Tübingen standen schon früher zwei badische Universitäten, Heidelberg und Frei- burg, gegenüber; als Hochschullandschaft hat Baden sein Übergewicht bewahrt. Zu erwähnen ist in diesem Zusam- menhang auch die Errichtung des Kernforschungszentrums in Karlsruhe, das neben der wissenschaftlichen natürlich auch eine große wirtschaftliche Bedeutung hat.

Der wirtschaftliche Ausgleich war der wichtigste Teil des Integrationsprogramms. In weniger friedliebender Stim- mung pochen Badener und Württemberger manchmal auf die wirtschaftliche Überlegenheit ihres Landesteils. Für die Gegenwart heben sich die Behauptungen gegenseitig auf – und in bezug auf die Vergangenheit haben beide recht.

Ein wirtschaftlicher Vergleich zwischen dem Königreich Württemberg und dem Großherzogtum Baden zeigt das Land Baden, abgesehen vom letzten Jahrzehnt des Groß- herzogtums, über die ganze Zeitspanne weg und in fast allen Branchen im Vorteil. Württemberg war ein gewerbereiches Land, hinkte aber in der Industrialisierung nach. Es gab dafür natürliche Ursachen wie den Rohstoffmangel und die landschaftlichen Hindernisse, die einen Ausbau des Verkehrs- netzes erschwerten. Aber entscheidend dürfte die konservative, um nicht zu sagen restaurative Wirtschaftspolitik gewesen sein. Im Jahr 1823 schrieb der württembergische Finanz-

minister ein Gutachten für den König, in dem er die Landwirtschaft als »Hauptgrundlage des Wohlstandes« bezeichnet.
Er nimmt zwar Kenntnis von einer gewissen Ausweitung der
Bedürfnisse, leitet aber daraus keine Schlüsse auf notwendige
Strukturänderungen ab. Er lobt die fortschreitende Zertei-
lung des Grundbesitzes – »auf dem kärglich zugemessenen
Eigentum« blühe »der Fleiß, die Sparsamkeit, das Raffine-
ment des Besitzers auf«. Württemberg glänze nicht »durch
einzelne große Fabrikinstitute, aber ganz Württemberg ist
eine Fabrik«.

Dies ist eine optimistische Beschreibung der wirtschaftlichen Verhältnisse, die, wenn auch etwas weniger ausgeprägt,
praktisch bis zum Jahrhundertende herrschten. Erst nach
1907 überwog in Württemberg die Zahl der gewerblich die
der in der Landwirtschaft Beschäftigten, und noch zu diesem
Zeitpunkt lag der Durchschnitt der in einem Betrieb Tätigen bei drei Personen; es gab also neben wenigen großen Fabriken ganz überwiegend handwerkliche Klein- und Kleinst-
betriebe.

*Der von Margarete Steiff in Giengen an der Brenz
gefertigte Filzelefant stand am Beginn einer beispiellosen
Entwicklung des schwäbischen Weltunternehmens.*

Hergestellt wurden vor allem notwendige Gebrauchsgüter. Das Mißtrauen gegen den Luxus der Mode und überhaupt gegen das Neue führte dazu, daß beispielsweise in der
Textilbranche die leichten Stoffe und das elegantere Design
aus anderen europäischen Ländern Teile des Markts erober-
ten. In der schon früh vereinsmäßig organisierten Gewerbe-
förderung und in der 1848 – als Antwort auf revolutionäre
Forderungen – gegründeten staatlichen Zentralstelle für Gewerbe und Handel spielte die Geschmackserziehung und
damit die Öffnung für eine die bloßen Notwendigkeiten
übersteigende Produktion eine große Rolle. Aber die Erweite-
rung des Konsums wurde stets von warnenden Stimmen
begleitet, und bis heute gibt es im Schwäbischen eine ausgeprägte Tendenz zur Ablehnung alles »Unnötigen«.

Man hat auch für diese Haltung und überhaupt für die
gebremste industrielle Entwicklung in Württemberg das
Erklärungsmuster Pietismus bereitgestellt. Mit Recht wurde
dagegen nicht nur vorgebracht, daß sich einzelne Pietisten
schon früh technischen Produktionen zuwandten (wie Phil-
ipp Matthäus Hahn, der in seinem Pfarrhaus eine kleine
feinmechanische Werkstätte einrichtete), sondern auch, daß
die asketische Lebenshaltung der Pietisten eine gute Erziehung zu der in den Fabriken geforderten Arbeitsdisziplin
war. Aber es gibt doch zu denken, daß in dem früher in
evangelischen Häusern verbreiteten Andachtsbild »Der breite
und der schmale Weg« die Eisenbahn auf der Seite der sünd-
haften Verlockungen erscheint und daß sie für einige Pietisten geradezu das Ende der Welt ankündigte.

Der Rückstand gegenüber der badischen Verkehrsentwick-
lung ist allein damit sicher nicht zu erklären, aber es dürfte
auch problematisch sein, allein mit unterschiedlichen natürlichen Bedingungen zu argumentieren. Baden war ein offe-
nes Land, durch die Grenzlage in weiträumige Handelsbe-
ziehungen eingeübt, mit dem Rhein als wichtigen Verbin-
dungsweg und mit der Rheinebene als günstiger Voraus-

setzung für den Ausbau von Verkehrswegen. Aber daß die Pläne des Karlsruher Ingenieurs Johann Gottfried Tulla zur Rheinregulierung energisch realisiert wurden und mit dem Ausbau des Mannheimer Hafens ein wichtiger Umschlagplatz für Transport und Handel geschaffen wurde, hing dann eben doch von den Initiativen der Regierung und – verallgemeinernd gesprochen – von der badischen Mentalität ab.

Das Gleiche gilt für den frühen Ausbau von Eisenbahnstrecken und für die gesamte industrielle Entwicklung. Schon in die Zeit der Markgrafschaft fallen wichtige industrielle Gründungen. Pforzheim, das in früheren Jahrhunderten mehrfach für kurze Zeit Residenz gewesen war, wurde Ende des 18. Jahrhunderts mit Schmuckfabriken ausgestattet und erreichte als »Goldstadt« großes Ansehen. In den dreißiger Jahren des 19. Jahrhunderts entstanden mit der Karlsruher Lokomotivfabrik, der Ettlinger Spinnerei und der Zuckerfabrik in Waghäusel besonders große industrielle Anlagen, die alle drei durch den Konkurs eines Bankhauses ins Trudeln kamen, aber durch staatliche Zuschüsse und Garantien gerettet wurden. Die Bereitschaft dazu war im Parlament nicht sehr groß; aber die Absicherung der Industrieproduktion wurde schließlich doch über den liberalen Grundsatz des freien Kräftespiels auf dem Markt gestellt. Die Erleichterung des Handels durch den Abbau von Zollschranken und die Reichsgründung brachten dem nach außen offeneren Land Baden weitere Vorteile und festigten den Vorsprung gegenüber Württemberg, wo allerdings seit den vierziger Jahren des 19. Jahrhunderts auch eine Anzahl großer Fabriken entstanden war – häufiger als in Baden aufgrund der Initiative von »Ausländern«, zum Beispiel von Badenern wie bei der Gründung der Maschinenfabrik Esslingen.

Die unterschiedliche wirtschaftliche Entwicklung im 19. Jahrhundert wird hier deshalb etwas ausführlicher dargestellt, weil es zumindest diskutabel erscheint, daß dabei Mentalitätsunterschiede zwischen Badenern und Württembergern mitspielen. Die Umkehr der wirtschaftlichen Prosperität im 20. Jahrhundert hatte dagegen nur äußere Ursachen. Sie läßt sich zurückführen auf die Auswirkungen der großen Kriege: Ein Teil der Industrien wurde von der deutsch-französischen Grenze weg verlegt; die Investitionen in dem gefährdeten Grenzgebiet gingen zurück; in der Weimarer Republik beeinträchtigte die Festlegung einer entmilitarisierten Zone den technischen Ausbau der industriellen Produktion, und sie wurde auch dadurch erschwert und verteuert, daß die Zulieferung aus Frankreich verlorengegangen war und Rohstoffe nun aus größerer Entfernung importiert werden mußten. Im Vorfeld des Zweiten Weltkriegs sorgte die Konzentration auf den Bau des Westwalls dafür, daß industrielle Weiterungen ausblieben, und in der Nachkriegszeit schränkte die Besatzungspolitik die wirtschaftliche Regeneration empfindlich ein, wobei der französisch besetzte Südteil die Hauptlast zu tragen hatte.

Die wirtschaftliche Unterstützung Badens war ein zentraler Punkt in den Südweststaat-Verhandlungen – Forderung vor allem von seiten Südbadens, Angebot von seiten Nordwürttembergs. In den Entwurfspapieren zum späteren Staatsvertrag finden sich einzelne eher kuriose Verpflichtungen; so wird etwa der Bau einer Eisenbahnlinie zwischen dem Schwarzwaldstädtchen Elzach und der württembergischen Grenze ausdrücklich vorgeschrieben (es wäre nachzufragen, welcher badische Politiker damals in Elzach wohnte!); im ganzen waren die Entwürfe und auch die Verhandlungen aber bestimmt von dem vernünftigen Ziel wirtschaftlicher Ausgewogenheit. Sie wurde nicht im Eiltempo erreicht. Erst als Mitte der fünfziger Jahre eine kräftige wirtschaftliche Konjunktur einsetzte, holte Baden auf. In Württemberg herrschte zu diesem Zeitpunkt bereits ein Mangel an bebaubaren Flächen und auch an Arbeitskräften, so daß viele Unternehmen auf den badischen Landesteil auswichen. Die

Elektrifizierung der Eisenbahnstrecke zwischen Stuttgart und Mannheim, aber auch zwischen Karlsruhe und Basel und der Bau der Autobahn zwischen diesen beiden Städten wurden in Angriff genommen; später wurde auch die Schwarzwaldbahn zwischen Offenburg und Konstanz elektrifiziert.

Von badischer Seite wurden die wirtschaftlichen Maßnahmen kritisch begleitet. Daß der Hochrhein nicht schiffbar gemacht wurde, während der Neckarkanal bis Stuttgart und sogar bis Plochingen verlängert wurde, registrierte man

dort nicht ohne Vorbehalte, ebenso wie den zügigen Ausbau der Bodenseewasserversorgung, die ja schließlich dem Stuttgarter Raum zugute kam.Vor allem wurde die Diskrepanz in der wirtschaftlichen Förderung Nordbadens gegenüber Südbaden attackiert. Sie war aber weniger das Ergebnis staatlicher Förderungspolitik als die Folge davon, daß die seit langem industriell ausgebaute Region im Norden nicht nur für

Der 1819-1821 von Heilbronn aus gebaute Wilhelmskanal, Lithographie um 1850.

Erweiterungen, sondern auch für Neugründungen bessere strukturelle Chancen bot.

Später machte ein gar nicht so kleiner Teil der südbadischen Bevölkerung Front gegen ein weiteres Vorrücken der Industrie – und im Rückblick ist man auch in den für die wirtschaftliche Entwicklung zuständigen Behörden nicht unglücklich darüber, daß in Wyhl kein Atomkraftwerk gebaut und daß insgesamt viel von der freien Landschaft gerettet wurde. Wenn, freilich in einer Phase der Hochkonjunktur, Baden-Württemberg als das »deutsche Kalifornien« bezeichnet wurde, war die Ergänzung des urban-industriellen Bereichs durch den ländlichen Erholungsraum mitbedacht. Gemeint war aber vor allem auch die Wirtschaftskraft, die sich noch dadurch erhöht hat, daß das Land in der europäischen Wirtschaftsgemeinschaft an einer wichtigen Verbindungsstelle nach Süden und Westen liegt und diesen strategischen Vorteil durch die internationale Kooperation mit benachbarten Wirtschaftsregionen nutzt. Daß Baden-Württemberg, auch im Zeichen abgeschwächter Konjunktur, wirtschaftlich stabiler dasteht als fast alle anderen Bundesländer, ist ein wesentlicher Integrationsbefund.

Die Badenfrage

In der nationalsozialistischen Propaganda und später auch im Kalten Krieg war viel von der Gefahr aus dem Osten die Rede. Den Südbadenern sagte man nach, daß sie bei dieser Formel grundsätzlich die Leute östlich des Schwarzwalds, also die Württemberger, im Auge hatten. Eine ähnliche Verwechslung der Maßstäbe gibt es offenbar auch jetzt noch. Wenigstens erklärte der aus Jena stammende Schriftsteller Lutz Rathenow, bei Lesungen im Südwesten vermeide er das Wort »Vereinigungsprobleme«, weil die Menschen dabei an Baden und Württemberg dächten. Das dürfte übertrieben sein, aber völlig spannungsfrei verlief und verläuft die Entwicklung im Land Baden-Württemberg nicht, und immer wieder einmal gibt es Irritationen. Das Stichwort, das dann die Diskussionen bestimmt und manchmal auch die Schlagzeilen der Presse beherrscht, heißt: die Badenfrage. Es besagt, daß in irgendeinem Zusammenhang die Benachteiligung des badischen Landesteils registriert oder befürchtet wird.

Verständlicherweise spielte die Badenfrage in den Anfängen des Landes Baden-Württemberg eine größere Rolle. Aber da die in vielen Bereichen angestrebte oder doch gewünschte Vereinigung badischer und württembergischer Institutionen nicht von heute auf morgen vollzogen werden konnte und da sich auch in gemeinsamen Leitungsgremien die Frage der Ausgewogenheit stellt, ist das Thema nicht vom Tisch. Wenn es nicht allzu häufig in den Vordergrund tritt, dann wohl vor allem deshalb, weil es schon im Vorfeld der Entscheidungen die Überlegungen mitbestimmt. Wie man von der Schere im Kopf als einer Art verinnerlichter Zensur spricht, so könnte man von der Waage im Kopf sprechen, welche die Badenfrage im voraus löst oder doch entschärft. Wenn sich eine neue Landesregierung vorstellt, wird im allgemeinen nicht jedem Mitglied das Etikett badisch oder württembergisch angehängt, und die Rekrutierung geschieht meist im Einvernehmen mit den Bezirksverbänden der Parteien, die sich auf die vier Regierungsbezirke verteilen. Aber von diesen Regierungsbezirken sind zwei zwar nicht ausschließlich, aber ganz überwiegend badisch und entsprechend die beiden anderen württembergisch. Auch wenn sie nicht mehr so offen ausgespielt wird – die Kategorie der Zuordnung zum früheren Land hat bei der Besetzung von Regierungsämtern und überhaupt von politischen Positionen nach wie vor große Bedeutung.

Nun ist Ausgewogenheit in der Zusammensetzung von Leitungsteams ja keineswegs verkehrt. Aber man könnte sich auch andere Ausgewogenheiten vorstellen – etwa die zwischen freien Berufen und Beamten oder die zwischen Männern und Frauen. Ein Blick auf die Regierungsbank, ins Parlament und auf gehobene Amtspositionen macht jedenfalls deutlich, daß die nur noch selten thematisierte Badenquote – allgemeiner gesprochen: die Regionalquote – praktisch immer noch mehr Gewicht hat als die vieldiskutierte Frauenquote.

Fast immer geht es tatsächlich um die Quote, um den badischen Anteil innerhalb Baden-Württembergs. Separatistische Tendenzen schrumpften zusammen, nachdem sich die badische Bevölkerung 1970 mit mehr als 80 Prozent zum neuen Land bekannt hatte. Sie erhielten noch einmal Auftrieb, als ein Europa der Regionen propagiert wurde; aber die Argumente für eine europäische Region Baden waren nicht besonders überzeugend. Im allgemeinen wird der Begriff der Region auf kleinere Gebiete angewandt; in Baden-Württemberg gibt es beispielsweise zwölf – vor allem für Fragen der Raumplanung zuständige – Regionalverbände.

Und wenn im Blick auf das große Europa mit größeren Regionen gerechnet wurde, dann sprach viel dafür, ganz Baden-Württemberg als eine solche Region zu betrachten. Die »Landesvereinigung Baden in Europa« kämpft deshalb seit einiger Zeit weniger für eine eigene badische Region innerhalb der Europäischen Gemeinschaft als gegen den der Regierung unterstellten Stuttgarter Zentralismus – gegen die »Spätzle-Connection«. Diese sahen immerhin rund 50 000 Badener am Werk, die vor der Landtagswahl des Jahres 2001 eine vorwurfsvolle Adresse ans Staatsministerium unterschrieben.

Der Vorwurf des Zentralismus kommt immer wieder einmal hoch. Im Stadtrat von Karlsruhe wurde Anfang 1998 die Forderung vorgetragen, in Stuttgart ein »Karlsruher Haus« einzurichten, damit man auf Kabinettsentscheidungen schneller reagieren könne – nicht gerade eine Badische Botschaft, aber eine Institution, die ähnliche Funktionen haben sollte wie die Landesvertretungen in Bonn und später Berlin. Zu dieser Einrichtung kam es nicht; aber auch ohne sie wird von badischer Seite aufmerksam kontrolliert, ob nicht der mittlere Neckarraum durch politische Entscheidungen zu sehr begünstigt wird. Die Industrie- und Handelskammer Karlsruhe wandte sich mehrfach dagegen, daß der Ballungsraum Stuttgart einseitig gefördert wird; dies sei, heißt es in einer Studie, eine »Wachstumsbremse« fürs ganze übrige Land – ein Argument, das in der Ausbauphase während der Regierung Späth auch von der Opposition vorgetragen wurde. Was damals mitunter als Badenfrage etikettiert wurde, war allerdings das allgemeinere Zentrum-Peripherie-Problem, das für die strukturschwachen Gebiete im ehemaligen Württemberg die gleiche Bedeutung hatte, das aber von badischen Kritikern auch als Gefährdung des landsmannschaftlichen Gleichgewichts interpretiert wurde.

Eindeutiger stellt sich die Badenfrage, wo es um die Besetzung von Führungspositionen geht, deren Übergewicht nicht ohne weiteres durch die Besetzung anderer Stellen kompensiert werden kann, wie es bis zu einem gewissen Grad bei der Kabinettsbildung der Fall ist. Die Zusammenführung der großen Bankinstitute in Baden-Württemberg zu einer einzigen Landesbank stand lange auf dem Programm der Regierung und auch der Wirtschaftsverbände; spruchreif wurde sie erst vor wenigen Jahren, nachdem an der Spitze der drei für die Fusion vorgesehenen Institute »Männer mit Weitblick« standen. Diese Einschätzung des Ministerpräsidenten war sicher nicht falsch, aber der Weitblick schließt Parteilichkeit nicht aus, so daß zunächst eine Rotationslösung geplant war, die allerdings später zurückgenommen wurde. Dachverbände in sportlichen und kulturellen Sparten, die immer noch getrennt sind, berufen sich meist – und nicht ohne Grund – auf die unterschiedlichen Traditionen, die eine Vereinigung erschweren; aber auch hier besteht das Hauptproblem darin, daß es eben nur einen Vorsitzenden oder Präsidenten geben kann, so daß hinsichtlich der Spitzenposition eine Entscheidung zwischen Baden und Württemberg anstünde.

Gelungene Fusionen werden, weil man diese Schwierigkeiten kennt, besonders herausgestellt. Die Landesbildstelle Baden und die Landesbildstelle Württemberg wurden zum Landesmedienzentrum vereinigt, das aber ein heißes Eisen blieb. Im Herbst 2001 konstituierte sich schließlich der Verwaltungsrat und wählte die Direktorin, die aus dem Stuttgarter Kultusministerium kommt. Vorsitzender des Verwaltungsrats, der über die finanziellen Mittel verfügt, wurde der amtierende Oberbürgermeister von Freudenstadt, und dies wurde als ausgesprochener Glücksfall gewürdigt, weil er gewissermaßen die Ausgewogenheit in Person verkörpert. Er gehört der SPD an, hat also eine gewisse Distanz zu der dem Kultusministerium unterstehenden Leitung. Vor allem aber: Er ist in der Nähe von Karlsruhe geboren und aufgewachsen, ist aber fast ein Jahrzehnt Stadtoberhaupt von Freudenstadt, das zwar zum Regierungsbezirk Karlsruhe gehört, von dem er aber mit Recht sagt, es sei eigentlich württembergisch. So konnte er in der Presse als »homo baden-württembergensis« gefeiert werden – eine Spezies, von der nicht immer ein geeignetes Exemplar zur Verfügung steht.

Die Entscheidung über das Landesmedienzentrum war allerdings nicht nur mit Personalfragen verbunden – es geht in solchen Fällen immer auch um den Standort. Die Lösung in diesem Fall ist nicht untypisch: Der Sitz der Direktorin und damit die zentrale Leitung ist in Karlsruhe, aber Teilfunktionen bleiben in Stuttgart am Sitz der vorher selbständigen Landesbildstelle Württemberg. Im württembergischen Landesteil diskutiert man mitunter mißtrauisch, ob die Badenfrage nicht allzu oft nach diesem Muster gelöst wird, ob also nicht unter der Hand zuviel Macht und Kompetenz nach Baden abwandert.

Besonders deutlich wurde diese Besorgnis, als Mitte der neunziger Jahre die Neuordnung des öffentlich-rechtlichen Rundfunks im Südwesten anstand. Die Dreiteilung nach dem Zweiten Weltkrieg wirkte in der Rundfunkgeographie rund fünfzig Jahre nach: Zwei Rundfunkanstalten waren für den Sendebereich im Südwesten zuständig, und die Trennlinie verlief entlang der Zonengrenze. Dem Süddeutschen Rundfunk (SDR) war das Gebiet des kurzlebigen Landes Württemberg-Baden zugeordnet, also der nördliche Teil von Württemberg wie von Baden; der Südwestfunk (SWF) deckte den Bereich von Südwürttemberg-Hohenzollern und von Südbaden ab, und dazu kam ganz Rheinland-Pfalz. Der Sendebereich des Südwestfunks war so im Grunde zweigeteilt; wie zwei Flügel hingen die beiden Teile aneinander. Der Sitz der Funkanstalt, Baden-Baden, war zwar ungefähr in der Mitte, aber diese Mitte war ein schmales Gebilde und der Übergang zum nördlichen Sendebezirk praktisch nur ein Punkt.

Der Bereich des Süddeutschen Rundfunks war demgegenüber geschlossen und ausgeglichen; aber er war verhältnismäßig klein, auf die Nordhälfte von Baden-Württemberg beschränkt. Strikt abgegrenzt waren die Sendebereiche nur als Gebühreneinzugsgebiete, da sich die Funkwellen nicht an Grenzmarkierungen halten; aber die Kleinteiligkeit war doch problematisch, auch deshalb, weil sich immer mehr private Sender in den Kampf um die Frequenzen und um das Publikum einschalteten.

Über zwei Fusionsmodelle wurde gestritten. Das eine, vom Stuttgarter SDR-Intendanten favorisiert, strebte einen Landessender an, also eine Vereinigung der beiden Sendeanstalten unter Verzicht auf das Gebiet von Rheinland-Pfalz; das andere, vom Baden-Badener SWF-Intendanten vertreten, sah die umfassende Vereinigung der beiden Sendegebiete vor. Den Bericht über eine Diskussion der beiden Modelle überschrieb die *Stuttgarter Zeitung*: »Badenfrage in neuer Spielart«. Sie bezog sich dabei auf den Widerstand der Kurpfalz gegen einen Landessender; man fürchtete dort, von der benachbarten Region um Ludwigshafen abgeschnitten, in den »Medienschatten« zu geraten, und dem Stuttgarter Intendanten, selbst ein Kurpfälzer, gelang es nur zum Teil, die Bedenken auszuräumen. Daß sich ausgerechnet der wirtschaftlich begünstigte Mannheimer Raum gegen Stuttgart wandte, war in der Tat eine neue Spielart der Badenfrage; aber auch im übrigen Baden gab es Reserven gegen eine Landeslösung, die mehr oder weniger automatisch Stuttgart zur zentralen Sendeanstalt gemacht hätte. Doch ebensogroß waren die Befürchtungen in Stuttgart und auch im übrigen württembergischen Landesteil, einschließlich des zum Südwestfunk gehörenden, man verliere wichtige Positionen und Gestaltungsmöglichkeiten an Baden-Baden, wenn womöglich dort die neue Sendeanstalt etabliert werde.

Man kann durchaus fragen, ob diese Auseinandersetzung in die Schablone Baden contra Württemberg paßt, da ja zum Bereich des Baden-Badener SWF auch Teile Württembergs und zum Gebiet des Stuttgarter SDR Teile Badens gehörten.

Aber als größere Projektionsflächen boten sich eben doch die beiden früheren Länder an – bei den Auseinandersetzungen im Vorfeld, aber auch nach der Fusion. Sie führte an allen Standorten, also auch in den regionalen Studios, zu strukturellen und personellen Veränderungen, und während offiziell die Synergieeffekte gerühmt wurden, registrierte man vor Ort, wie stets in solchen Fällen, vor allem die entstandenen Nachteile. Daß gewisse Kompetenzen von Stuttgart nach Baden-Baden abwanderten, provozierte bei manchen Schwaben den Argwohn, den badischen Nachbarn werde allmählich so viel zugeschoben, daß von einem Gleichgewicht schon nicht mehr die Rede sein könne. Auch dies ist eine mögliche Spielart der Badenfrage – allerdings hat es bisher noch niemand gewagt, sie zur Württembergfrage umzufirmieren.

Die Badenfrage spielt im übrigen nicht nur bei Entscheidungen über aktuelle Stellenbesetzungen und Standorte eine Rolle, sondern auch bei allen Bemühungen, einen Überblick über das Land oder einen Rückblick auf seine Geschichte zu geben. Bildbände über Baden-Württemberg suchen, wenn sie die Ausgewogenheit nicht von vornherein durch eine regionale Gliederung sicherstellen, den Proporz in Gegenüberstellungen: Feldberg und Plettenberg, Ulmer Münster und Freiburger Münster, Schloßpark in Schwetzingen und Märchengarten in Ludwigsburg. Bei großen Ausstellungsprojekten müssen nicht nur die Schauplätze im Land gewechselt, es müssen auch die Anteile beider Seiten gerecht gewürdigt werden. Das Gedenken an die 48er-Revolution wurde dezentralisiert, auf viele Ortschaften verteilt, die so die lokalen und regionalen Erinnerungen ins rechte Licht rücken konnten; die größeren Veranstaltungen fanden aber sinnvollerweise in den badischen Städten statt, wo sich auch die wichtigsten revolutionären Ereignisse konzentriert hatten.

Es gibt freilich auch Bereiche, in denen es schwierig ist,

Ausgewogenheit zu erreichen. Um die Zeit der Wende zum 20. Jahrhundert schrieb der Stuttgarter Kunsthistoriker Eduard Paulus die Verse:

> *Der Schelling und der Hegel,*
> *der Schiller und der Hauff,*
> *das ist bei uns die Regel,*
> *das fällt nicht weiter auf.*

Diese Verszeilen waren lange ein beliebtes Zitat in schwäbischen Fest- und Jubelreden. Inzwischen hat sich herumgesprochen, daß sie eher ironisch gemeint waren – bei Paulus werden sie vom Gelbfüßler vorgetragen, einem der Sieben Schwaben, deren Hochmut ja vor dem Fall kam. Aus dem Verkehr gezogen wurde der Spruch trotzdem nicht; er wird jetzt mit dem Tenor deklamiert: Wir wissen natürlich, daß das übertrieben ist, aber im Grunde stimmt es ja doch. Und in der Tat: Es ist erheblich leichter, einen schwäbischen Parnaß auszumalen, als eine Anthologie großer badischer Dichtung zusammenzustellen.

Johann Peter Hebel

Friedrich Schiller

Mitte des 19. Jahrhunderts veröffentlichte Josef Bader, groß-
herzoglicher Archivar und badischer Patriot, seine »Fahrten
und Wanderungen im Heimatlande«. Darin werden, anknüp-
fend an Orte und Landschaften, auch Dichter erwähnt. Am
ausführlichsten würdigt Bader den Durlacher Dichter Drol-
linger – als einen anmutigen, ernsten und gewichtigen
Dichter, dem er einen hohen Rang in der deutschen Litera-
turgeschichte des 18. Jahrhunderts zuweist. Der Name des
Dichters dürfte unter Schwaben, selbst bei literarhistorischen
Experten, nur die unangemessene Assoziation an den Trol-
linger auslösen, und der Poet ist sicher auch bei Badenern
kaum mehr bekannt.

Nun kann man mit Recht darauf hinweisen, daß die Geschichte des Geschmacks oft merkwürdige Kapriolen schlägt;
viele einst hoch gelobte Dichtungen sind später – glücklicherweise – vergessen worden, und andere rückten erst
nach langer Zeit, erstmals oder erneut, ins Blickfeld der Lite-

raturhistoriker. Grimmelshausen beispielsweise wurde erst zu der Zeit richtig wiederentdeckt, als Bader seine Bücher schrieb; sonst hätte er gewiß den Renchener Schultheiß als herausragende Gestalt der barocken Dichtung erwähnt. Und auch für die Zeit davor sieht die literarische Bilanz im späteren Land Baden günstig aus; die oberrheinischen Humanisten gehörten zu den bedeutendsten Literaten ihrer Epoche.

Trotzdem: der Reihe literarischer Größen aus Württemberg hat Baden wenig entgegenzusetzen; am ehesten kann die unbescheidene Aufzählung pariert werden mit dem Hinweis, daß es kaum einer dieser gefeierten Literaten in Württemberg lange ausgehalten hat. Aber die Schwaben tun gut daran, auch in dieser Konstellation die Waage im Kopf in Aktion zu bringen, denn wenigstens zwei Dichter gelten mehr oder weniger als badische Nationalheilige. Der eine, Josef Viktor von Scheffel, verdankt seine Popularität dem Umstand, daß er romantisierend altdeutsche Szenen mit der badischen Szenerie verband und daß er mit seinen fröhlichen Liedern Studenten, aber auch Gesangvereine bediente; aus der Distanz von anderthalb Jahrhunderten wird man ihn als Autor sehen, der den Wünschen und Bedürfnissen seiner bürgerlichen Epoche genau entsprach, nicht unbedingt als großen Dichter. Der andere aber, Johann Peter Hebel, überragt nicht nur die meisten seiner Zeitgenossen; auch in der Folge gab es niemand, der ihm in der mundartlichen Lyrik und in der Kunst des schlichten Erzählens das Wasser reichen könnte – in Baden nicht und in Württemberg auch nicht.

Unter den in dem Schwaben-Vers genannten Autoren sind zwei Philosophen, Schelling und Hegel. Schillers philosophische Entwürfe sind weniger berühmt als seine Dramen, aber möglicherweise beständiger. Und auch Wilhelm Hauff, der wahrscheinlich vor allem des Reimes wegen die Reihe vervollständigen durfte, hat in seinem kurzen Leben neben Romanen und Märchen kritisch-philosophische Betrachtungen verfaßt. Im Schwäbischen hat die Philosophie neben

und in der Dichtung immer eine wichtige Rolle gespielt –
und wiederum: zu den klassischen Philosophen aus Württemberg gibt es kein badisches Gegenstück. Aber zeitversetzt
läßt sich auch hier ein Ausgleich anführen: Martin Heideg-
ger, aufgewachsen in Meßkirch und als Professor tätig in
Freiburg. Schwer zu sagen, ob er in seiner Philosophie das
technische Zeitalter nicht erreicht oder schon übersprungen
hat. Jedenfalls wurde er auch von seinen zahlreichen Kritikern als der vielleicht bedeutendste Philosoph des 20. Jahrhunderts anerkannt.

Man muß sich freilich fragen, ob der Wettstreit der Landeszugehörigkeiten in diesen Höhenlagen nicht ein ziemlich
kleinkariertes Spiel ist. Heine schreibt in seinem Traktat
gegen die »Schwäbische Schule«, zunächst habe er Schiller,
Schelling, Hegel und David Friedrich Strauß dazu gerechnet, aber dann begriffen, daß diese Schwaben »viel mehr
europäisch als schwäbisch« und »gleichsam ausgewandert«
sind. Dies gilt noch immer. Wahrscheinlich sollte man die
Badenfrage nur dort aufwerfen, wo banale Entscheidungen
nach der Geburtsurkunde und nach der historischen Landkarte getroffen werden. Und vielleicht ist die Badenfrage im
Verlauf eines halben Jahrhunderts fast schon zum Phantom
geworden. Es gibt hoffnungsvolle Zeichen dafür: In Berlin,
wo es schon seit dem Anfang des letzten Jahrhunderts einen
Verein der Badener und einen Verein der Württemberger gibt,
ist im Frühjahr 2001 ein Verein der Baden-Württemberger
entstanden. Andererseits: Zur gleichen Zeit brachte ein baye-
rischer Verlag eine »Badisch-Schwäbische Landkarte« heraus,
in der die alte Grenze zwischen Baden und Württemberg
eingezeichnet ist. Da hier keine Grenzbefestigungen zu
besichtigen sind wie beim das Land durchquerenden römischen Limes, kann die aktuelle Funktion dieser historischen
Reminiszenz eigentlich nur darin bestehen, daß sie Orien-
tierungshilfen gibt bei einer etwa auftauchenden Badenfrage…

Einheitssymbolik

Die Anfang des 19. Jahrhunderts entstandenen Länder festigten ihre Einheit nicht nur durch politische Maßnahmen, sondern auch durch symbolische Akte. Man kann sich heute nur noch schwer vorstellen, mit welchem Eifer vaterländische Zeichen gesetzt und vaterländische Erinnerungen wachgerufen wurden. Historienmaler wandten sich in riesigen Fresken Höhepunkten der Landesgeschichte zu; Dichter feierten die Herrscherhäuser und ihre Geschichte; für die regierenden Häupter wurden Denkmäler errichtet und in festlichen Veranstaltungen eingeweiht, an denen sich ein Großteil der Bevölkerung beteiligte. Schon vor der Reichsgründung griff die vaterländische Begeisterung auf die größere Nation aus, und gegen Ende des 19. Jahrhunderts trat die nationale Orientierung vollends in den Vordergrund – die Zahl der Bismarcktürme und Kaiserdenkmäler wuchs, während neue Monumente für die badischen und württembergischen Regenten seltener entstanden. Trotzdem blieb eine emotional unterfütterte Landesloyalität erhalten; noch im Ersten Weltkrieg war dies offenkundig – man diente nicht nur in badischen oder württembergischen Regimentern, ein großer Teil der jungen Soldaten erlebte diese Zugehörigkeit auch mit Stolz.

All das ist uns ziemlich ferngerückt. Die Kämpfe um den Südweststaat, die freilich auch keinen besonders heroischen Anstrich hatten, provozierten keine künstlerischen Schöpfungen. Von den Gründungsvätern gibt es eine große Zahl von Karikaturen, auch einzelne Porträts in staatlichen Räumen, aber Denkmäler so wenig wie von den später regierenden Ministern. Die Frage nach den Landesfarben brächte viele Bürgerinnen und Bürger des Landes in Verlegenheit, obwohl Schwarz-Gold, abgeleitet von den Farben des mittelalterlichen Herzogtums Schwaben, schon in der Verfassung von 1953 festgelegt wurde. Das Landeswappen wird zwar von vielen als solches erkannt, aber die wenigsten wären wohl in der Lage, es in allen Einzelheiten zu schildern oder nachzuzeichnen. Es herrscht ein nüchternes Klima im Land und gegenüber dem Land.

Aber es wäre falsch, wollte man jegliche emotionale Beziehung zu Baden-Württemberg abstreiten, und es gibt immer wieder Bemühungen, diese emotionale Bindung zu verstärken. In Verbindung mit dem 25jährigen Jubiläum des Landes wurde 1977 in Stuttgart die Ausstellung »Die Zeit der Staufer« gezeigt. Sie war reich bestückt mit wertvollen Kunstgegenständen, unter anderem mit dem Cappenberger Reliquiar, dem vergoldeten Bronzekopf von Friedrich Barbarossa. Entsprechend groß war die Resonanz; niemals vorher war so deutlich geworden, daß Museen nicht nur ein Ort für wenige geschichtsbeflissene Liebhaber, sondern eine populäre Bildungsinstitution sein können.

Zu der Ausstellung gehörte, etwas abseits plaziert, auch die Abteilung »Das Nachleben der Staufer«, die einen interessanten Gang durch die neuere Geschichte bot. Bald nach dem Tod Friedrichs II. von Hohenstaufen ging das Gerücht um, daß er irgendwo im Verborgenen fortlebe und auf seine Wiederkehr warte – eine Vermutung, die einerseits Angst und Schrecken verbreitete, weil der modern denkende Friedrich in kirchlichen Kreisen als Antichrist betrachtet wurde, die aber für viele auch eine Hoffnung in der wirren, kaiserlosen Zeit darstellte. Ungefähr drei Jahrzehnte nach Friedrichs Tod – inzwischen war mit Konradin der letzte Staufer gestorben – traten »falsche Friedriche« auf, Männer, die vorgaben, der Kaiser zu sein, und die so versuchten, an die Macht zu gelangen. Der Glaube an die Wiederkehr ging später auf den älteren Friedrich I. über, auf Barbarossa, der nach der Legende in einem Berg wartet auf die Neugeburt des Reichs. Die Legende wurde, nicht vom Volk, aber von vielen Gebildeten durch die Jahrhunderte getragen: romantisches Phantasiespiel, politische Utopie, gesteuerte Sehnsucht. Als 1871 endlich wieder ein deutscher Kaiser gekrönt wurde, nannten ihn die Hofpoeten in Anlehnung an den alten Staufenkaiser: Barbablanca, den Weißbart. Hohenzollern und Hohenstaufen sah man vereint im Zeichen des neuen Reichs.

Die Staufer-Ausstellung war selbst ein Teil des Nachlebens, Beschwörung der Tradition nunmehr im Licht des jungen südwestdeutschen Landes: 25 Jahre Baden-Württemberg, 900 Jahre Staufer. Staufischer Geist, staufischer Weitblick, staufische Grandezza und Modernität – versickert in den Zeitläuften, aber auch immer wieder quellfrisch zum Vorschein kommend, wenn die Stunde da war. Der baden-württembergische Ministerpräsident besuchte in jenen Tagen den ägyptischen Staatspräsidenten – in einer Verlautbarung wurde dies mit einem Seitenblick auf die staufische Vergangenheit kommentiert: »Schon der schwäbisch-deutsche Kaiser Friedrich II. von Hohenstaufen«, so konnten die staunenden Landeskinder lesen, »verknüpfte im 13. Jahrhundert von seinem Herrschaftssitz Sizilien und Süditalien aus Orient und Okzident. Er sprach, las, schrieb, dichtete und rechnete arabisch.« Der Text deutete eine Kontinuitätslinie an: Schon Friedrich II. von Hohenstaufen ... Dummerweise offenbarte er aber auch den Abstand: Der baden-württembergische Ministerpräsident spielte keine europäische Rolle, war kein Gegner der Kirche, lief nicht Gefahr, als Antichrist ausgerufen zu werden, und er sprach, las, schrieb, dichtete und rechnete auch nicht arabisch. Unter streng historischen Aspekten war die ganze Verbindungslinie zwischen dem neuen Land und den Staufern brüchig; als symbolische Überhöhung der Einheit des Landes blieb die Ausstellung nicht ohne Wirkung.

Der Umweg über die Geschichte scheint jedenfalls siche-
rer als der Versuch, ganz in der Gegenwart ein Einheitssym-
bol zu etablieren. Mitte der 80er Jahre – Baden-Württemberg hatte inzwischen bereits den 30. Geburtstag hinter sich –
kam zuerst in der Regierungsspitze und später auch unter
Landtagsabgeordneten der Wunsch nach einem feierlichen
Lied auf, das bei wichtigen offiziellen Anlässen gesungen
werden könnte. Als das Staatsministerium im Juni 1985 seinen Betriebsausflug nach Wertheim machte, hatte der dortige
Oberbürgermeister (er war vorher selbst im Staatsministerium tätig gewesen) eine Überraschung parat: Ein Kinder-
chor brachte ein Lied zum Vortrag, das ein Wertheimer Pen-
sionär geschrieben und der Leiter der städtischen Jugend-
musikschule komponiert hatte:

> *Als Baden und als Württemberg*
> *in Harmonie sich banden,*
> *da hatten der Geschichte Lauf*
> *und Wesen sie verstanden ...*

Das Echo war positiv; bei der Wiederholung, so berichteten
die *Fränkischen Nachrichten,* sangen die Staatsbeamten schon
mit. Der Bericht war überschrieben: »Ruf nach einer Landeshymne verhallte nicht ungehört«. Das war nun freilich
doch etwas voreilig. Das die Bevölkerung des ganzen Landes
einende Lied sollte ja doch nicht von oben bestellt und
dekretiert werden, und der Begriff der Landeshymne war
eine Nummer zu groß und tönte jedenfalls zu amtlich. Die
Landtagsabgeordneten, die sich der Sache annahmen, vertraten die Auffassung, ein solches Lied müsse spontan entstehen. Ein Fernsehteam der Stuttgarter Abendschau griff die
Idee auf und organisierte einen Wettbewerb. Die angesta-
chelte Spontaneität führte zu über 400 Einsendungen von
Worten und Weisen. Sie wurden in einem komplizierten
Auswahlverfahren gesiebt. Acht Lieder kamen in die End-
runde; sie wurden in einer öffentlichen Fernsehsendung vor-

geführt, und eines wurde als das neue Baden-Württemberg-Lied ausgezeichnet.

Zu hören war das Lied danach so gut wie nie. Ein Grund dafür lag darin, daß der Bedarf von den Politikern überschätzt worden war. In gehobener Stimmung – mit oder ohne Alkohol – sangen die Leute nämlich regelmäßig ihre alten ›Nationallieder‹: »Das schönste Land in Deutschlands Gaun, das ist mein Badner Land«, »Preisend mit viel schönen Reden« oder auch das Hohenzollernlied: »Nicht weit von Württemberg und Baden und von der wundervollen Schweiz...« Der zweite Grund: Das gekürte Lied unterschied sich praktisch nicht von den anderen; fast alle operierten mit verschiedenen Landschaftsbezeichnungen und verpaßten ihnen freundliche Attribute, wobei die Flußnamen dominierten und der Rhein am besten wegkam, weil sich Wein auf Neckar und Donau nicht reimt. Die weitaus meisten der eingereichten Lieder reizten nicht zum ehrfürchtig-feierlichen Gesang, sondern zur Parodie.

Ein Heilbronner Lehrer gab diesem Reiz nach und provozierte damit ein burleskes Ende der Hymnengeschichte. Er dichtete, historisch unanfechtbar, aber nicht unbedingt stimmungsfördernd:

> *Das Land, aus dem einst Schiller floh,*
> *mit Schreibverbot vertrieben,*
> *wo sie den Schubart ein Jahrzehnt*
> *im düstren Kerker hieben ...*

Da er auch noch den Sicherheitstrakt von Stammheim in seinen Versen unterbrachte und da er einige Jahre vorher mit einer für fromme Gemüter allzu freisinnigen Hochzeitsanzeige aufgefallen war, ordnete das zuständige Schulamt eine Überprüfung seiner pädagogischen Zuverlässigkeit an, was wiederum zu einem Protest im Landtag führte – Geschichten aus Krähwinkel.

Die Aktion Landeslied, die letztlich ein paar hundert in

ihrer Künstlerehre gekränkte Autoren und Komponisten zurückließ, machte deutlich, daß das Gefühl der Einheit nicht ohne weiteres hergezaubert werden kann und daß die alten, emotional unterfütterten Zugehörigkeiten sich nicht einfach überspielen oder auch addieren lassen. Am wirksamsten wurde die Einheitssymbolik dort, wo sie ausdrücklich die Vielfalt und auch den Eigen-Sinn der Landesteile und der einzelnen Landschaften anerkannte.

Das gilt beispielsweise für die Landesgartenschau, die Jahr für Jahr einer Stadt die Chance eröffnet, Teile ihres Freigeländes auf Zeit oder auf Dauer in eine gepflegte Gartenlandschaft zu verwandeln und Besucherinnen und Besucher auch aus größeren Entfernungen anzulocken. Bei der Festlegung der Orte wird zwar nicht laufend zwischen Baden und Württemberg gewechselt; aber ein Überblick zeigt, daß auf die Balance geachtet wird.

So verhält es sich auch mit staatlich geförderten Veranstaltungen, die einzelnen Kultursparten gewidmet sind: Landeskunstwochen, Baden-Württembergische Literaturtage, Theatertage. Solche Ereignisse sind ein kräftiger Impuls für die künstlerischen Aktivitäten in den jeweils ausgewählten Städten und Regionen, sollen aber auch den Blick auf andere Regionen, auf hervorstechende Produktionen aus dem ganzen Land (und manchmal auch aus dem benachbarten Ausland) öffnen. Sie werden der »Bringschuld« des Landes, von der in kulturpolitischen Debatten immer wieder die Rede ist, gerecht, ohne die Provinz einfach zum Empfänger des gnädig verteilten Überschusses der Zentrale zu machen. Dabei betreffen die für das ganze Land ausgewiesenen Veranstaltungen nicht nur die elitären Kunstbereiche. Es gibt zum Beispiel Volkstheatertage, Amateurtheatertage, Schultheatertreffen; die Veranstaltungen der Soziokulturellen Zentren werden, wenn auch in geringerem Maße, berücksichtigt; und es gibt nicht nur verschiedene kammermusikalische Wettbewerbe, sondern auch Landes-Jazztage und regelmäßige Blasmusiktreffen.

Der Wettbewerbscharakter wird auch durch eine ganze Reihe von Landespreisen gefördert: Volkstheaterpreis, Kinder- und Jugendtheaterpreis, Kleinkunstpreis, Jazzpreis, Hans-Thoma-Preis, Schiller-Gedächtnispreis, Peter-Huchel-Preis, Hebel-Preis, Hesse-Preis, Wieland-Preis für Übersetzungen. Den vom Land ausgelobten Preisen reihen sich viele andere an, die von einzelnen Städten und Regionen, aber auch von Institutionen und Privatpersonen getragen werden und die nicht auf den lokalen oder regionalen Wettbewerb beschränkt sind. Dieses Nebeneinander, der fließende Übergang zwischen zentraler und dezentraler Kulturförderung ist sicher kein exklusives Kennzeichen für Baden-Württemberg, ist aber in der Intensität doch charakteristisch für die Kulturszene des Landes.

Das Bestreben, die kulturelle Aktivierung der Regionen des Landes mit der Betonung der Einheit, der Landesidentität in Einklang zu bringen, zeigt sich besonders deutlich bei den Heimattagen Baden-Württemberg. Der Bundestag erklärte 1949 für das ganze Bundesgebiet den zweiten Septembersonntag zum »Tag der Heimat«; den Heimatvertriebenen sollte so die Möglichkeit geboten werden, in eigenen Veranstaltungen die Erinnerung an die verlassene Heimat wach zu halten, aber auch in festlichem Rahmen den Kontakt mit der neuen Heimat zu festigen. Diese Funktion gehört noch immer zu den Veranstaltungen, die am Tag der Heimat wie in anderen Bundesländern in vielen Städten des Landes ausgerichtet werden. Zusätzlich wurden 1978 die »Heimattage Baden-Württemberg« eingeführt, die jedes Jahr in einem anderen Ort stattfinden, wobei zwischen den vier Regierungsbezirken gewechselt wird. Die zentrale Veranstaltung dieser Landes-Heimat-Tage ist eine Kundgebung mit dem Ministerpräsidenten, der ein großer Umzug vorausgeht. An diesem Umzug beteiligen sich örtliche Vereine und auch Schulen, darüber hinaus ist er aber eine Präsentation des ganzen Landes: Dutzende von Trachtenvereinen vertreten

ihre Heimat, zeigen die charakteristische örtliche Festklei-
dung, deuten in knappen Szenen regionale Bräuche an und
ziehen am Landesvater und anderen Mitgliedern der Regie-
rungsbehörden vorbei.

Der Begriff Landesvater taucht hier nicht zufällig auf. Er
stammt aus der Zeit patriarchalischer Regierungsformen, als
die Bevölkerung den Status von Untertanen hatte, in feier-
licher Stimmung aber als zusammengehörige Familie angesprochen wurde. Der Trachtenaufzug der Landeskinder geht
auf das 19. Jahrhundert zurück und spielte damals für das
Erlebnis der politischen Einheit der Länder eine wichtige
Rolle. Im Jahr 1838 fand das Zentralfest der deutschen
Landwirte in Karlsruhe statt. Bei dieser Gelegenheit gab es
neben Viehprämierungen, bäuerlichen Wettkämpfen und
den üblichen Angeboten eines bunten Volksfests auch einen
großen Umzug, an dem Abordnungen der Landwirtschaftlichen Bezirksvereine aus dem ganzen Land Baden teilnah-
men. Sie waren in Trachten gekleidet, die vielfach erst für
diese und ähnliche Gelegenheiten entwickelt oder ausge-
schmückt worden waren; und sie führten, wie die Karlsruher
Zeitung berichtete, »Proben und Attribute der verschiedenen landwirtschaftlichen und industriellen Beschäftigungen
und Erzeugnisse der durch Boden, Kultur und Klima so verschiedenen Bezirke des Großherzogtums« vor. Dies war eine
Huldigung für den Großherzog, aber auch ein Erlebnis für
die aktiv Beteiligten und das Publikum, die so in konkreter,
farbenfreudiger Form die Vielfalt und Einheit des Landes
erfuhren.

Die Tracht als regionales Symbol war schon vorher von
Genremalern herausgestellt worden, und auch für den Umzug gab es ein Vorbild: Beim Münchner Oktoberfest wurde
1835 ein Trachtenumzug vor dem bayrischen König inszeniert, bei dem allerdings nur die Trachten aus den verschiedenen Landesteilen kamen, während die Trachtenträger alle
aus der Umgebung von München geholt wurden. In Würt-

temberg führte das 1817 vom König gestiftete Cannstatter Volksfest vor allem Landwirte aus dem Königreich zusammen, die mit neuen Agrarmethoden vertraut gemacht wurden; aber ein Begleiteffekt war auch hier die Begegnung von Männern und – in deutlich geringerer Zahl – Frauen aus den verschiedenen württembergischen Landschaften im Zeichen der Zusammengehörigkeit. Im Jahr 1841, aus Anlaß des 25jährigen Regierungsjubiläums von König Wilhelm I., wurde auch hier ein riesiger Festzug organisiert, zu dem Abordnungen aus allen 64 Oberamtsbezirken in Tracht oder Berufskleidung aufgeboten waren.

Zurück zu den baden-württembergischen Heimattagen. Betrachtet man oberflächlich die Rekrutierung der Festzüge und ihre Choreographie mit dem Defilee vor der Tribüne der hohen Ehrengäste, so erhält man den Eindruck einer erstaunlichen Kontinuität. Aber gleiche oder ähnliche Phänomene in historisch unterschiedlichem Kontext haben selten die gleiche Bedeutung; und bei näherem Zusehen werden auch Unterschiede im Ablauf und in der Gestaltung der Feste sichtbar. Die Festzüge marschieren nicht mehr so strikt geordnet auf, wie dies aus den Bildern von einst erkennbar ist, und die mehr oder weniger lustige Selbstdarstellung der Gruppen steht im Vordergrund, so daß von einer Huldigung an die Regierungsspitzen nur noch in Anführungszeichen gesprochen werden kann. Vor allem aber ist die Zusammensetzung der Umzüge zufälliger; es handelt sich nicht mehr um eine garantierte Repräsentanz aller Kreise und Landschaften. Im Wesentlichen sind es Trachtenvereine und in trachtenartigen Kostümen uniformierte Musikkapellen, die auftreten; und während die Tracht damals ein allgemein akzeptiertes Symbol für die regionale Herkunft war, ist sie inzwischen eher ein neutrales Element unserer Folklore. Der wichtigste Unterschied besteht darin, daß jene großen Feste und Umzüge – obwohl die Kommunikationsmöglichkeiten ja viel begrenzter waren – im ganzen Land ihren Widerhall

*Das erste landwirtschaftliche »Volksfest in Cannstadt« fand
1818 statt. Kolorierte Umrißradierung von Conrad Wiesner, 1824,
nach einem Gemälde von J. B. Pflug.*

fanden und beispielsweise von der Presse groß herausgestellt
wurden. Jetzt ist der Umzug ein Farbtupfer im regelmäßigen
Landesfernsehprogramm über Feste und Bräuche; der Inte-
grationsgedanke tritt kaum hervor, und größere Aufmerksamkeit finden die Heimattage fast nur noch in der unmittelbaren Umgebung des Veranstaltungsorts.

Ist es vielleicht gerade der ›halbamtliche‹ Charakter der
Heimattage Baden-Württemberg, der ihr Gewicht vermindert? Es handelt sich nicht um eine staatliche Veranstaltung,

die Planung und Vorbereitung liegt bei eigenen Arbeitskreisen in den Regierungsbezirken; aber deutlicher als bei
den künstlerischen Veranstaltungen im Land und fürs Land
rückt hier das Ziel in den Vordergrund, Baden-Württemberg
als gemeinsame Heimat zu vergegenwärtigen. Wo konkrete
sachliche Ziele und Aufgaben im Mittelpunkt stehen, die
Badener wie Württemberger mobilisieren, ist der Integrationseffekt manchmal größer als dort, wo die Idee der Integration über allem schwebt. Im Frühjahr 2001 kamen mehr
als 20.000 aktive Teilnehmer und Teilnehmerinnen nach Konstanz zum Landesturnfest, das erstmals vom Badischen und
vom Schwäbischen Turnerbund gemeinsam organisiert wurde.
Auch hier liegt ein Vergleich mit dem 19. Jahrhundert nahe:
Damals führten die badischen und schwäbischen Turnfeste
(und ähnlich die Sängerfeste) Menschen aus allen Landesteilen zusammen und erzeugten allein schon dadurch ein
Gefühl der Gemeinsamkeit; dies gilt sicher ähnlich auch jetzt
im größeren Land Baden-Württemberg.

Ähnlich, nicht gleich. Denn jene Feste waren mit geprägt
von einem vaterländischen, aufs Land und auf die entstehende
Nation bezogenen Pathos, das heute weitgehend fehlt. Die
Identifikation mit dem Land kommt heute sehr viel mehr
über die relativ nüchterne Orientierung an der Leistungsfähigkeit des Landes zustande − also über wirtschaftliche
Erfolge und das Vertrauen in die Stabilität politischer Verhältnisse. Folgerichtig ist deshalb auch die Integrationspolitik
vom Versuch einer eher emotionalen Gemeinschaftssymbolik umgeschwenkt zur selbstbewußten Propagierung von
Leistungen, die von Badenern oder Württembergern oder
von beiden gemeinsam erbracht werden. »Wir können alles.
Außer Hochdeutsch« heißt der Slogan einer sehr extensiven
Werbekampagne der Landesregierung. Am zweiten Teil des
Spruchs zweifelt fast niemand. Der erste Teil sei zu vollmundig, sagen viele Leute im Land. Aber dann fügen sie vorsichtig hinzu, so falsch sei er ja eigentlich auch wieder nicht.

GEMEINSAMKEITEN

Querverbindungen

Zu den Bemühungen, die Einheit von Baden und Württemberg symbolisch zu überhöhen, gehören in einem weiteren Sinn auch die Versuche, den Zusammenschluß der südwestdeutschen Länder als Notwendigkeit zu erklären, auf welche die geschichtliche Entwicklung seit Jahrhunderten zugelaufen ist. In besonders krasser Form bringt dies Ernst Müller in seiner »Kleinen Geschichte Württembergs« zum Ausdruck; er spricht von der »prästabilierten und im Vorscheinen wirkenden historischen Vernunft« – dem Hegelschen Weltgeist werden zwar gewisse Umwege zugebilligt, aber letztlich kommt er listig an sein Ziel, das in diesem Fall Baden-Württemberg heißt. Das ist zwar eine erhabene und vielleicht auch erhebende Vorstellung; aber wer die Kapriolen des historischen Prozesses nüchtern verfolgt, wird eher der Feststellung des Badeners Reinhold Schneider zuneigen: »Geschichte ist eine Art Folgerichtigkeit des Irrationalen: das Paradox«.

Dieter Langewiesche zeigt in seinen Studien zum südwestdeutschen Liberalismus, daß die Entwicklungslinien in Baden und in Württemberg doch sehr weit auseinander liefen, und er warnt vor einer kurzschlüssigen Konstruktion von Einheitlichkeit: »Die Weihe einer historischen Tradition kann also der Historiker diesen beiden Staaten und ihrem Zusammenschluß nicht spenden«. Dies schließt aber nicht aus, daß er selbst begrenzte Gemeinsamkeiten und Parallelitäten anführt, und selbstverständlich ist es legitim und sinnvoll, nachzufragen, ob und wo sich im weiten historischen Vorfeld des Zusammenschlusses Sachverhalte und Tendenzen feststellen lassen, die in den beiden heutigen Landesteilen in gleicher oder ähnlicher Weise auftraten. Dabei geht es nicht nur um Phänomene, die umfassend fürs ganze Land in Anspruch genommen werden können, sondern auch um solche, die grenzüberschreitend für Teile Badens und Württembergs prägend waren und bis heute nachwirken. Es geht um historische und noch gegenwärtige Querverbindungen, die in vielen Fällen den Menschen nicht bewußt sind, die aber doch Teil einer ziemlich soliden Vernetzung sind.

Die Kategorie Querverbindung kann dabei durchaus räumlich gedacht werden. Die beiden früheren Länder Baden und Württemberg erstrecken sich auf der Karte ja von Norden nach Süden; die Grenze verläuft, grob gesehen, in der Vertikalen. In wichtigen kulturellen Bereichen liegt die Gliederung aber quer dazu. Ein gutes Beispiel dafür bildet die räumliche Verteilung der Dialekte. Die Landesgrenze zwischen Baden und Württemberg spielt hier eine ganz untergeordnete Rolle; die Mundartgrenzen gehen auf ältere historische Abgrenzungen, vor allem die der Stammesherzogtümer, zurück. Die wichtigste dieser Grenzen ist die zwischen fränkischen Mundarten im Norden und alemannisch-schwäbischen im Süden. Dabei handelt es sich nicht um eine einzelne Grenzlinie, sondern um einen teils schmaleren und teils breiteren Grenzgürtel, in dem oder dicht bei dem Orte wie Gaildorf, Lauffen, Pforzheim, Baden-Baden und Rastatt liegen. Die beiden großen Dialektbereiche reichen über die Landesgrenzen hinaus, wie auch die Stammesherzogtümer über die späteren Grenzen reichten: fränkische Mundarten erstrecken sich rheinabwärts bis über Köln hinaus und weit nach Mitteldeutschland, alemannische Mundarten sind im Elsaß, in der deutschsprachigen Schweiz und in Vorarlberg verbreitet.

Denkt man an die Gegenüberstellung von badisch und württembergisch, so fällt zweierlei auf. Eine badische Mundart im Sinne einer besonderen Ausprägung der Sprache gibt es nicht. Die in Karlsruhe übliche Mundart gehört zur glei-

Legende:

- Walldürner Raum
- Schwäbisch-Fränkischer Übergangsbereich
- Orte nach denen Mundart-Regionen benannt sind
- Mundartgrenzen
- besonders starke Unterscheidungsmerkmale
- Staatsgrenze
- Grenze der Bundesländer

RHEIN-FRÄNKISCH

Main

Heppenheim
Erbach
Tauberbischofsheim
Walldürn
Buchen
Unterer Tauberraum
Bad Mergentheim
Mannheim
Ludwigshafen
Heidelberg
Neckargemünd
Mosbach
OSTFRÄNKISCH
Heidelberg-Mannheimer Raum
Speyer
Sinsheim
Künzelsau
Germersheim
SÜDFRÄNKISCH
Kraichgau-Raum
Heilbronn
Öhringen
Hohenloher Raum
Crailsheim
Bruchsal
Löwenstein
Schwäbisch Hall
Karlsruhe-Bruchsaler Raum
Pforzheim-Vaihinger Raum
Karlsruhe
Backnang
Ettlingen
Vaihingen
Ludwigsburg
Aalen
Pforzheim
Waiblingen
Rastatt
Nagold-Raum
Leonberg
Schwäbisch Gmünd
Baden-Baden
Stuttgart
Esslingen
Kocher
Bühl
Calw
Göppingen
Rastatt-Baden-Baden Raum
Böblingen
Nürtlingen
Baiersbronn
SCHWÄBISCH
Freudenstadt
Tübingen
Reutlingen
Ulm
Horb
Münsingen
OBERRHEIN-ALEMANNISCH
Oberer Neckarraum
Hechingen
Ehingen-Laupheimer Raum
Wolfach
Balingen
Ehingen
isgau-ench-raum
Laupheim
eiburg-olfacher Raum
Rottweil
Alb-Donau-Raum
Villingen
Sigmaringen
Biberach
Aach-Donau-Raum
Saulgau
Neustadt
Donaueschingen
Tuttlingen
Pfullendorf
Waldsee
Wutach-Aach Raum
Nördliches Überlinger Gebiet
Stockach
Leutkirch
St. Blasien
Überlingen
Ravensburg
SÜDALEMANNISCH
Konstanz-Überlinger Raum
Meersburg
Wangen
Hochrhein-Raum
Konstanz
Tettnang
BODENSEE-ALEMANNISCH
Bodensee
Lindau

0   10   20   30 km

Raumgliederung der Mundarten in Südwestdeutschland um 1950.

chen Sprachfamilie wie die in Heilbronn gesprochene, auch wenn ein einigermaßen geübtes Ohr die Unterschiede sofort erkennt. Die Bewohnerinnen und Bewohner von Karlsruhe sagen aber, wenn sie nicht die lokale Bezeichnung – also »Karlsruherisch« – vorziehen, sie sprechen badischen Dialekt, stellen also den Gegensatz zum Schwäbischen und nicht die Übereinstimmung mit dem Fränkischen in Nordwürttemberg heraus. Dies gilt allerdings nur für den Mittelteil von Baden; im Norden wird im allgemeinen die gesprochene Sonderform des Fränkischen als Pfälzisch bezeichnet, und im Südteil spricht man Alemannisch und versteht dies als sprachliche Eigenart, die eine Abgrenzung gegenüber den weiter nördlich wohnenden badischen Landsleuten, vor allem aber gegen die Schwaben und das Schwäbische bedeutet.

Hier ergibt sich der zweite bemerkenswerte Befund. Bis zum Beginn des 19. Jahrhunderts hat man zwischen Alemannisch und Schwäbisch nicht unterschieden. Die rasche Verbreitung und die große Resonanz von Johann Peter Hebels 1803 erschienenen »Alemannischen Gedichten« hat aber dann ein alemannisches Sonderbewußtsein entstehen lassen, das vor allem im Dialekt begründet war, in das aber wiederum die Abgrenzung gegenüber dem Schwäbischen und den Schwaben einging. In der Sprachforschung blieb dagegen Alemannisch als Oberbegriff für den gesamten deutschen Sprachraum südlich des Fränkischen erhalten; das Schwäbische gilt als Teilgebiet des Alemannischen. Nun könnte man argumentieren, daß die Konvention wissenschaftlicher Benennungen auch nur für die Wissenschaft Bedeutung habe – entscheidend sei, daß man in und um Freiburg und im südlichen Schwarzwald anders rede als in Stuttgart und auf der Alb. Das trifft zu; im Dreiländereck bei Basel sagt man, jemand sei »im Huus gsii«, auf der Alb, jemand sei »em Hous gwea«. Solche deutlichen Unterschiede machen im südlichen Baden die Abgrenzung gegen das Schwäbische möglich. Aber die alemannischen Formen beherrschen das ganze Bodenseegebiet, also auch den württembergischen Teil davon, und sie reichen ins Oberschwäbische hinein. Auch hier gilt also, daß mit der Illusion einer Art sprachlicher Frontlinie zwischen Baden und Württemberg operiert wird, während die verschiedenen Ausformungen des Dialekts tatsächlich ineinander übergehen. Dies gilt für die charakteristischen Lautformen, weshalb man zwischen das auch in der Schweiz gesprochene Hochalemannisch (für das meist der Kehllaut in der Aussprache des K wie in Chind als Charakteristikum angeführt wird) und das Schwäbische auf vielen Sprachkarten eine Zwischenzone (»niederalemannisch«, Bodensee-alemannisch«) einzieht. Und es gilt in räumlicher Hinsicht, da die Dialektgrenzen sich fast nirgends an die frühere Landesgrenze anlehnen.

In einer neueren, von Arno Ruoff geleiteten Erhebung ergaben sich allerdings Hinweise darauf, daß sich in einigen Abschnitten die fränkisch-schwäbische Sprachgrenze neuerdings an die frühere Landesgrenze heranschiebt. Da heute vielfach abgeschwächte Formen der Mundart benützt werden, läßt sich die Reichweite dieses Prozesses nur schwer vorhersagen; aber es hat jedenfalls den Anschein, daß die Grenze zwischen Baden und Württemberg ausgerechnet jetzt, nachdem sie verschwunden ist, verändernd auf das Dialektgefüge einwirkt. Das wäre ein Hinweis darauf, daß die Grenze immer noch reale Auswirkungen hat als Grenze im Kopf.

Als Beleg dafür kann auch noch einmal das Beispiel Villingen-Schwenningen herangezogen werden. In beiden Teilstädten, in Villingen wie in Schwenningen, ist die Mundart alemannisch; der sprachliche Unterschied zwischen Schwenningen und weiter nördlich beziehungsweise östlich liegenden schwäbischen Städten (wie Rottweil oder Trossingen) ist deshalb größer als der zwischen Schwenningen und Villingen. Aber kleinere Unterschiede gab es auch hier – Unterschiede, die sich im Lauf der Zeit eher verwischt hatten.

Doch ausgerechnet jetzt, nach der Vereinigung der beiden Städte, werden sie wieder stärker betont. Die Verkleinerungssilbe heißt im Schwäbischen –le. Je weiter man nach Süden, ins alemannische Sprachgebiet kommt, umso deutlicher rundet sich die Silbe zu einem –li. Villingen gehört zur Übergangszone: Wenn etwas in Villinger Mundart schriftlich wiedergegeben wurde, konnte man einmal –li, das andere mal –le lesen. Aber jetzt gibt es eine neue Sprachregelung. Das –li wird jetzt viel eindeutiger artikuliert. Die in ihrer Herkunft ungeklärte Bezeichnung einer bekannten Villinger Fastnachtsmaske konnte früher als Morbile oder Morbili ausgesprochen werden, jetzt gilt in Villingen nur noch Morbili. Der Unterschied von –le und –li ist also in Villingen-Schwenningen zum badisch-württembergischen Gegensatz geworden.

Die Verkleinerungssilbe, die hier durch andere Färbung des Vokals einen Unterschied betont, ist im übrigen im gesamten schwäbisch-alemannischen Dialektgebiet ein wichtiges Erkennungsmerkmal. Norddeutsche, die den Dialekt spöttisch parodieren, hängen an alle möglichen und unmöglichen Wörter ein –le an, und sensible Schwaben und Alemannen vermeiden die Silbe ängstlich, weil sie darin einen Ausdruck des Kleinkarierten sehen. Vor einem Jahrzehnt griff sogar die baden-württembergische Landesregierung die Frage auf: Vom Ländle sollte in amtlichen Kommentaren und der offiziösen Werbung nicht mehr die Rede sein, nicht einmal mehr vom Musterländle. Das Problem ist allerdings komplizierter, als daß es mit einer simplen Sprachregelung gelöst werden könnte. Es liegt nicht darin, daß im Südwesten zu oft mit der Verkleinerungssilbe operiert wird, sondern darin, daß der schwäbisch-alemannischen Verkleinerungssilbe der verniedlichende Charakter besonders anhaftet. Die Bayern operieren vermutlich nicht viel seltener mit ihrer Verkleinerungsform; aber ein Glaserl wirkt kraftvoller als ein Gläsle, und während ein Häsle an ein kuscheliges Stall- oder auch

Steiff-Tier erinnert, löst ein Haserl andere Assoziationen aus, die ebenfalls liebevoll, aber etwas geschlechtsreifer sind.

Offensichtlich akzeptieren es aber viele Menschen im Südwesten, daß die Verkleinerung auf das Niedliche, das betulich Umhegte und manchmal auch das Süßliche ausgerichtet ist. Der Südwestrundfunk, der mit seinem Landesprogramm ganz stark auf provinzielle Folklore eingestiegen ist und so das norddeutsche Schwabenbild bestätigt, organisiert jedes Jahr für Radfahrer eine »Tour de Ländle« – und hat Erfolg damit.

Die rosa Einfärbung der sprachlichen Verkleinerung hat sich vor allem im gehobenen Dialekt gehobener bürgerlicher Schichten herausgebildet. Zum Begriff Honoratiorenschwäbisch gibt es keine genaue alemannische Entsprechung; aber der Unterschied in diesem Punkt ist nicht prinzipieller, sondern nur gradueller Art. Das Alemannische ist von der deutschen Standardsprache, die im allgemeinen als Hochdeutsch bezeichnet wird, weiter weg als das Schwäbische. Die paradoxe Folge ist, daß Alemannen, wenn sie Hochdeutsch sprechen, dies oft etwas souveräner tun als die Schwaben. Diese nähern sich der Hochsprache in gleitenden Übergängen; sie sagen dann Wurst statt Wurscht und gewesen statt gwea und meinen damit manchmal schon bei der Bühnensprache gelandet zu sein, bleiben aber beispielsweise bei der stärkeren Rundung der Diphthonge in Wörtern wie Zeit oder Haus und so als Schwaben erkennbar. Vom Alemannischen her dagegen muß man eher umschalten, um zur Hochsprache zu kommen – nicht ganz wie vom Plattdeutschen her, aber doch anders als von der Ausgangssituation Schwäbisch; deshalb ist die gehobene Mischform zwischen Mundart und Hochsprache etwas seltener und weniger ausgeprägt.

Dies ist aber ein Unterschied zwischen dem Alemannischen und dem Schwäbischen, nicht zwischen badisch und württembergisch. Der Vergleich zwischen den sprachlichen Verhältnissen in Baden und in Württemberg zeigt viele

Gemeinsamkeiten und kontinuierliche Übergänge. Und das sprachliche Verhalten, das ja zu den elementarsten kulturellen Ausdrucksformen gehört, bildet keinen Sonderfall; auch andere Kulturgrenzen verlaufen westöstlich, also quer zur früheren Landesgrenze. Das gilt für kulturelle Ausformungen, die von der Landschaftsstruktur abhängig sind; die Landschaftsformen gliedern sich ja nicht nach politischen Grenzen. Ein Teil des Schwarzwalds gehört zum früheren Land Württemberg, Ausläufer der Alb reichen ins Badische, die ziemlich einheitliche Bodenseelandschaft wird durch die frühere Landesgrenze durchschnitten – und so fort. Dementsprechend gibt es Spielarten des Schwarzwaldhauses auch im ehemaligen Württemberg, und die quer geteilten Bauernhäuser, die für Oberschwaben charakteristisch sind, finden sich nördlich des Bodensees auch im Badischen.

Auch Bräuche und Feste lassen zu beiden Seiten der einstigen Grenze ähnliche Formen erkennen. Für die närrischen Veranstaltungen vor der Fastenzeit hat sich der Sammelbegriff Schwäbisch-alemannische Fastnacht eingebürgert, und tatsächlich sind die Formen der Verkleidung – Holzlarven und bunte Stoffkostüme – und auch die Rituale zwischen Ehingen und Freiburg, Laufenburg und Rottenburg sehr ähnlich, auch wenn jeder der vielen Narrenorte um ein eigenes Profil bemüht ist – manchmal vergeblich, weil die Variationsmöglichkeiten begrenzt sind, so daß Plagiatsvorwürfe mitunter bis in den Gerichtssaal führen. Die Narrenzünfte und Fastnachtsvereine haben sich seit den fünfziger Jahren des 20. Jahrhunderts kontinuierlich vermehrt, und in den letzten Jahren greift diese traditionell gefärbte Form der Spaßgesellschaft sogar auf evangelische Städte und Dörfer über. Ursprünglich war das närrische Treiben, von wenigen Ausnahmen wie der schweizerischen Stadt Basel abgesehen, im protestantischen Gebiet verboten oder mindestens nicht gern gesehen; die Fastnacht war ein recht weltlich ausgestalteter Teil des katholischen Kirchenjahrs.

Auch mit den ernsthaften Ausformungen überschreitet die katholische Kultur- und Kultlandschaft die Grenze zwischen Baden und Württemberg. Die traditionelle, auf die einstigen Herrschaften zurückgehende Verteilung der Konfessionen hat zwar in Baden ein katholisches, in Württemberg ein evangelisches Übergewicht geschaffen; aber die früher sehr ausgeprägten Konfessionsgrenzen fallen nur stückweise mit der Grenze zwischen Baden und Württemberg zusammen. Die katholische Landschaft im Norden Badens – Taubergegend, hinterer Odenwald und Bauland – hat in der württembergischen Nachbarschaft nur wenige und kleine Entsprechungen; dagegen setzt sich das durch das südliche Baden ziehende, wenn auch gelegentlich durch evangelische Bezirke unterbrochene Band im Osten, also in Württemberg fort. Die barocke Prägung, die für Oberschwaben charakteristisch ist, findet sich auch in Teilen des badischen Oberlands. Die Klöster in St. Blasien, St. Märgen, St. Peter oder Tennenbach strahlten ähnlich auf ihre Umgebung aus wie die in Zwiefalten, Marchtal, Ochsenhausen, Schussenried und Weingarten; und viele Frömmigkeitsformen wie Wall-

Teilnehmer am Rottweiler Narrensprung und am Markgröninger Schäferlauf.

Die ehemalige Benediktinerabtei Sankt Peter
im Hochschwarzwald.

fahrten und Prozessionen, Feldkreuze und Votivgaben wurden in den meisten dieser Gebiete nach den Einbrüchen der
josephinischen Reform erneuert.

Die angeführten kulturellen Querverbindungen gehen auf
Zeiten vor der Grenzziehung zwischen Baden und Würt-
temberg zurück. Die vor der Bildung der beiden Länder exi-
stierenden Territorien wiesen Ähnlichkeiten auf, die über
die spätere Grenze weggingen und die teilweise bis heute
Bestand haben. Aber auch nach der Entstehung der Länder
Baden und Württemberg entwickelten sich in manchen
Bereichen Querverbindungen und Gemeinsamkeiten; die
politische Abgrenzung schloß ja doch grenzüberschreitende
Tendenzen und Aktionen nicht aus. Dies gilt vor allem auch

deshalb, weil sich im Verlauf des 19. Jahrhunderts größere Zusammenhänge der Kommunikation herausbildeten und auch die politische Trennung überformt wurde durch den Vorschein und schließlich die Verwirklichung der deutschen Nation. Es würde den Rahmen sprengen, wollte man all die im Zuge der Industrialisierung und auch der Bürokratisierung entstandenen Querverbindungen detailliert schildern; aber einige Beispiele für solche Verbindungen sollen wenigstens angedeutet werden.

In der aufkommenden Industrie spielte einerseits die Konkurrenz, auch die zwischen den Ländern, eine große Rolle. Andererseits erforderte der Ausbau der industriellen Produktion immer wieder auch Kooperationen. Wie jetzt große Unternehmen nationale Grenzen überspringen, so trennten im 19. Jahrhundert die politischen Grenzen der Länder nicht überall gemeinsame Unternehmungen. In einzelnen Branchen überbrückten die Wirtschaftsräume, die auch durch den Handel zusammengehalten wurden, die Landesgrenzen. Dies gilt etwa für die Herstellung und den Vertrieb von Uhren; die Schwarzwälder Uhrenindustrie, deren handwerkliche Vorläufer bis ins 17. Jahrhundert zurück reichen, hatte ihren Schwerpunkt im Badischen, griff von dort aber Anfang des 19. Jahrhunderts auf das württembergische Schwenningen, später auch auf Schramberg über. Auch die Erfordernisse des Verkehrs verlangten die Zusammenarbeit über die Grenzen weg. Zunächst, Mitte des 19. Jahrhunderts, richtete sich in Baden die Stimmung gegen eine zentrale Verbindung von Karlsruhe nach Stuttgart, weil von württembergischer Seite der von Baden gewünschte Ausbau der Schwarzwaldbahn durch das Kinzigtal gebremst wurde; nachdem sich aber in Württemberg verstärkt das Interesse meldete, von der wichtigen Nord-Süd-Achse im Rheintal zwischen Mannheim und Basel zu profitieren, wurde eine ganze Reihe von Anschlußstrecken und von westöstlichen Verbindungswegen gebaut. In grenznahen Industriestandorten wurden außerdem Arbeiter von beiden Seiten der Grenze geholt. Pforzheim mit der ältesten badischen Maschinenfabrik, der ausgedehnten Schmuckherstellung und weiteren Produktionszweigen ist dafür ein Beispiel: die Einpendler kamen schon früh nicht nur aus der badischen Umgebung, sondern auch aus den benachbarten württembergischen Orten.

Die Arbeiterschaft war zwar in den einzelnen Ländern organisiert; dies galt für die frühen Arbeitervereine wie für die entstehenden Arbeiterparteien und die Gewerkschaften. Aber die Betonung der Klassenzugehörigkeit öffnete eine internationale Perspektive, ließ die engeren Grenzen jedenfalls zurücktreten. Der landsmannschaftliche Akzent fehlte keineswegs; aber er trat weniger stark in den Vordergrund als bei bürgerlichen Gruppierungen. Auch bei den bürgerlichen Parteien gewann aber die grundsätzliche ideologische Ausrichtung und Programmatik an Gewicht. Konkret hieß das beispielsweise, daß sich württembergische Liberale und badische Liberale gravierender Unterschiede bewußt waren, daß aber doch immer häufiger praktische Querverbindungen zwischen den Parteiorganisationen und auch zwischen den Parteimitgliedern der beiden Länder entstanden, zumal sich bald auch nationale Dachorganisationen entwickelten. Es dürfte schwierig sein, unterschiedliche Parteipräferenzen im Land als badisch oder württembergisch zu erklären; in beiden Landesteilen sind es vielmehr sozialstrukturelle Gegebenheiten und kulturelle Traditionen, die politische Orientierungen prägen. Bei allen Wahlergebnissen aus der jüngsten Zeit läßt sich eine spezifisch badische oder spezifisch württembergische Motivation der Wählerinnen und Wähler nicht erkennen; wichtig für die Stimmverteilung ist dagegen der Industrialisierungsgrad und im Zusammenhang damit das städtische oder ländliche Milieu einer Region, teilweise auch der konfessionelle Zuschnitt, also Bedingungen, die höchstens partiell der früheren Landeszugehörigkeit zugerechnet werden können.

Im übrigen gab es Querverbindungen nicht nur dort, wo sich nach Ländern getrennte Gruppierungen miteinander verständigten, sondern auch dort, wo die Grenzen durch gleichartige Entwicklungen überspielt und mehr oder weniger ignoriert wurden. Ein Beispiel dafür bietet der Tourismus, der zwar gemessen an den heutigen Dimensionen sehr begrenzt war und an dem nur eine kleine Schicht von Wohlhabenden beteiligt war, der aber relativ gesehen gegen Ende des 19. Jahrhunderts einen so starken Aufschwung nahm, daß schon damals kritisch vom Massenreisen die Rede war. Für die aus dem deutschen Norden, zum Teil auch aus dem Ausland kommenden Reisenden machte es prinzipiell keinen allzu großen Unterschied, ob sie sich in Baden oder in Württemberg bewegten. Im Schwarzwald, in der frühen Phase des Fremdenverkehrs wichtigstes Zielgebiet im Südwesten, gab es allerdings nur wenig Anziehungspunkte im kleineren württembergischen Teil, und diese waren karger ausgestattet als die badischen. Für das württembergische Wildbad wird schon Ende des 18. Jahrhunderts auf die Alleen für Spaziergänge hingewiesen, aber darin erschöpft sich die »Unterhaltung der Badegäste« beinahe schon. Justinus Kerner warnte im Jahr 1839: »Hier sprudeln einzig Heilquellen, hier sind keine Farobänke, keine Schauspielhäuser, keine üppig besetzten Tafeln. Wer den Tumult der Menge liebt, wen nur die Langeweile aus der gewohnten Lage treibt, wer meint, er müsse jährlich in ein Bad, weil es die Mode so will, der bleibe doch um Gottes Willen! fern von dieser, nur dem Kranken geweihten Stätte, sie würde seine Langeweile, seine Leere nur vermehren.« Modisches, teures und vergnügungsreiches Reiseziel war dagegen vor allem Baden-Baden, als »Sommerhauptstadt Europas« bezeichnet. Hier traf sich an den Thermalquellen und an der in erster Linie für den Staat lukrativen Spielbank die mondäne Gesellschaft, und Baden-Baden wurde auch ein Umschlagplatz der Politik: Bismarck führte hier Verhandlungen, und auch der preußische König,

Schwiegervater des badischen Großherzogs, kam regelmäßig auf Besuch. Bei seinem Aufenthalt im Sommer 1861 schoß auf ihn ein junger Mann deutsch-russischer Abstammung, dem es mit der nationalen Einigung zu langsam ging; der nur ganz leicht verletzte König wurde von der Bevölkerung mit einem großen Fackelzug gefeiert. In Baden-Baden verschränkte sich also der Kurbetrieb mit der großen Politik, in der auch Baden seine kleine Rolle spielte; nicht zufällig war es Großherzog Friedrich I., der im Spiegelsaal von Versailles nach der Kaiserproklamation das Hoch auf Kaiser Wilhelm ausbringen durfte.

Die kleineren und bescheideneren Badeorte und Sommerfrischen blieben dagegen ziemlich unberührt von der Politik –

Der Marktplatz in Wildbad, um 1820.

und die Gäste kamen in den Schwarzwald, nicht nach Baden
oder Württemberg. Noch deutlicher war die Neutralisierung
solcher Trennungen und Gegensätze, als das Bodenseegebiet
zum beliebten Reiseziel wurde. Das war erst gegen Ende des
19. Jahrhunderts der Fall; bis dahin waren die Städte am See
bestenfalls Durchgangsstationen für die Schweizreisenden,
und das *sightseeing* konzentrierte sich vor allem auf den
Rheinfall bei Schaffhausen. Der 1824 eingeführte Dampf-
schiffverkehr diente zunächst überwiegend dem Transport
von Frachtgut; aber vereinzelt wurden auch »Lustfahrten«
angeboten. Auch die Einrichtung von Sommerresidenzen
für den württembergischen König (in Friedrichshafen) und
den badischen Großherzog (auf der Mainau) lockte Reisende

Kurpromenade in Baden-Baden.
Aquarell von C. L. Frommel, um 1830.

Illustrierte Internationale Verkehrszeitung aus dem Jahr 1906.

an; aber erst in der Gründerzeit und dann wieder um die Jahrhundertwende gab es einen kräftigen Schub für den Tourismus am See. Am ganzen See: Nachdem zunächst einige lokale Kur- und Verkehrsvereine gegründet worden waren, schlossen sich 1893 die »Gasthofbesitzer an Bodensee und Rhein« in einem Verband zusammen. 1902 wurde der Bodensee-Verkehrsverein gegründet, der bereits internationale Abmachungen traf. Die badisch-württembergische Grenze spielte hier und auch allgemein in diesem früh etablierten und wichtigen Freizeitbereich nur eine untergeordnete Rolle. Erst die eine oder andere Badenfrage hat die alten Landeszugehörigkeiten am See wieder stärker ins Bewußtsein gebracht: Der Ausbau der Bodenseewasserversorgung, der vor allem den Schwaben zugute kam. Die Zuordnung fast des ganzen nördlichen Seeufers zum Regierungsbezirk Tübingen. Oder die schwäbische Touristeninvasion am Untersee, wo das Dorf Wallhausen spöttisch als Klein-Stuttgart bezeichnet wird.

All das sind aber relativ flüchtige Irritationen, und es wäre verwunderlich, wenn sich nicht auch neue Querverbindungen gebildet hätten: durch die Verwaltungseinteilung, die absichtlich die frühere Landesgrenze an vielen Stellen übersprang, durch die Zusammenlegung von Behörden und den Zusammenschluß von Verbänden und Parteien, durch neue Verkehrsachsen wie die Zusammenarbeit zwischen dem Flughafen in Stuttgart und dem in Söllingen, oder durch großindustrielle Brücken zwischen Rhein und Neckar. Natürlich spielen dabei oft auch allgemeinere strukturelle Überlegungen und sonstige Rücksichten eine Rolle, die Verklamme-

In seltenen Jahren ist der »Ritt über den Bodensee«
möglich: »Seegfrörne« 1963.

rung der beiden alten Länder ist oft nur ein – freilich sehr erwünschtes – Nebenergebnis. Als beispielsweise Daimler einen Teil seiner Produktion bei Rastatt ansiedelte, war dies sicher nicht in erster Linie ein Coup, der Baden und Württemberg enger zusammenschließen sollte, sondern eine Ausnützung von Ressourcen an Gelände, Verkehrseinrichtungen und Arbeitskräften. Aber die baden-württembergische Achse zwischen Untertürkheim und Sindelfingen auf der einen, Rastatt und Gaggenau (wo schon 1910 die Süddeutsche Automobilfabrik zu Daimler kam) auf der anderen Seite wird zumindest billigend in Kauf genommen.

Mancherlei neue Querverbindungen also. Aber zu ihrer Festigkeit tragen die älteren bei, die nur selten bewußt gemacht werden, die aber in der Alltagskultur die Verbindungswege ebneten und die schon lange eine ziemlich reißfeste Vernetzung darstellen.

Die Zugezogenen

»Wir Württemberger.« Ist diese mit Stolz oder doch Selbstbewußtsein vorgetragene Charakterisierung überhaupt noch
wahrscheinlich? Am ehesten denkt man an einen ins Ren-
tenalter gekommenen Arbeiter von der Alb oder einen knor-
rigen alten Obstbauern irgendwo im Remstal – die könnten
so etwas sagen, allerdings dann wohl in korrekter Mundart:
»Mir Schwoba«. Und wenn es um das Bekenntnis »Wir
Badener« geht, verhält es sich ähnlich: Einem alten Wein-
bauern vom Kaiserstuhl, der viel mit der Badischen Winzer-
genossenschaft zu tun hat, ist der Ausspruch zuzutrauen, vielleicht auch einem pensionierten Beamten aus Karlsruhe.
Jedenfalls stehen diese Selbstbezeichnungen ein wenig unter
Senilitätsverdacht, und es scheint eine logische Begründung
dafür zu geben: Wer sich auf die alten Landeszugehörigkeiten
beruft, der oder die müßte sie eigentlich noch erlebt haben als
Identitätsrahmen, der nicht durch die neuen politischen Gegebenheiten angeknackt ist.

Akzeptiert man diese Überlegung, dann werden bekennende Badener und bekennende Württemberger zum Aus-
laufmodell. Die Leute werden zwar immer älter, aber der
weitaus größte Teil der Bevölkerung in Baden-Württemberg
ist bereits in diesem neuen Bundesland aufgewachsen, und
für die große Mehrzahl derjenigen, für die das nicht zutrifft,
gelten andere Bedingungen: Es handelt sich um die nach
dem Zweiten Weltkrieg zugewanderten Frauen, Männer und
Kinder.

Schon in den letzten Kriegsmonaten ergriffen viele Deutsche, die in Osteuropa gelebt hatten, die Flucht, und bald

setzten auch die Ausweisungen ein; Millionen von Flüchtlingen und Heimatvertriebenen kamen in den Westen. Ihr Anteil an der Bevölkerung in Baden-Württemberg steigerte sich auf nahezu 20 Prozent, allerdings in ungleicher Verteilung: Die französische Verwaltung in Südbaden, Südwürttemberg und Hohenzollern dämmte, auch im Einvernehmen mit den deutschen Behörden, den Zustrom ein. In einer späteren Phase, als die besonders stark betroffenen deutschen Länder entlastet werden mußten (in Schleswig-Holstein lag der Anteil der Flüchtlinge und Heimatvertriebenen bei einem vollen Drittel) und viele Menschen erneut umquartiert wurden, kam es zu einem gewissen Ausgleich; aber das größere Gewicht lag nach wie vor in der nördlichen Landeshälfte, wo allerdings die Industrie auch mehr Arbeitsplätze bot.

Weiterer Zuzug kam aus der »Zone«; im Jahr 1961, zur Zeit des Mauerbaus, lag der Anteil dieser Flüchtlinge deutlich über fünf Prozent der Gesamtbevölkerung Baden-Württembergs. In den folgenden Jahren war die Ausreise so erschwert, daß der Zuzug weitgehend verebbte, aber nach dem Fall der Mauer stiegen die Zahlen wieder sehr stark an. Auch in den osteuropäischen Ländern führte die Lockerung der Ausreisebedingungen zu einer neuen Wanderungswelle. Menschen, die durch das Bundesvertriebenengesetz als Deutsche eingestuft waren, kamen und kommen als Spätaussiedler vor allem aus Ländern der früheren Sowjetunion, aus Rumänien und Polen; ihr Bevölkerungsanteil in Baden-Württemberg liegt inzwischen bei rund zwei Prozent.

Im Zeichen der Arbeitsmigration begann Mitte der fünfziger Jahre ein starker Zustrom von Ausländern und Ausländerinnen; ihr Anteil an der baden-württembergischen Bevölkerung beträgt über zehn Prozent. Und schließlich sind noch die »Asylanten« anzuführen, zu denen die deutsche Bevölkerung meist auch die vielen Asylantragsteller zählt. Werden sie einberechnet, so ist für diese Gruppe ein Anteil von deutlich mehr als einem Prozent der Bevölkerung anzusetzen. Bedenkt man ferner, daß es auch eine Arbeitsmigration in kleineren Dimensionen gibt, daß also kontinuierlich auch Menschen aus anderen westdeutschen Ländern nach Baden-Württemberg kommen, dann ergibt sich als Bilanz, daß über 40 Prozent der im Land Lebenden »nicht von hier« sind – wie manche der sogenannten Einheimischen in solchen Fällen mit leichtem Tadel festzustellen pflegen.

Schlechte Karten, so scheint es, für Badener und Schwaben. Als nach dem Krieg der Zustrom der Flüchtlinge einsetzte, waren viele Leute überzeugt, daß damit das Ende aller landschaftlichen Traditionen bevorstehe, daß also beispielsweise an die Stelle der überlieferten Mundarten ein heilloser Mischmasch deutscher Dialekte trete. Heute wird zwar darüber geklagt, daß lächerliche englische Geschäftsvokabeln in die Alltagssprache eindringen und bestimmte Nuancen der Mundart nicht mehr zu hören sind; aber vom Verschwinden der Dialekte kann bei nüchterner Betrachtung keine Rede sein. Jedenfalls ist es nach wie vor ein problematisches Unterfangen, wenn ausländische Schüler oder Studierende zur Schulung in der deutschen Hochsprache in Familien oder an Arbeitsplätzen im Land aufgenommen werden. Es ist ganz offensichtlich ein Kurzschluß, wenn von der Durchmischung der Bevölkerung schematisch eine durchgängige Veränderung der Lebensart und des kulturellen Profils abgeleitet wird.

Dies zeigt auch ein historischer Rückblick. Im allgemeinen werden in der Heimatgeschichte die langen Kontinuitätsstrecken betont, die Kette der Vorfahren, alle an Ort und Stelle aufgewachsen. Aber bei genauerem Zusehen wird deutlich, wie oft diese Kette unterbrochen und neu zusammengefügt wurde. Im sogenannten Schmalkaldischen Krieg kämpfte der Kaiser gegen eine Reihe evangelischer Fürsten, um sie zur katholischen Religion zurückzuführen; in den Gefechten setzte er spanische Truppen ein, die einige Zeit in Schwaben biwakierten. Nach ihrem Abzug war die Einschätzung eines

Zeitgenossen, die Spanier hätten so viel Samen hinterlassen, daß die schwäbischen Bauern ausgestorben seien. Friedrich Ratzel sagte vor hundert Jahren mit einer generalisierenden Feststellung das Gleiche, auch wenn er das Bild ins Pflanzliche wendet: Baden sei »ein Acker, auf den allerlei Samen geweht wurde«.

Natürlich ist dabei nicht nur an die Übergriffe der Soldateska zu denken, sondern vor allem an die Wanderungsbewegungen, die es auch in früheren Jahrhunderten gegeben hat. Ein beachtliches Ausmaß hatte die Zuwanderung nach dem Dreißigjährigen Krieg. In Schützingen, einem württembergischen Dorf in der Nähe von Maulbronn, war am Ende des Kriegs von ungefähr hundert Bürgern nur noch einer übrig geblieben, alle anderen waren in den Kriegswirren oder durch die Pest umgekommen – »aus gerechtem Gericht Gottes«, wie der neu aufgezogene Pfarrer notierte. Er hat auch festgehalten, daß das Dorf wieder belebt wurde durch ein paar Dutzend Protestanten, die wegen ihres Glaubens aus Oberösterreich vertrieben waren. Ähnliche Bevölkerungsverschiebungen gab es damals auch in anderen Dörfern, und auch in späteren Jahrzehnten suchten und fanden Religionsflüchtige ein Unterkommen; so entstanden in Württemberg nahe der Grenze zu Baden-Durlach eine Reihe von Siedlungen der Waldenser, die aus Savoyen kamen.

In vielen Fällen war der Zuzug berufsbedingt. Schon früher kamen Handwerker aus den Nachbarländern im Süden: Kaminbauer und Kaminkehrer aus Italien, Stukkateure und Maurer aus Graubünden. In den Gebieten am Oberrhein wandten sich die örtlichen Handwerker gegen die Fremden; aber immer wieder kamen Handwerker und Hausierer von Dörfern am Monte Rosa und aus der Schweiz ins deutsche Gebiet am Oberrhein, und in vielen der kleinen Territorien wurden zur Stärkung der Wirtschaft Hausierer, Kleinhändler, Korbflechter und Besenbinder angesiedelt, die großenteils aus Südosteuropa zugewandert waren. Im 19. Jahrhundert wurden Facharbeiter vor allem aus England, Belgien, Böhmen und der Schweiz in die entstehenden Fabriken geholt, und Ende des Jahrhunderts brachte der Eisenbahnbau eine verhältnismäßig große Zahl italienischer Arbeiter nach Baden und nach Württemberg.

Soweit es sich um geschlossene Neuansiedlungen handelte, registrierte man in den benachbarten Dörfern und Städten lange Zeit Besonderheiten, zum Beispiel den dunkleren Teint und eine größere Beweglichkeit bei den Bewohnern der alten Hausiererdörfer. Und auch in der Forschung wurde immer wieder versucht, Spuren der Andersartigkeit zu entdecken. Aber soweit man überhaupt Abweichungen registrieren konnte, waren sie gering. In den Waldenserdörfern fanden sich immer ein paar Leute, die noch Reste des Waldenser Patois kannten, die also beispielsweise in dieser provenzalischen Sprachform beten konnten; aber die normale Umgangssprache unterschied sich nicht von derjenigen der Umgebung.

In Schützingen wird nicht ganz einheitlich gesprochen, da die Gemeinde genau im fränkisch-schwäbischen Grenzgürtel liegt – aber auch mit feinsten Meßinstrumenten läßt sich kein Einschlag in der Sprache entdecken, der auf das österreichische Herkunftsgebiet zurückweisen würde. Auch die zahlreichen Judendörfer in Baden und Württemberg können in diesem Zusammenhang erwähnt werden. Ihre Bewohnerinnen und Bewohner kannten etwas Hebräisch und auch jiddische Brocken, aber im großen und ganzen benützten sie den regionalen Dialekt – im Vergleich mit den christlichen Dorfgenossen meist in etwas gehobener Ausprägung. Überall ist also eine weitgehende Assimilation innerhalb relativ kurzer Zeit zu verzeichnen. Bei den Zuwanderern, die als Einzelne hierher kamen, verlief dieser Assimilationsprozeß naturgemäß noch etwas schneller; in den meisten Fällen verraten bei ihnen höchstens noch die Familiennamen die Herkunft aus der Fremde.

Man muß natürlich die Frage stellen, ob diese historischen Vorgänge verglichen werden können mit den umfassenden Wanderungsbewegungen der letzten fünfzig Jahre, die nicht nur relativ kleine Gruppen von Fremden ins Land brachten, sondern Millionen von Menschen. Soweit es sich dabei um deutsche Zuwanderer handelte, kann bereits nach dieser relativ kurzen Zeit eine weitgehende Integration registriert werden. Die Älteren unter ihnen benutzen zumindest im häuslichen Umkreis oft noch die Umgangssprache ihrer alten Heimat, und wenn von landsmannschaftlicher Zugehörigkeit die Rede ist, verstehen sie darunter in der Regel die oft auch vereinsmäßig organisierte Gruppierung der Sudetendeutschen, der Schlesier, der Donauschwaben – wobei diese aufgrund ihrer Bezeichnung und aufgrund der sprachlichen Verwandtschaft eine engere Beziehung zu den jetzigen Landsleuten, den Schwaben, aber auch den Badenern haben. Bei ihnen war der Abstand zwischen dem mitgebrachten Dialekt und der Mundart der Einheimischen nicht besonders groß, so daß die Jungen in ihrer Sprache leicht wechseln und auch ganz überwechseln konnten.

Inzwischen haben bei allen Heimatvertriebenen die Jüngeren (und das gilt schon für die heute etwa 50jährigen!) große Assimilationsschritte hinter sich; beim besonders aussagekräftigen sprachlichen Verhalten läßt sich beobachten, daß sie zwar zum Teil ihre Redeweise etwas stärker der Hochsprache annähern, daß die meisten aber mit dem jeweiligen Dialekt ihrer Wohngegend keine Schwierigkeiten haben. Sie sind im allgemeinen nicht empört, wenn sie nach ihrem jetzigen regionalen Lebensumkreis benannt oder wenn sie als Badener beziehungsweise Schwaben bezeichnet werden; aber wie sie der Hochsprache ein Stück näherstehen als die ›Eingeborenen‹, so gehen sie auch leichter mit der amtlichen Bezeichnung Baden-Württemberg um.

Die ausländischen Zuwanderer können im Blick auf die Assimilationsfrage nicht einfach in den gleichen Topf geworfen werden; die Voraussetzungen und Umstände ihrer Migration waren andere. Das Argument, daß die Aufnahme der deutschen Flüchtlinge selbstverständlicher und bereitwilliger war, sollte allerdings nicht zu stark strapaziert werden. Wenn heute, gerade auch unter Hinweis auf die Verantwortung gegenüber den ausländischen Zuwanderern, auf die gelungene Integration der deutschen Heimatvertriebenen hingewiesen wird, so ist dies zwar im Blick auf das Ergebnis sicherlich richtig, blendet aber meist die problematische Anfangsphase aus.

Fast alle Heimatvertriebenen lebten damals in außerordentlich beengten und schwierigen Verhältnissen, was freilich angesichts der auch bei den Einheimischen herrschenden Beschränkungen verständlich war. Gegenüber den Zugezogenen wurden aber vielfach auch emotionale Mauern aufgebaut, und die Distanz wurde nicht selten betont, indem sie als Rucksackdeutsche oder nach ihrem Herkunftsland – also beispielsweise als Polen oder drastisch abwertend als Polacken – bezeichnet wurden. Die ihnen zugewiesenen Neubaugebiete, die offiziell mit neutralen Flurnamen oder freundlichen Blumen- und Vogelnamen versehen waren, wurden mit Übernamen wie Klein-Moskau, Texas-Siedlung, Klein-Mexiko, Hungersiedlung und Partisanenviertel belegt. In Dörfern stellte man fest, daß die deutschen Neubürger erst dann wirklich akzeptiert wurden, als die ersten Italiener kamen – sie waren nun die Ausgegrenzten, bis auch sie auf der Prestigeskala aufstiegen, nachdem die ersten Türken in den Ort kamen. Stellt man jetzt die Frage nach den Ausländern in einem Dorf, so werden die italienischen Zuwanderer oft vergessen. Die Italiener, so kann man hören, seien »eigentlich keine Ausländer mehr«. Dies wird teilweise dazu in Beziehung gesetzt, daß sie als Katholiken keinen religiös begründeten Abstand zur deutschen Kultur haben; zum Teil ist es aber einfach die Folge davon, daß sie schon länger hier sind.

Abgesehen von der größeren Distanz zur deutschen Sprache und teilweise auch zu anderen kulturellen Äußerungsformen unterschieden und unterscheiden sich die ausländischen Migrantenfamilien vor allem durch eine andere Einstellung zur Assimilation von den deutschen Neubürgern. Bei diesen war zwar ziemlich durchgängig das Bestreben da, der Herkunftskultur, also den mitgebrachten Traditionen treu zu bleiben; aber in einer gewissen Doppelstrategie richteten sich die meisten auch auf die neue Lage als eine Dauersituation ein und orientierten sich ganz bewußt an der neuen Umgebung.

Die aus Ungarn und Jugoslawien kommenden »Volksdeutschen« sprachen oft von der Heimkehr ins Land ihrer Väter. Dies stimmte nur ganz selten punktgenau, und der Name Donauschwaben führte insofern in die Irre, als deren Vorfahren größtenteils aus der Pfalz ausgewandert waren. Aber es zeigte den inneren Bezug, den auch andere Volksgruppen herzustellen suchten. In vielen Orten machte man die Erfahrung, daß sich die Neubürger bald intensiv ins kulturelle Leben einschalteten, daß sie also beispielsweise oft ehrenamtliche Aufgaben in den Vereinen übernahmen, und einzelne Zuwanderer und auch Zuwandererinnen leisteten beachtliche Beiträge zur lokalen und regionalen Heimatforschung.

Verständlicherweise gibt es diesen Verhaltenstypus unter den ausländischen Zuwanderern kaum. Wo eine ganze Gruppe von Migranten aus dem gleichen Land gemeinsam in einem deutschen Dorf oder Stadtviertel landete, wurde dieser interne Zusammenhang zunächst nur selten aufgebrochen, und selbst wo die Zuwanderer nicht in dieser Weise in einer »Kolonie« lebten, dauerte es einige Zeit, bis nennenswerte Kontakte zur einheimischen Bevölkerung hergestellt wurden.

Die Arbeitsmigranten, die als »Gastarbeiter« nach Deutschland kamen, rechneten zuerst mit ihrer baldigen Rückkehr, die ja von deutscher Seite auch geplant war. Als sie den

Verbleib einkalkulierten und ihre Familien nachkommen ließen, spielte sich ihr Leben außerhalb der Arbeit vielfach weiterhin im Kreis der Landsleute ab, und auch bei der Arbeit selbst hatten sie oft ganz überwiegend mit anderen Migranten zu tun. Aber längst sind die kulturellen Orientierungen auch hier in Bewegung geraten. Die Bereitschaft zur Annäherung an deutsche Formen und Normen ist verschieden, abhängig vom Herkunftsgebiet und der religiösen Prägung und natürlich auch den individuellen Voraussetzungen. Im wesentlichen aber handelt sich um eine Generationenfrage.

Während die Zuwanderer selbst noch viel von ihrer mitgebrachten Kultur beibehalten, leben die Jüngeren in einer Zwischenwelt. Der Besuch deutscher Schulen und auch die zwangsläufigen Kontakte an allerlei Vergnügungsstätten gingen nicht spurlos an den ausländischen Jugendlichen vorbei. Zunehmend orientieren sie sich – nicht ausschließlich, aber auch – an deutschen Jugendlichen. Das ist kein einheitlicher Prozeß und übrigens auch keine Einbahnstraße: Die »Kanak«-Sprache, ein bei türkischen Jugendlichen verbreiteter Mischjargon, gehört auch zum modischen Vokabular deutscher Jugendlicher. Wenn sie sich von den ausländischen Altersgenossen und -genossinnen fernhalten, dann ist dies oft eher ein unspezifischer gruppendynamischer Abgrenzungsprozeß als eine Frontstellung gegen »Reingeschmeckte« – diese Abwehrvokabel gehört zu einer auslaufenden Epoche und einer statischeren Gesellschaft.

In vielen Bereichen stehen Tendenzen kultureller Beharrung neben Formen der Integration. Es gibt eine größere Anzahl von Sportvereinen, die schon in ihren Namen die fremdnationale Ausrichtung erkennen lassen – den deutschen Ortsnamen ist hier als Vereinsbezeichnung »FC Croatia«, »Hellas« oder »Anadoulu« vorangestellt. Dies ist ein Ausdruck des Verharrens im alten nationalen Kontext – aber nicht nur, denn diese Vereine spielen in deutschen Ligen und

stehen damit im ständigen Wettstreit mit deutschen Mannschaften. Und in diesen deutschen Mannschaften gibt es –
von der untersten Kreisklasse bis zur Bundesliga – Sportler
ausländischer Herkunft, die sich auf diese Weise ein ganzes
Stück mit ihrer neuen Heimat identifizieren und gleichzeitig
selbst ein Identifikationsangebot darstellen – für Deutsche,
aber auch für ihre Landsleute, die in der gleichen Zwischen-
situation stehen.

Auch die Begeisterung für irgendeinen deutschen Verein
kann ein integrativer Schritt sein. Ein junger Mann, der als
Kind zu seinen griechischen Eltern nach Deutschland kam,
in den Ferien aber regelmäßig zu den Verwandten in Griechenland fährt, sagte neulich, er liebe Griechenland, aber
jetzt sei er schon so lange hier, daß er bei einem Fußballspiel
zwischen dem VfB Stuttgart und Panathinaikos Athen nicht
mehr wisse, für welche Mannschaft er jubeln solle. Andere
wissen es schon genau: Die Eltern kamen irgendwo aus Bos-
nien oder Anatolien, vielleicht sind sie auch selbst noch dort
aufgewachsen, doch jetzt sind sie Fans des SC Freiburg, des
FC Karlsruhe oder des VfB Stuttgart. Und wenn sie die Stimmung in den Stadien in Fahrt bringt, beteiligen sie sich nicht
nur an den Kampfrufen für den Verein, sondern fühlen sich
auch als Badener oder Schwaben.

Sind sie auch Badener oder Schwaben? Der Charakter solcher Identitätsbezeugungen läßt sich nur schwer bestimmen.
Es gehört mit zum Bild, daß sich auf dem Rasen auch
sehr viel Fremdes bewegt. Die Spieler, die als Stuttgarter
oder Schwaben, als Karlsruher oder Badener gefeiert oder
ausgepfiffen werden, kommen zu einem nicht ganz kleinen
Teil aus Armenien und Ghana, aus Brasilien und Tschechien
und anderen Ländern. Das schließt offenbar die Eingemein-
dung durch die Zuschauer nicht aus. Aber es rückt das
Bekenntnis zum Badischen und Schwäbischen doch etwas
ins Spielerische, fast könnte man sagen: ins Irreale. Die Prä-
senz von Baden-Württemberg – als Wohndistrikt und Wirt-

schaftsstandort – ist dagegen höchst real, auch und gerade für Ausländer. Man kann gleichzeitig Karlsruher, Türke und Badener sein – und Baden-Württemberger. Für die große Mehrzahl der Zugezogenen ist Baden-Württemberg eine Realität, die sie entweder schon vorgefunden haben oder in die sie sehr schnell hineingewachsen sind, weil sie keine besonderen Reserven gegen dieses neue Land hatten. Handelte es sich nur um eine kleine Zahl, dann wäre dies unerheblich; so aber darf man wohl sagen, daß auch sie dazu beigetragen haben, den Boden aufzulockern und Verhärtungen zwischen den beiden Teilen zu verhindern.

Bindemittel Konflikt

Was sich liebt, das neckt sich: Das ist die pointierte Formel
für die Erfahrung, daß Liebe nicht nur ein Zustand harmo-
nischer Leidenschaft ist, sondern auch ein Vertrauensver-
hältnis, das den Spielraum für die Bekundung von Gegen-
sätzlichkeit schafft. Die Umkehrung des Spruchs – Was sich
neckt, das liebt sich – ist problematisch. Nicht jede Neckerei
verrät Zuneigung; und nur über groteske tiefenpsychologi-
sche Verrenkungen wäre wohl der Nachweis möglich, daß
die Badener mit ihren boshaften Schwabenwitzen ihre Liebe
zu den württembergischen Nachbarn zum Ausdruck bringen. Sagt man aber statt Liebe Verbindung, so läßt sich mit
der Erklärung durchaus etwas anfangen. Jede Verbindung
stellt auch ein Stück Bindung her, und alle Kontakte, die
weniger freundlichen eingeschlossen, sind auch Scharniere
zwischen getrennten Teilen.

Das ist eine ungewöhnliche Perspektive. Im politischen
Handeln, aber auch in der Psychologie des Alltags gilt im allgemeinen nur die Vermeidung oder Überbrückung von
Gegensätzen als geeignetes Mittel, Einheit herzustellen oder
abzusichern. Der Soziologe Georg Simmel wies dagegen auf
die bindende und oft vereinheitlichende Kraft des Konflikts
hin. In Ehen, so schrieb er, »die einen erträglichen oder wenigstens ertragenen modus vivendi gefunden haben, ist ein
gewisses Maß von Mißhelligkeiten, innerem Auseinander-
gehen und äußeren Kontroversen mit alledem, was das Band
schließlich zusammenhält, organisch verbunden«. Simmel
verfolgt diesen Zusammenhang an vielen sozialen Gebilden,
bis hin zum Krieg, wo diese Denkfigur dann allerdings nur

noch formale Bedeutung hat. Aber wo es um Konstellationen geht, die sich nicht im radikalen Gegensatz erschöpfen, ist es durchaus sinnvoll, mit dem Muster ›Einheit durch Gegensätze‹ zu operieren und nach seiner praktischen Reichweite zu fragen.

Was sofort einleuchtet, ist die belebende Kraft der Konkurrenz. Die Selbstcharakterisierung Musterland oder Musterländle kam, soweit es sich überblicken läßt, in Baden auf, wurde aber später auch für Württemberg in Anspruch genommen. Der Zusammenschluß hat die Perspektive der Konkurrenz keineswegs völlig beseitigt; und wenn Theodor Heuss von dem neuen Bundesland Baden-Württemberg als einem »Modell der deutschen Möglichkeiten« sprach, dann war darin nicht nur der Gedanke einer wechselseitigen Ergänzung der beiden Landesteile, sondern auch der einer Leistungs-Aufschaukelung durch Konkurrenz gegenwärtig. Die »Waage im Kopf«, von der die Rede war, wirkte sich ja glücklicherweise nicht zwingend so aus, daß die Ressourcen und Bestände der Landesteile auf den kleinsten Nenner zurückgestutzt wurden, sondern in vielen Fällen so, daß zu einer Einrichtung oder einer Förderung im einen Landesteil ein Gegenstück im anderen geschaffen wurde. In einer Zeit knapper Mittel funktioniert dies nicht mehr in jedem Fall; aber noch immer geht von besonderen Initiativen oder Fortschritten in Württemberg ein Impuls aus, der in Baden nicht nur Begehrlichkeiten weckt, sondern auch parallele Entwicklungsschritte anstößt – und selbstverständlich gilt dies umgekehrt genau so.

In Stuttgart wurde in den Gremien der Universitäten, aber auch in privatwirtschaftlichen Verbänden lange über die erwünschte Gründung einer internationalen Hochschule diskutiert; aber erst als im badischen Bruchsal entsprechende Pläne aufgenommen und, wenn auch in kleinem Ausmaß, rasch realisiert wurden, ging auch in Stuttgart die langwierige Diskussion in die Phase konkreter Planung über. Dieses

Beispiel belegt, daß die Aufschaukelung durch Konkurrenz keineswegs immer von der zentralen Regierung und Verwaltung gesteuert wird, daß vielmehr auch die regionalen und kommunalen Instanzen und private Schlüsselpersonen solche Akzente setzen. Um einen Einzelfall handelt es sich nicht; Kunstausstellungen, Museumsgründungen, literarische Treffen, musikalische Gastspiele, große Popkonzerte fordern konkurrierende Bestrebungen heraus – in vielen Bereichen wirkt ein bedeutsames Ereignis in der einen Hälfte als Initialzündung in der anderen.

Allerdings baut sich der Wettbewerb nicht nur zwischen Baden und Württemberg auf, sondern auch zwischen benachbarten Regionen und Städten innerhalb des gleichen ehemaligen Landes; es wird also nicht nur darauf geachtet, daß nicht zuviel von Karlsruhe nach Stuttgart abgezogen wird, sondern auch darauf, daß die Berücksichtigung der einstigen badischen Metropole nicht zu sehr auf Kosten Freiburgs oder Mannheims geht. Doch läßt sich so viel sagen, daß die immer wieder einmal auftauchenden Konflikte oder doch Konkurrenzen zwischen dem ehemaligen Baden und dem ehemaligen Württemberg den Verteilungskämpfen im Land mehr Gewicht geben und mehr Aufmerksamkeit zuziehen. Anders gesagt: Die Rücksichtnahme auf Baden und Württemberg hat die Sensibilität für alle Disparitäten geschärft, spielt indirekt also auch ihre Rolle für den Umgang mit anderen Konflikten. Die Wachsamkeit gegenüber der Bevorzugung des einen oder anderen Landesteils verlängert sich in die Zentrum-Peripherie-Problematik, provoziert Strategien in der Behandlung von Stadt-Land-Problemen und zur Überwindung von Strukturschwächen.

»Bindemittel Konflikt« ist eine zugespitzte Formulierung. Die Kohärenz, die Zusammengehörigkeit entsteht auch schon diesseits von Konfliktkonstellationen durch viele Gegensätzlichkeiten, die sich ineinanderfügen und sich ausgleichen. In ländlichen Gebieten gibt es in einigem Abstand immer wieder einzelne Ortschaften – kleinere Städte oder größere Dörfer –, in denen kulturelle Aktivitäten besonders lebendig sind, Orte, in denen immer »etwas los« ist, während in der Umgebung Funkstille herrscht und manchmal selbst die simpelsten Begegnungsmöglichkeiten, nämlich die Wirtsstuben, verschwunden sind. Untersuchungen haben ergeben, daß die kulturell vitalen Orte nicht etwa besonders einheitlich, sondern im Gegenteil besonders bunt und vielfältig in ihrer Zusammensetzung sind. Das gilt für die berufliche Differenzierung: in solchen Gemeinden finden sich außer einigen Bauern und auspendelnden Nebenerwerbslandwirten auch eine größere Zahl von Handwerkern, aber auch einige akademische Berufe; die Konfession ist oft nicht einheitlich, und in vielen Fällen ist auch die Zahl der Zugewanderten relativ groß. So ergibt sich eine Vielfalt der Funktionen und Interessen, nicht ohne Spannungen, aber Spannungen trennen nicht nur, sondern verbinden auch. Es ist charakteristisch für derartige Zentralorte, daß sich in ihnen leicht Streitigkeiten zwischen verschiedenen kulturellen Gruppierungen ergeben, daß aber der Zusammenhalt groß ist, wenn solche Gegensätze von außen hochgespielt oder auch nur registriert werden. Diese Beobachtungen lassen sich auf größere Zusammenhänge übertragen, auch auf ein ganzes Land.

Politische Gebilde wie die Länder werden von ihren Bewohnerinnen und Bewohner am sichersten als Einheit empfunden, wenn sie mit anderen Ländern verglichen, und vor allem, wenn sie von ihnen angegriffen werden. Nun gibt es für die südwestdeutsche Bevölkerung keine so eingewurzelte Gegnerschaft wie etwa die zwischen Bayern und Preußen, und die kleineren Konfrontationen gehen nicht von Baden-Württemberg aus, sondern von Baden oder Württemberg. Vergleiche werden aber immer wieder auch fürs ganze Land gezogen, und wenn beispielsweise die Landesregierung feststellt, daß Baden-Württemberg durch den Länderfinanzausgleich zu stark belastet werde, dann kann sie – von parteipolitischen Querschlägern einmal abgesehen – überall im Land mit einem positiven Echo rechnen. Im ganzen ist jedoch die Stabilisierung durch Feindschaft oder Frontstellung nach außen, die zum Beispiel bei der Herausbildung der Nationen eine zentrale Rolle spielte, für das Land von recht untergeordneter Bedeutung.

Anders verhält es sich mit dem Spannungsreichtum im Innern. Baden-Württemberg bildet eine Einheit, deren Charakteristikum die Vielfalt ist. Diese Feststellung ist nicht nur eine kokett formulierte Paradoxie; sie läßt sich belegen und begründen. Wie das Gesicht der Landschaft, so wechseln auf engem Raum auch die kulturellen Akzente und die wirtschaftlichen Strukturen. Katholisch geprägte Gebiete mit vielen Sakralbauten liegen dicht neben protestantischen, in denen asketische Nüchternheit selbst noch die Ausstattung kirchlicher Räume bestimmt. Oft wird Baden-Württemberg zum Land des Mittelstands stilisiert, dann aber auch wieder über seine Großindustrien, vor allem den Automobilbau, definiert – beides ist richtig, und das eigentlich Charakteristische ist auch hier die Mischung, die sich nicht erst aus statistischen Berechnungen ergibt, sondern die sichtbar das Land durchzieht.

In die Prägung durch Vielfalt geht auch die historische Aufteilung ein, von der ausführlich die Rede war und die eben nicht nur Baden und Württemberg trennte, sondern für eine sehr viel längere Zeit Hunderte von teils weiträumigeren, teils aber auch ganz kleinen Territorien. Die Frage: Was wäre gewesen, wenn …? ist bei den faktenfreudigen Historikern im allgemeinen nicht besonders beliebt; als imaginärer Hintergrund vermag sie aber dem tatsächlich Geschehenen schärfere Konturen zu geben. Stellen wir uns einmal vor, Baden und Württemberg wären schon im späten Mittelalter in dem Umfang und mit den Grenzziehungen entstanden, die sie zu Beginn des 19. Jahrhunderts erhielten. Die beiden Länder hätten so eine größere innere Festigkeit gewonnen, wären sicher auch in vielem einheitlicher ausgerichtet gewesen. Die Vereinigung hätte die Politik dann möglicherweise vor das Problem gestellt, einen katholischen Industriestaat mit einem evangelischen Agrarland zusammenzuführen. Man kann sich leicht ausmalen, daß dies trotz der klareren Verhältnisse sehr viel schwieriger gewesen wäre als die Integration vieler verschiedenartiger Traditionsräume. Schon im kleinen ist es in der Regel einfacher, aus einem sehr gemischten Kreis von Personen eine gewisse Einheit zu bilden, als zwei in sich geschlossene und profilierte Clans miteinander zu verbinden. Jedenfalls dürfte die Verschiedenartigkeit historischer Räume und Zugehörigkeiten dazu beigetragen haben, daß die Vereinigung von Baden und Württemberg leichter akzeptiert wurde. Einmal deshalb, weil das Bewußtsein dieser Zugehörigkeiten ja nicht schlechterdings beseitigt, sondern nur neu überlagert wurde – ein Kurpfälzer blieb auch in Baden-Württemberg ein Kurpfälzer, wie er es vorher in Baden gewesen war; eine Hohenloherin legte mit der Gründung des Landes Baden-Württemberg ihr regionales Selbstgefühl nicht ab, und auch in kleineren geschichtlichen Räumen ging die engere Heimatbindung als eine Teilidentität nicht verloren. Zum andern aber auch deshalb, weil durch die kleinräumige historische Aufteilung ein dichtes Netz von Beziehungen über das ganze Land gespannt ist, wobei auch angespannte und sogar feindselige Beziehungen Verknüpfungen in diesem Netz darstellen.

Nicht nur die lang andauernde Kleinteiligkeit, auch die mannigfachen historischen Überlagerungen tragen zu dem vielfältigen Beziehungsgefüge bei. Bildfreudige Festredner vergleichen den geschichtlichen Aufbau des Landes Baden-Württemberg manchmal mit einer Schichttorte, und sogar der dem Kulturimport geschuldete Vergleich mit einer Lasagne wurde schon verwendet, um das Übereinander verschiedener historischer Schichten, aber auch die daraus entstehende kompositorische Einheit anzudeuten. Ein etwas weniger sinnlicher Vergleich ist der mit einem Palimpsest. Mit diesem zungenbrechenden, aus dem Griechischen stammenden Wort werden Handschriften bezeichnet, bei denen im frühen Mittelalter die ursprüngliche Niederschrift beseitigt und nach der Glättung des wertvollen Pergaments durch eine andere ersetzt wurde, bei denen aber auch die alte Schrift noch durchscheint und mit besonderen Methoden rekonstruiert werden kann. Baden-Württemberg ist ein Palimpsest; es ist ohne die Entzifferung der früheren Zustände nicht verständlich, und es ist sehr stark geprägt durch das Ineinander der historischen Schichten.

Daß die jüngeren Schichten in vieler Hinsicht schwerer wiegen als die älteren, soll dabei nicht in Frage gestellt werden. Bei aller Betonung der durch Jahrhunderte herrschenden Zersplitterung, der Gegensätzlichkeiten und der Vielfalt – zuletzt und immerhin auch für mehr als ein Jahrhundert bildeten neben dem kleineren Hohenzollern die Länder Baden und Württemberg feste Einheiten. Sie leben nicht nur im Namen des neuen Landes fort, sondern spielen auch im Selbstverständnis der Bevölkerung noch immer ihre Rolle: ein Land, zwei Hälften.

Und welches ist nun die bessere Hälfte? Es ist kaum zu befürchten, daß Leserinnen oder Leser dieses Buchs wie bei einem Kriminalroman gleich die letzten Seiten aufgeschlagen haben, um die Lösung zu erfahren. Aber es ist auch nicht wahrscheinlich, daß sie die im Titel gemachte Vorgabe vergessen haben. Es ist eine heikle Vorgabe, denn wer wollte in einer um Verständnis und Ausgewogenheit bemühten Abhandlung am Ende die platte Entscheidung treffen, natürlich sei die bessere Hälfte...

Es gibt in dieser Situation verschiedene Strategien, um den Kopf aus der Schlinge zu ziehen. Eine besteht darin, die Wendung von der besseren Hälfte genauer unter die Lupe zu nehmen und so den Verzicht auf eine Entscheidung zu begründen. Die Redeweise von der besseren Hälfte ist bei uns von Ländern übernommen worden, deren gesellschaftliche Konventionen höher entwickelt waren als die im schon damals etwas verspäteten Deutschland. Der älteste literarische Beleg stammt aus der Renaissance; Sir Philip Sidney spricht in einem Sonettzyklus Ende des 16. Jahrhunderts von »my better half«. Der bekanntere John Milton variiert einige Jahrzehnte danach: »dearer half«, und auch in der französischen Literatur taucht »chère moitié« auf, ehe in der Goethezeit – und nicht zuletzt bei Goethe selbst – auch im Deutschen von der schönen, der stolzen, lieben oder teuren Hälfte die Rede ist. Im Verlauf des 19. Jahrhunderts wurde es dann in den ›besseren Kreisen‹ der bürgerlichen Gesellschaft üblich, daß die Herren ihre Gemahlinnen als bessere Hälfte bezeichneten – und genau dieser Sprachgebrauch macht das Etikett fragwürdig. In der Wendung ist seitdem nämlich ein schöner Schuß distanzierender Ironie enthalten, und selbst wo sie ganz ernsthaft und respektvoll gebraucht wird, besagt sie im Grunde meistens, daß man es sich leisten kann, der Frau verbal den ersten Platz einzuräumen, weil sie ohnehin nicht so sehr viel zu sagen hat. Dieser Zusammenhang macht es vermutlich weniger begehrenswert, bessere Hälfte zu sein – und tatsächlich wurde in den Anfängen des Südweststaats von badischer Seite manchmal die Klage geführt, die ziemlich genau in das skizzierte Muster paßt: Man erhalte überall dort den Vortritt, wo es wenig koste und wenig bedeute.

Wenn aber doch eine Entscheidung über die bessere Hälfte verlangt wird, so empfiehlt es sich, diese in die Hände der Kontrahenten zu legen – in einer etwas pathetischen, einem berühmten literarischen Beispiel folgenden Auslegung. In Lessings Drama »Nathan der Weise« erzählt dieser die Geschichte von den drei Ringen, die sich nicht unterscheiden ließen, von denen aber einer seinem Träger die Kraft der Weisheit und damit die Achtung aller Menschen verleihen sollte – und weil man nicht wußte, welches der rechte Ring war, mußte sich dies am Verhalten des Trägers zeigen. Daß im

Fall von Baden und Württemberg nur zwei Parteien in Wettbewerb treten, bringt die Analogie nicht zu Fall. Aber vielleicht ist die Ringparabel, die ja Toleranz zwischen den Religionen lehren soll, doch eine Nummer zu groß. Wahrscheinlich ist es am vernünftigsten, das Verfahren ohne Urteilsspruch einzustellen. Nicht weil das Urteil zu schwierig ist, sondern weil man es nicht braucht. Die bessere Hälfte? Alle Leute im Land wissen, welches die bessere Hälfte ist. Aber sie meinen nicht alle dieselbe – und das ist gut so.

Zeichnung von Sepp Buchegger

Ausgewählte Literatur

Ein Buch, das nicht auf ein enges Fachgebiet spezialisiert ist, braucht mancherlei Hilfen. Ich habe von vielen Seiten Anregungen und Unterstützung erhalten; ausdrücklich danken möchte ich Margit Haatz für die Niederschrift der Druckvorlage, Martin Blümcke für die historische Absicherung des Manuskripts, dem Verlag mit Lektor Ulrich Volz für die freundliche und zügige Kooperation.

Ein umständlicher Anmerkungsapperat hätte den Rahmen ebenso gesprengt wie ein umfassendes Literaturverzeichnis – zu fast jedem Abschnitt des Buchs gibt es Dutzende von Publikationen. Im folgenden führe ich eine Reihe von Arbeiten an, die ich entweder etwas intensiver ausgebeutet habe oder die als Einstieg zu detaillierteren Studien zu empfehlen sind:

Wolfang Alber, Eckart Frahm, Manfred Waßner: Baden-Württemberg. Kultur und Geschichte in Bildern. Stuttgart 1999.

Arbeitsgemeinschaft hauptamtlicher Archivare im Städtetag Baden-Württemberg (Hg.): Revolution im Südwesten. Stätten der Demokratiebewegung 1848/49 in Baden-Württemberg. Karlsruhe 1998.

Josef Bader: Meine Fahrten und Wanderungen im Heimatlande. 2 Bde. Freiburg 1853, 1856.

Karl S. Bader: Der deutsche Südwesten in seiner territorialstaatlichen Entwicklung. Stuttgart 1950.

Badisches Landesmuseum: Barock in Baden-Württemberg. 2 Bde. Karlsruhe 1981.

Otto Bauschert (Hg.): Hohenlohe. Stuttgart etc. 1993.

Hermann Bausinger, Theodor Eschenburg u.a.: Baden-Württemberg. Eine politische Landeskunde. Stuttgart etc. 1975.

Hermann Bausinger, Werner Richner: Baden-Württemberg. Landschaft und Kultur im Südwesten. Karlsruhe 1994.

Hermann Bausinger: Ein bißchen unsterblich. Schwäbische Profile. 2. Aufl. Gerlingen 1999.

Josef Becker: Liberaler Staat und Kirche in der Ära von Reichsgründung und Kulturkampf. Mainz 1973.

Angelika Bischoff-Luithlen: Der Schwabe und die Obrigkeit. Stuttgart 1978.

Martin Blümcke: Abschied von der Dorfidylle? Stuttgart 1982.

Willi A. Boelcke: Wirtschaftsgeschichte Baden-Württembergs von den Römern bis heute. Stuttgart 1987.

Otto Borst (Hg.): Das Dritte Reich in Baden und Württemberg. Stuttgart 1988.

Otto Borst (Hg.): Aufruhr und Entsagung. Vormärz 1815–1848 in Baden und Württemberg. Stuttgart 1992.

Manfred Bosch: KulturLand. Kunst und Kultur im Südwesten von 1900 bis 2000. 2 Bde. (= Allmende 64/65 und 66/67). Eggingen 2000.

Ingeborg Cleve: Geschmack, Kunst und Konsum: Kulturpolitik als Wirtschaftspolitik in Frankreich und Württemberg (1805-1845). Göttingen 1996.

Peter Eitel, Elmar L. Kuhn (Hg.): Oberschwaben. Beiträge zu Geschichte und Kultur. Konstanz 1995.

Matthias Erzberger: Die Säkularisation in Württemberg von 1802-1810. Ihr Verlauf und ihre Nachwirkungen. Stuttgart 1902.

Hans Fenske: Der liberale Südwesten. Stuttgart etc. 1981.

Lothar Gall: Der Liberalismus als regierende Partei. Wiesbaden 1968.

Willy Hellpach: Deutsche Physiognomik. Berlin 1949.

Willy Hellpach: Wirken in Wirren. 2 Bde. Hamburg 1948f.

Wolfgang Hug: Geschichte Badens. Stuttgart 1992.

Utz Jeggle u.a.: Schwäbische Tüftler. Stuttgart 1995.

Utz Jeggle: Judendörfer in Württemberg. 2. Aufl. Tübingen 1999.

Fritz Kallenberg (Hg.): Hohenzollern. Stuttgart etc. 1996.

Adalbert Keller: Die Schwaben in der Geschichte des Volkshumors. Freiburg 1907.

Kommission für geschichtliche Landeskunde von Baden-Württemberg (Hg.): Bausteine zur geschichtlichen Landeskunde von Baden-Württemberg. Stuttgart 1979.

Klaus Koziol: Badener und Württemberger. Zwei ungleiche Brüder. Stuttgart 1987.

Peter Lahnstein: Württemberg anno dazumal. Stuttgart 1964.

Landeszentrale für politische Bildung Baden-Württemberg (Hg.): Badische Geschichte. Vom Großherzogtum bis zur Gegenwart. Stuttgart etc. 1979.

Landeszentrale für politische Bildung Baden-Württemberg (Hg.): Von der Ständeversammlung zum demokratischen Parlament. Die Geschichte der Volksvertretungen in Baden-Württemberg. Stuttgart 1982.

Landeszentrale für politische Bildung Baden-Württemberg (Hg.): Der Weg zum Südweststaat. Karlsruhe 1991.

Dieter Langewiesche: Liberalismus und Demokratie in Württemberg zwischen Revolution und Reichsgründung. Düsseldorf 1974.

Sönke Lorenz u.a. (Hg.): Das Haus Württemberg. Ein biographisches Lexikon. Stuttgart 1997.

Ludwig-Uhland-Institut für Empirische Kulturwissenschaft: Schwabenbilder. Zur Konstruktion eines Regionalcharakters. Tübingen 1997.

Friedrich Metz (Hg.): Vorderösterreich. Eine geschichtliche Landeskunde. 2. Aufl. Freiburg 1967.

Elard Hugo Meyer: Badisches Volksleben im neunzehnten Jahrhundert. Straßburg 1900; Reprint Stuttgart 1984.

Karl Moersch: Bei uns im Staate Beutelsbach. Vom unbekannten Württemberg. Pfullingen 1984.

Karl Moersch: Geschichte der Pfalz. Landau 1987.

Ernst Müller: Kleine Geschichte Württembergs. Stuttgart 1963.

Erwin Müller: Die Heimatvertriebenen in Baden-Württemberg. Berlin 1962.

Franz Quarthal: Die Geschichte Vorderösterreichs im knappen Überblick. In: Schwäbische Heimat 1999/1, S. 5-19.

Gerhard Raff: Hie gut Wirtemberg allewege. Stuttgart 1988.

Reiner Rinker, Wilfried Setzler (Hg.): Die Geschichte Baden-Württembergs. Stuttgart 1986.

Hermann Sand: Warum sind die Schwaben anders, Thaddäus Troll? München 1975.

Paul Sauer: Die Entstehung des Bundeslandes Baden-Württemberg. Stuttgart 1977.

Meinrad Schaab: Geschichte der Kurpfalz. 2 Bde. Stuttgart 1988, 1992.

Meinrad Schab, Hansmartin Schwarzmaier (Hg.): Handbuch der baden-württembergischen Geschichte. 3 Bde. Stuttgart 1992, 1995, 2000.

Martin Scharfe: Die Religion des Volkes. Kleine Kultur- und Sozialgeschichte des Pietismus. Gütersloh 1980.

Thomas Schnabel: Württemberg zwischen Weimar und Bonn 1928-1945/46. Stuttgart etc. 1986.

Hansmartin Schwarzmaier u.a.: Geschichte Badens in Bildern 1100-1918. Stuttgart etc. 1993.

Alexander Schweickert (Hg.): Südbaden. Stuttgart etc. 1992.

Alexander Schweickert (Hg.): Kurpfalz. Stuttgart etc. 1997.

Amadeus Siebenpunkt: Deutschland deine Badener. Gruppenbild einer verzwickten Familie. Hamburg 1975.

Knut Siewert (Hg.): Das Hohenloher Land. Crailsheim 2001.

Sommerfrische. Die touristische Entdeckung der Bodenseelandschaft. Herausgegeben vom Internationalen Arbeitskreis Bodensee-Ausstellungen. Rorschach 1991.

Staatliche Archivverwaltung Baden-Württemberg (Hg.): Das Land Baden-Württemberg. Amtliche Beschreibung nach Kreisen und Gemeinden. 8 Bde. Stuttgart 1971-78.

Thaddäus Troll: Deutschland deine Schwaben. Hamburg 1967.

Thaddäus Troll: Preisend mit viel schönen Reden. Hamburg 1972.

Uwe Uffelmann: Identitätsstiftung in Südwestdeutschland. Idstein 1996.

Gunter Volz: Schwabens streitbare Musen. Stuttgart 1986.

Hans-Georg Wehling (Hg.): Oberschwaben. Stuttgart etc. 1995.

Hans-Georg Wehling: Historische Wurzeln von Identität in Baden-Württemberg. In: Zs.f.württ. Landesgeschichte 60. Jg. 2001, S.353-361.

Hans-Georg Wehling, Dieter Langewiesche u.a.: Baden-Württemberg. Eine politische Landeskunde, Teil II. Stuttgart etc. 1991.

Württembergisches Landesmuseum: Baden und Württemberg im Zeitalter Napoleons. 3 Bde. Stuttgart 1987.

Bernhard Zeller, Walter Scheffler (Hg.): Literatur im deutschen Südwesten. Stuttgart 1987.

BILDNACHWEIS

Alber, Wolfgang/Frahm, Eckart/Waßner, Manfred: Baden-Württemberg. Kultur und Geschichte in Bildern. Stuttgart 1999: 87 re., 118, 148, 185, 220f., 243. 284

Badisches Landesmuseum Karlsruhe: Farbteil S. 5 o.

DaimlerChrysler Konzernarchiv, Stuttgart: 31

Deutsche Verlags-Anstalt, Stuttgart: 19

Eschenburg, Theodor/Frank-Planitz, Ulrich (Hg.): Republik im Stauferland. Baden-Württemberg nach 25 Jahren. Stuttgart 1977: 255, 263

Feist, Joachim (Pliezhausen): Farbteil S. 2

Generallandesarchiv, Karlsruhe: 89, 100

Günzel, Klaus: Bäder-Residenzen. Kuren und Amouren, Diplomatie und Intrigen. Stuttgart 1998: 261

Haus der Geschichte Baden-Württemberg: Jahresbericht 1998/99. Stuttgart 2000: 191

Haus der Geschichte Baden-Württemberg: 87 li., 101

Holzwarth, Georg: »Bei einem Wirte wundermild«. Literarische Gasthäuser in Baden-Württemberg. Suttgart 1990: 174

Internationaler Arbeitskreis Bodensee-Ausstellungen (Hg.): Sommerfrische. Die touristische Entdeckung der Bodenseelandschaft. Rorschach 1991: 262

Lahnstein, Peter: Württemberg anno dazumal. Stuttgart 1964: 135, 136, 182, 183, 201, 202, 260

Landesmedienzentrum Baden-Württemberg, Karlsruhe: Hinteres Vorsatz, 43, 203, 256

Landeszentrale für Politische Bildung Baden-Württemberg (Hg.): Badische Geschichte. Vom Großherzogtum bis zur Gegenwart, Stuttgart 1979 (2. Auflage 1987):123, 124, 125, 126li.

Ministerium für Wissenschaft und Kunst Baden-Württemberg: 159

Noelle-Neumann, Elisabeth (Hg.): Baden-Württembergische Portraits. Frauengestalten aus fünf Jahrhunderten. Stuttgart 1999: Vorderes Vorsatz, 189, 216, 231, Farbteil S. 3 o. und re., 6 u., 8 (2)

Peter Palm, Berlin: 75, 249, Farbteil S. 1

Reiss-Engelhorn-Museeen, Mannheim: 30

Sauer, Paul: Reformer auf dem Königsthron. Wilhelm I. von Württemberg: Farbteil S. 3 u. li.

Schneider, Eugen: Bilderatlas zur Württembergischen Geschichte. Esslingen 1913: 31, 55, 141, 146, 150

Schwab, Gustav: Wanderungen durch Schwaben. Stuttgart 1973: 17, 47, 58, 59, 63

Schwarzmaier, Hansmartin/Krimm, Konrad/Stievermann, Dieter/Kaller, Gerhard/Stratmann-Döhler, Rosemarie: Geschichte Badens in Bildern 1100-1918. Stuttgart/Berlin/Köln 1993: 181, 196, 230

Staatsministerium Baden-Württemberg: 8

Stadtarchiv Freiburg im Breisgau: 77

Stuttgarter Zeitung: 86, 89

SWR, Tübingen: Farbteil S. 7 u.

Verwaltungsgericht Sigmaringen: 161

Warneken, Dr. Bernd Jürgen (Tübingen): 127

Württembergisches Landesmuseum Stuttgart: Farbteil S. 4, 5, 6 o.

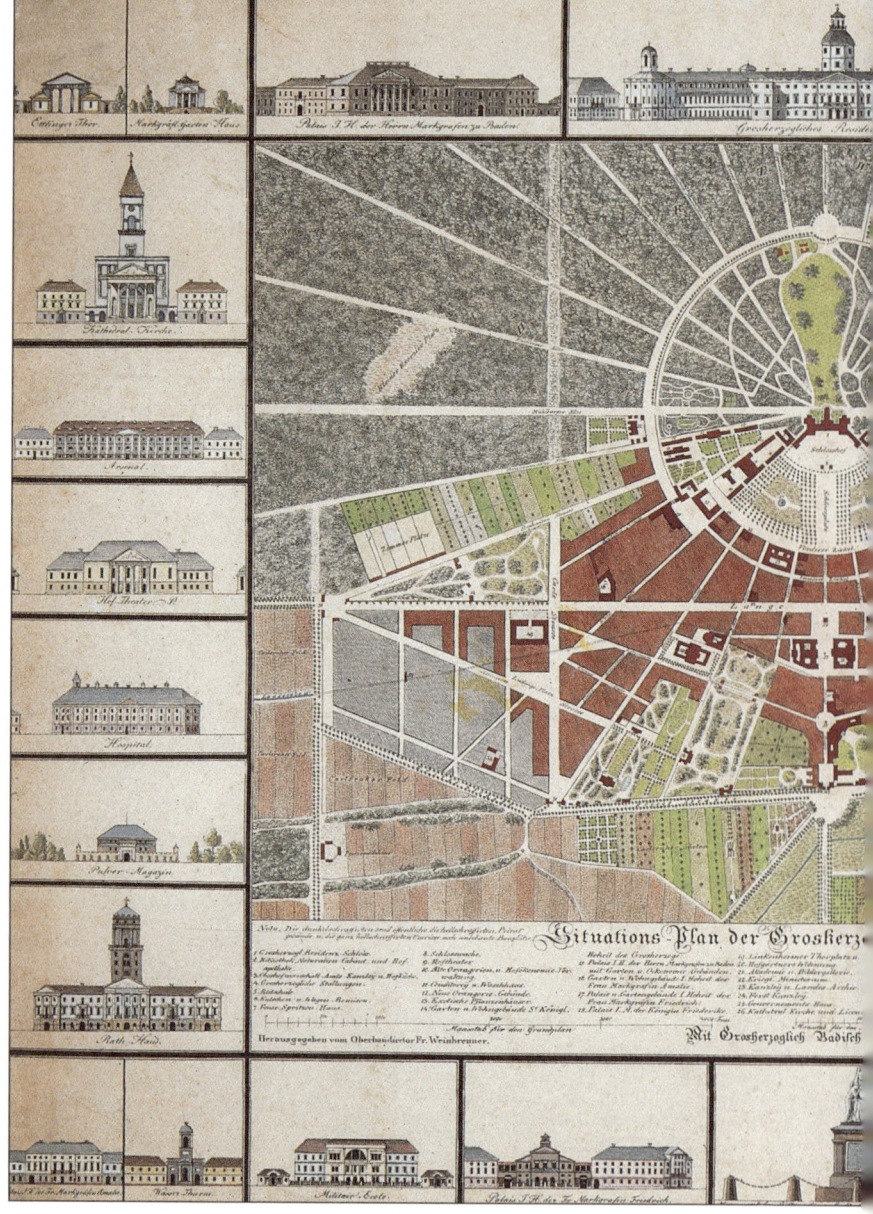

Situations-Plan der Grosherz

Herausgegeben vom Oberbaudirector Fr. Weinbrenner.

Mit Grosherzoglich Badisch